관세사 포워더가 쓴

무역·물류 실무

무역 · 물류실무

남대정 지음

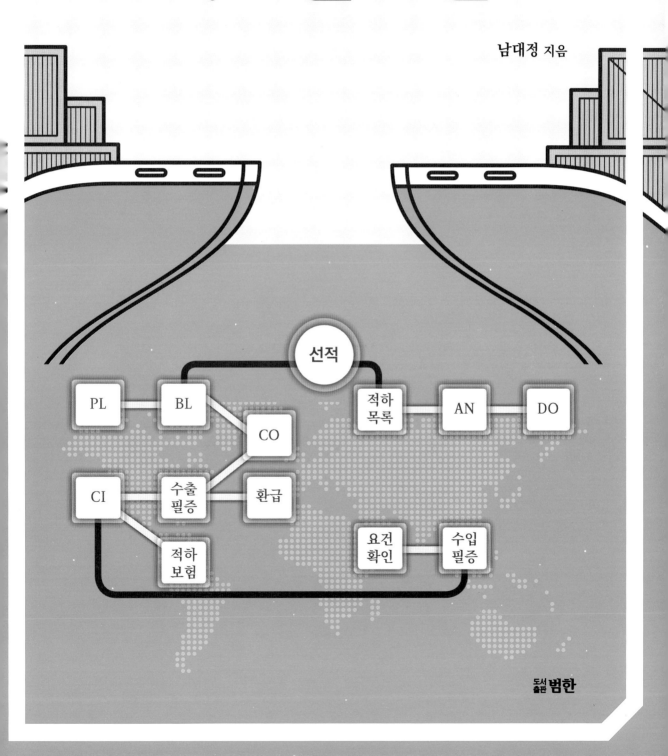

도서
출판 범한

대학원에서 통계학을 배울 때 미로에 빠져 있었다. 통계 프로그램이 데이터를 가공해주는 결과를 기초 지식도 없이 기계적으로 해석했다. 여러 통계 책을 사서 읽고 또 읽어보았지만 내용이 방대하다보니 정리가 잘 되지 않았다. 길을 잃고 있을 때 담당 교수님이 권해준 통계학 책은 신선했다. 쉽고 명확했다. 두꺼운 책에서 풍기는 권위나 난해함은 없었다.

통계학 책의 어려움과 마찬가지로, 무역·물류·관세를 다룬 책도 이들 분야가 상호보완적인 업무를 하고 있음에도 대부분 책이 각 분야를 구분해 이론적 설명을 함으로써 처음 일을 배우는 사람이 전반적으로 이해하는 데 어려움이 있다.

무역·물류 서적은 대부분 그것의 발전 과정과 유형 등 학문적으로 접근하고 관세 분야 책도 관세법 등 규정 위주로 나열하다보니, 정작 실제 업무에 필요한 내용은 찾아보기 어렵다. 이렇게 실무에서 참조할 책이 부족해, 현장에선 선배가 후배에게 업무를 알려주는 방식으로 이뤄지는 실정이다.

이 책은 어렵고 불필요한 내용은 걷어내고 실제 현장에서 쓰이는 내용을 쉽게 이해할 수 있게 구성하려 한다. 무역 거래를 시작하기 위한 절차, 그리고 무역계약 이행 후 클레임(Claim : 무역 거래에서 수량·품질·포장 따위에 계약 위반 사항이 있는 경우 손해배상을 청구하거나 이의를 제기하는 일) 방법은 다루지 않는다. 무역계약을 이행하는 내용을 중심으로 한다. 무역계약을 이행하기 위해서는 물류와 관세를 같이 다뤄야 한다.

처음엔 책 내용을 구성할 때 이미 출간된 책을 참고해 요약해보려 하였으나, 내용을 줄일수록 이해하기 어려웠다. 이 책에선 신입사원에게 설명하듯이 내용을 서술했다. 조금은 전문성이 떨어져 보일 수도 있으나, 실제 업무에 필요한 내용만 가지고 전체 그림을 그리려 했다. 더 전문적인 내용을 알기 원한다면, 이 책을 읽고 나서 필요한 내용을 다룬 다른 책을 찾아보길 권한다. 차후에 여건이 된다면 더 전문적인 실무를 다루는 글을 써보겠다.

포워더, 선박회사, 무역회사, 관세사 등 관련 업계에서 배워야 하는 내용은 기초 업무가 대부분 비슷하고 상호보완적이다. 전체를 보고 상대 업무를 이해해야 서로 잘 협조할 수 있다.

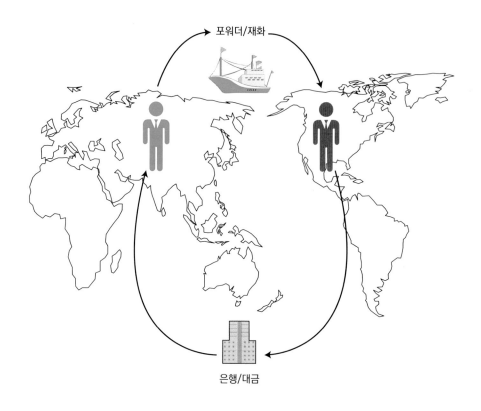

포워더/재화

은행/대금

무역은 다른 나라에 있는 회사와 물품을 매매하는 일이다. 외국에 있는 회사와 재화와 대금을 교환할 때는 대금을 전달해주는 업체(보통 은행)와 재화를 이동해줄 업체(보통 포워더)가 필요하다.

물품과 대금의 이동에서 가장 중요하고 기본적인 서류가 패킹리스트[Packing List(PL) : 포장명세서]와 커머셜인보이스[Commercial Invoice(CI) : 상업송장]이다. 가장 많이 받는 질문 중 하나가 커머셜인보이스의 시퍼[Shipper(화주)]와 BL[Bill Of Lading(선하증권) : 해상운송계약에 따른 운송화물의 수령 또는 선적을 인증하고 그 물품의 인도청구권을 문서화한 증권]의 시퍼가 달라도 되는지다. 커머셜인보이스에도 시퍼라는 표현을 많이 사용하는데 정확하게 말하면 셀러(Seller)가 맞다. 이는 기본 서류 작성을 정확히 이해한다면 알 수 있는 내용이다.

커머셜인보이스는 셀러(Seller)와 바이어(Buyer), 즉 파는 사람과 사는 사람이 중심이다. BL에는 시퍼와 컨사이니(Consignee : 수하인, 운송계약에서 화물을 양하지에서 수령하는 사람), 즉 보내는 사람과 받는 사람이 기재된다. 커머셜인보이스의 파는 사람과 BL의 보내는 사람이 다를 수도 있다. 같은 원리로 사는 사람과 받는 사람 역시 다를 수 있다.

실무에서 혼동해서 쓰는 용어의 기본 개념만 명확히 알아도 도움이 될 것이다. 이 책에서는 셀러와 바이어, 시퍼와 컨사이니를 명확히 구분해서 사용한다.

국가 사이에 재화가 이동할 때 필요한 서류와 실제 물품이 이동할 때 업무 절차를 알아볼 것이다. 셀러가 잘 만든 패킹리스트와 커머셜인보이스만 가지고도 적하보험, 수출입 통관, 선하증권 등 재화와 대금이 이동하는 모든 과정이 쉽게 연결된다. 수출과 수입의 진행 순서에 따라 중요 서류를 알아보고 추가 설명이 필요한 것은 마지막에 다시 한 번 정리하겠다.

국제 계약도 국내 계약과 크게 다르지 않다. 셀러와 바이어는 어떤 물건을 어떤 가격 조건으로 대금을 지급하고 누가 보험을 들고 누가 운송사를 선정해 언제까지 선적할지 등에 대해 계약했다면 그 다음에는 선적 등 계약을 이행해야 한다. 계약에 근거해 작성하는 선적서류(Packing List, Commercial Invoice)만 정확한 내용을 보여주고 있으면 무역 거래에서 반은 한 것이다. 나머지 반의 작업은 은행, 관세사, 포워더가 이행하면 된다.

이 책에서 쓰이는 용어는 다음과 같은 의미이다.

▸ 포워더(Forwarder)는 선사와 항공사를 포함하는 개념이다.

▸ 선사와 항공사를 특정할 때는 별도로 '선사', '항공사'라고 썼다.

▸ BL은 AWB(Air Waybill : 항공화물운송장)과 SWB(Sea Waybill : 해상화물운송장)을 포함하는 개념이다.

▸ 특정 운송 서류를 말할 때는 별도로 명기하겠다.

▸ Seller/Buyer, Shipper/Consignee는 구분해서 사용한다. 통상 Seller가 Shipper, Buyer가 Consignee인 때가 많지만 다른 경우도 있다. 물품 매매와 관련될 때는 Seller/Buyer, 물품 선적과 관련될 때는 Shipper/Consignee를 쓴다.

이 책은 이렇게 활용하면 좋다. 1~3장은 수출에서 수입까지의 흐름을 알 수 있도록 편하게 여러 번 읽는다. 무역 이행 과정이 잘 정리됐다면, 4장과 5장은 숲에서 나무를 보는 느낌으로 읽기를 권한다. 6장은 자주 받는 질문을 정리했다. 동종 업무를 하는 이들의 고민을 들여다볼 수 있다.

차 례

약어 정리

무역·물류 용어는 대부분 영어를 그대로 쓰는데 특히 약어로 표현한다. 처음 무역이나 물류를 접하는 독자라면 하기 약어를 여러 번 읽어보고 용어를 익혀두기 바란다.

ACI	Advance Commercial Information
AEO	Authorized Economic Operator
AFR	Advance Filing Rule
AMS	Automated Manifest System
AN	Arrival Notice
AR	All Risk
AWB	Air Waybill
BAF	Bunker Adjustment Factor
BL	Bill of Lading
BOM	Bill of Materials
BT	Berth Term
CAF	Currency Adjustment Factor
CCC	Charge Collect Fee
CFS	Container Freight Station
CI	Commercial Invoice
CIS	Container Imbalance Surcharge
CLP	Container Load Plan
CO	Certificate of Origin
CRS	Cost Recovery Surcharge
CS	Cargo Selectivity System
CTH	Change of Tariff Heading
CTSH	Change of Tariff Sub Heading
CY	Container Yard
DA	Document Against Acceptance
DGR	Dangerous Goods Regulations
DO	Delivery Order
DOC	Document Fee
EBS	Emergency Bunker Surcharge
ETA	Estimated Time of Arrival
ETD	Estimated Time of Departure
FCL	Full Container Loading

FEU	Forty Foot Equivalent Unit
FI FO	Free In Free Out
FPA	Free From Particular Average
FTA	Free Trade Agreement
GRI	General Rate Increase
HAWB	House Air Waybill
HBL	House Bill of Lading
HS	Harmonized System
IATA	International Air Transport Association
ICC	International Chamber of Commerce
ICD	Inland Container Depot
IMDG	International Maritime Dangerous Goods
IMO	International Maritime Organization
LC	Letter of Credit
LCL	Less than Container Loading
LG	Letter of Guarantee
LOI	Letter of Indemnity
LSS	Low Sulfur Surcharge
MAWB	Master Air Waybill
MBL	Master Bill of Lading
MC	iMport Contents
MSDS	Material Safety Data Sheet
NCV	No Commercial Value
NVOCC	Non Vessel Operating Common Carrier
OBL	Original Bill of Lading
OF	Ocean Freight
PFS	Port Facility Security Charge
PL	Packing List
PSR	Product Specific Rules
RORO	Roll on Roll off
RT	Revenue Ton
RVC	Regional Value Contents Method
SBL	Surrender Bill of Lading
SOC	Shipper's Own Container
SR	Shipping Request
SWB	Sea Waybill
TEU	Twenty Foot Equivalent Unit
THC	Terminal Handling Charge
TT	Telegraphic Transfer
ULD	Unit Load Device
WA	With Average
WFG	Wharfage
WO	Wholly Obtained
WP	Wholly Produced

CHAPTER 01

선적서류

CHAPTER

01 선적서류

<표 1-1> 선적서류별 당사자 용어

PL	Shipper	Consignee
CI	Seller	Buyer
LC	Beneficiary	Applicant
BL, AWB	Shipper	Consignee
CO	Exporter	Consignee/Importer
수출신고필증	수출 화주	구매자

- Packing List : Shipper, Consignee, Size, Weight, Packing Type
- Commercial Invoice : Seller, Buyer, Unit Price, Amount, Incoterms, Payment

1. 포장명세서(Packing List)

1) Shipper & Consignee

포장명세서(Packing List)는 물품이 어떻게 포장돼 있는지를 보여주는 서류로 Shipper와 Consignee를 중심으로 작성한다. Packing List는 포장 내용이, BL(Bill Of Lading : 선하증권)은 선적 내용이 추가 기재된다는 것을 빼면 Packing List와 BL은 거의 같은 내용으로 돼 있다.

PACKING LIST

1) Shipper	8) No. & date of invoice
	9) No. & date of L/C
	10) L/C issuing bank
2) Consignee	
	11) Remarks
3) Notify	

| 4) Port of loading | 5) Port of discharging | |
| 6) Carrirer | 7) Salling on or about | |

12)Marks & Package No. & Type	13)Description of Goods	14)Quantity	15)Net-weight	16)Gross-weight	17)Measurement

///

18) Signed By

2) 포장 방식, 개수, 중량(Weight), 사이즈(Size)

Packing List에서 가장 중요한 내용은 포장 방식, 개수, 중량(Weight), 사이즈(Size)이다. 포장 방식은 카톤(Carton : 두꺼운 종이 상자), 팰릿(Pallet : 화물을 쌓는 틀이나 대), 나무상자(Wooden Box)를 구분해서 적는다.

개수는 실제 눈으로 셀 수 있는 수를 적어야 한다. 즉, 최종 포장 상태에서 물리적으로 구분되는 단위로 적는다.

중량은 순중량(Net Weight)과 총중량(Gross Weight)을 적는다. 총중량은 포장 뒤 최종 중량이고, 순중량은 내외 포장물 등을 제외한 물품만의 중량이다.

사이즈는 가로, 세로, 높이 순으로 가장 긴 부분을 측정해서 적는다.

항공 선적을 할 때는 크기와 중량을 재기 때문에 AWB(Air Waybill : 항공화물운송장)의 사이즈와 중량이 Packing List와 다소 차이가 날 수 있다.

해상 FCL(컨테이너 한 대를 채우기에 충분한 양의 화물)로 선적할 때는 정확한 중량을 통지하도록 하는데, 필요하면 계근(무게 측정)을 하고 선적한다. 실제 화물의 중량을 정확히 통지하지 않아 선박 운항에 지장을 줄 때가 있어, 안전을 위해 정확한 중량을 통지하도록 제도화했다.

🐝 TIP FCL 총중량검증제도(VGM)

세계선사협의회(WSC)와 국제해운회의소(ICS)는 컨테이너 중량을 잘못 검증해 발생하는 선박 전복 등의 문제를 국제 차원에서 해결하기 위해 국제해사기구(IMO)에 총중량을 검증하는 제도를 요구했다. 이 때문에 IMO는 국제해상인명안전협약(SOLAS)을 개정해 화주가 컨테이너의 검증받은 총중량을 사전에 선사와 항만터미널에 통보하도록 의무화한 컨테이너 총중량검증제도(VGM)를 도입했다.

국내 해양수산부도 국제협약을 수용해 안전한 해상운송을 확보하기 위해 컨테이너 총중량 적용 대상, 계측 방법, 정보 제공 시점, 총중량 검증, 총중량 정보의 오차범위 등을 골자로 한 컨테이너 화물의 총중량 검증 기준을 만들어 시행하고 있다.

화주는 수출용 컨테이너 화물의 총중량을 사전에 검증해 선사와 관련 터미널에 제공해야 한다. 총중량 정보를 제공하지 않거나 오차범위를 초과했다면, 해당 컨테이너는 선박에 적재할 수 없다.

예를 들어 선박회사 사이트에서 선적요청서(SR : Shipping Request)를 작성할 때 다음과 같이 두 가지 방법으로 VGM 입력을 할 수 있다.

방법 1 : 계근소(화물차 무게를 재는 곳)를 이용해 내품을 포함한 컨테이너 총중량 실측
방법 2 : 화주가 내품, 고박장치(화물을 선체 또는 화물단위체 등에 고정하는 장치), 공컨테이너 무게(Tare Weight)의 총 합산 정보를 제공

해상 LCL(컨테이너 하나를 가득 채울 수 없는, 적은 분량의 화물)로 선적할 때는 부두에서 중량은 실측하는 경우가 많지 않고 사이즈는 실측해서 적용한다.(물론 LCL 화물도 VGM 대상이다)

항공이든 FCL이든 LCL이든 실측한 사이즈와 중량이 Packing List와 다르다면 원인을 파악해 Packing List와 BL을 맞추는 것이 좋다.

Commercial Invoice는 포워더에게 보낼 필요는 없다. Packing List만 줘도 충분하다. BL은 Packing List에 있는 내용으로 작성된다.

3) 화인(Shipping Mark)

화인(Shipping Mark)은 다른 화물과 구분할 때 필요하기도 하고, 여러 종류의 물품이 선적됐을 때 각 포장에 어떤 화물이 들어가 있는지 보여줄 수 있다. 취급 주의가 필요할 때도 정보를 보여준다. Shipping Mark는 실제 운송 포장 단위에 적힌 마크를 뜻한다. 어떤 것을 적어도 상관없으나, 아래와 같이 회사 이름, 수량, 원산지 표시, 취급 주의 내용 등을 기본으로 한다. 팔릿(Pallet) 포장의 경우 A4용지 정도 크기로 작성해 팔릿 양쪽 측면에 붙이면 된다. 크기와 내용은 필요에 따라 자유롭게 하면 된다.

```
ABC COMPANY.
PLT NO. 1-5
MADE IN KOREA
"FRAGILE"
```

4) 작성 예시

예를 들어 전체 5개 팔릿으로 A아이템은 1~2번 팔릿, B아이템은 3~5번 팔릿에 포장됐다면 Packing List에는 각 아이템이 어느 팔릿에 포함돼 있는지 적고, 각 팔릿의 Shipping Mark에는 PLT NO.1부터 PLT NO.5까지 구분해서 적는다.

상기 내용으로 Packing List를 작성하면 다음과 같다.

<표 1-2> Packing List 작성 예

6) Carrirer	6) Salling on or about				
10)Marks & Package No. & Type	11)Description of Goods	12)Quantity	13)Net-weight	14)Gross-weight	15)Measurement
			1,400KG	1,500KG	7.15CBM
	5PALLETS OF A ITEM(2PLTS)				
ABC COMPANY	AND B ITEM(3PLTS)				
PLT NO. 1-5	* 2PLTS (NO.1-2) FOR A ITEM				
MADE IN KOREA	* 3PLTS (NO. 3-5) FOR B ITEM				
PALLET SIZE AND G.WEIGHT : 1.1 X 1 X 1.3M (L W H) / 300KG					

▶ 팰릿의 사이즈와 중량은 임의로 기재했다.

2. 상업송장(Commercial Invoice)

1) Seller & Buyer

상업송장(Commercial Invoice)은 판매하는 물품의 가격을 보여주는 서류로 Seller와 Buyer를 중심으로 작성한다. 상업송장은 적하보험 가입과 수출입 통관할 때 중요한 서류이다.

Seller는 물건을 파는 사람이고, Buyer는 대금을 지급하는 사람이다. 물품의 소유권을 가진 Seller가 대금을 받고 그 소유권을 Buyer에게 이전하는 것이다. 물론 점유권만 이전하는 거래도 있다. 매매 거래가 아닌 경우, 서류에 사유를 적어주면 좀 더 명확하다.(Return After Repair, Sample, Replacement 등) 상업송장에서 가장 중요한 내용은 가격이다.

2) 무상 or 유상

무상인지 유상인지 표기한다. 보통 유상일 때는 별도 표기를 하지 않는다. 무상인 경우 전체 무상이라면 제목을 'No Commercial Invoice'로 바꾸고 Remarks에 'Customs Purpose Only' 정도를 추가해준다. Customs Purpose Only의 뜻은 "Invoice Value는 실제 지급 거래가격이 아니고 과세가격 사용 목적으로 적는다"는 뜻이다.

COMMERCIAL INVOICE

1) Seller	8) No. & date of invoice
	9) No. & date of L/C
	10) L/C issuing bank
2) Buyer	
	11) Remarks
3) Ship to.	

4) Port of loading	5) Port of discharging	
6) Carrirer	7) Sailing on or about	

12) Marks and numbers of PKGS	13) Description of goods	14) Quantity/Unit	15) Unit price (USD)	16) Amount (USD)

//

17) Singned by

일부만 무상인 경우 제목은 'Commercial Invoice'로 그대로 놓고 무상 품명 옆에 (N.C.V)를 추가로 표시해주면 된다. N.C.V는 'No Commercial Value'의 약자다.

> A아이템은 무상, B아이템은 유상

3) 원산지

물품의 원산지를 표기한다. 전체 물품이 동일한 원산지라면 기타(Remarks)에 'MADE IN 국가명'을 쓰면 되고, 물품별로 원산지가 다르다면 각각의 품명에 원산지를 표기한다.

> A아이템은 Made In China, B아이템은 Made In Korea

4) 한-EU FTA 원산지 신고

한-EU 자유무역협정(FTA)의 원산지 신고 내용도 같이 적어보자.

> A아이템은 한-EU FTA 원산지 결정 기준을 충족하지 않음
> B아이템은 한-EU FTA 원산지 결정 기준을 충족하는 한국산

5) HS코드

HS코드(Code)를 적어준다. HS코드 6자리는 전세계 공통으로 사용하는데, 국제통일상품 분류체계에 따라 대외 무역거래 상품을 총괄적으로 분류한 것이다. 관세율, 요건 등을 확인하는 중요한 정보다.

> A아이템 HS코드는 3923.10, B아이템 HS코드는 3923.20

6) 인코텀스

Seller와 Buyer 사이에 위험의 이전(물품 이동 중에 사고가 났을 때 누가 책임을 질지), 비용의

이전(어디까지 누가 지급할지), 보험은 누가 들지에 대해서는 통상 인코텀스(INCOTERMS : 무역 조건의 해석에 관한 국제규칙)의 조건으로 간단히 표현한다.

> Seller가 경기도 안산에 있는 공장에서 수출통관과 상차까지 해주는 조건, 즉 FCA Ansan Factory로 계약

7) 대금 지급 방법

어떤 방법으로 대금을 지급하는지를 표현하는데, 통상 TT(전신환)와 LC(신용장)가 있다.

> TT(30% IN ADVANCE, 70% AFTER SHIPMENT)

8) 작성 예시

상기 정보를 기준으로 샘플 서류를 만들어보자.

〈표 1-3〉 Commercial Invoice 작성 예

3) Ship to.		Delivery term : FCA ANSAN FACTORY			
		TT (30% IN ADVANCE, 70% AFTER SHIPMENT)			
4) Port of loading	5) Port of discharging				
6) Carrirer	6) Salling on or about				
12) Marks and numbers of PKGS	13) Description of goods	14) Quantity/Unit	15) Unit price (USD)	16) Amount (USD)	
ABC COMPANY	A ITEM	4 SETS	$1,500.00	$6,000.00	
PLT NO. 1-5	MADE IN CHINA				
MADE IN KOREA	NON PREFERENTIAL ORIGIN	(N.C.V)	HS 3923.10		
————	B ITEM	6 SETS	$1,500.00	$9,000.00	
————	MADE IN KOREA				
	PREFERENTIAL ORIGIN		HS 3923.90		
The exporter of the products covered by this document (customs authorization no 12.34.567) declares that,					
except where otherwise clearly indicated, these products are of KR preferential origin					

9) 물품 명세(Description of goods) 작성 사례

Commercial Invoice와 Packing List의 Description은 다를 수도 있다. 예를 들어 수출물품이 ROBOT이고 A, B, C, D, E, F라는 구성품을 조립해서 만들고 포장할 때 A, B, C와 D, E, F는 별도로 나무상자 포장을 한다고 생각해보자.

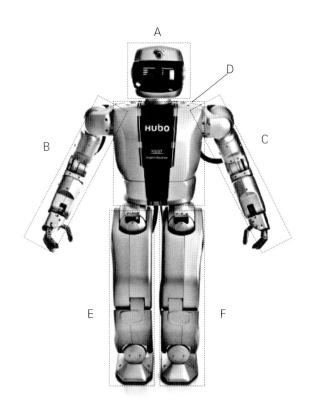

만약 Seller가 A, B, C, D, E, F 구성품에 각각 가격을 책정하고 개별로 판매할 의도가 있다면 Commercial Invoice에는 각각 A, B, C, D, E, F의 수량과 가격을 적어주고 Packing List에는 2개의 나무상자에 각각 어떤 것이 들어갔는지 설명한다.

PACKING LIST DESCRIPTION
2 WOODEN BOXES
   1 WOODEN BOXES FOR A, B, C   NET/GROSS WEIGHT   CBM
   2 WOODEN BOXES FOR D, E, F   NET/GROSS WEIGHT   CBM

```
COMMERCIAL INVOICE DESCRIPTION
A      UNIT PRICE    USD100      AMOUNT    USD100
B      UNIT PRICE    USD150      AMOUNT    USD150
C      UNIT PRICE    USD150      AMOUNT    USD150
D      UNIT PRICE    USD200      AMOUNT    USD200
E      UNIT PRICE    USD300      AMOUNT    USD300
F      UNIT PRICE    USD300      AMOUNT    USD300
```

만약 수출자가 ROBOT 완성품을 하나로 판매할 의도가 있다면 운송상 편의로 분해했다고 해도 Commercial Invoice에는 완성품 이름과 완성품 하나당 가격이 얼마라고 표시해주고 Packing List에는 나무상자 2개에 각각 무엇이 들어갔는지 설명해준다.

```
PACKING LIST DESCRIPTION
2 WOODEN BOXES
   1 WOODEN BOXES FOR A, B, C    NET/GROSS WEIGHT    CBM
   2 WOODEN BOXES FOR D, E, F    NET/GROSS WEIGHT    CBM
```

```
COMMERCIAL INVOICE DESCRIPTION
1 SET (A, B, C, D, E, F) OF ROBOT    UNIT PRICE USD1,200    AMOUNT USD1,200
```

Commercial Invoice의 Description을 작성할 때 HS코드 분류 원칙에 따라 미조립이나 미완성품이라도 완성품의 본질적인 특징이 있다면 하나의 완제품으로 분류해 서류를 작성하면 통관이나 환급, 원산지증명서를 발급하는 데 수월하다.

분해해서 운송할 때 하나의 완성품을 만드는 데 필요한 수량을 초과하는 부분품이 있다면, 초과 수량에 대해서는 부분품으로 HS코드를 분류해 신고해야 한다. 예를 들어 ROBOT 하나를 완성하는 데 A·B·C·D·E·F가 각각 하나씩 필요하다고 하자. 만약 A가 10개이고 나머지가 각각 1개라면 ROBOT 완제품 1개와 부분품 A 9개로 서류를 작성한다.

```
1 SET (A·B·C·D·E·F) OF ROBOT    NET PRICE USD1,200    AMOUNT USD1,200
9 EA OF A                        NET PRICE USD100      AMOUNT USD900
```

10) Commercial Invoice 작성 시 선적, 통관, 환급, 원산지증명서 등을 같이 고려

실무에서 선적서류를 작성할 때 선적, 통관, 환급, 원산지증명서 등을 같이 고려해야 한다. BL의 Description은 Packing List의 Description의 내용과 동일하게 작성한다.

통관할 때는 Commercial Invoice의 물품을 HS코드와 품목별로 각각 구분해주어야 하기에 Commercial Invoice의 Description에 따라 수출입 신고를 해야 하고, 환급이나 원산지증명서도 마찬가지로 Commercial Invoice의 HS코드와 품목별로 구분해서 진행해야 한다.

Commercial Invoice의 Description은 되도록 품목 분류나 요건 확인에 필요한 품명·규격 정보도 같이 적으면 수입지에서 통관할 때 수월하다. 예를 들어 조명기구는 수입 요건 확인을 위해 몇 볼트(V)인지를, 직물의 경우에는 섬유 종류와 비율 정도를 Description에 기입한다.

Commercial Invoice에 들어가는 대금 지급 방법, 인코텀스, 원산지 등의 내용을 구체적으로 알아보자.

🚏 TIP 선적서류 원본과 서명

▶ 선적서류는 원본이 필요한가? 작성자 서명(Sign)이 필수인가?

별도로 요구하지 않는다면 사본으로도 충분하다. 인쇄 기술의 발달로 원본과 사본의 구분이 쉽지 않다. 기본적으로 원본 서류라고 하면 서명하거나 날인한 서류를 말한다.

Commercial Invoice와 Packing List는 거래 당사자 사이에 사용하는 서류로 특별한 사유가 없으면 서명이 필수는 아니다. 다만 작성자가 누구이고 서류의 진정성을 보여주려면 서명하는 것이 좋다.

한-EU FTA에서 Commercial Invoice에 원산지 신고 문구(Origin Declaration)를 적는 경우 원산지 신고 문구를 작성한 사람의 서명이 들어가야 한다. 이때 서명은 Commercial Invoice 서명과는 별도의 것이 들어가야 한다(Commercial Invoice에는 서명이 없어도 원산지 신고 문구에는 서명이 들어가야 한다). 만약 인증 수출자인 경우 원산지 신고 문구에 서명을 생략할 수 있다.

▶ Buyer가 Commercial Invoice의 가격을 변경해달라고 한다면?

실제 지급받는 대금에 맞춰 Commercial Invoice를 작성해 수출신고를 하고 적하보험에 가입한다. 한국 세관에 수출 신고된 내용이 수입 국가에 통지되지 않기 때문에 Buyer가 수입지에서 Commercial Invoice와 다른 내용으로 신고할 수는 있으나, Seller가 이중으로 Commercial Invoice를 작성해주는 것은 바람직하지 않다.

3. 대금 지급 방법

- TT(은행 송금) : 선불, 후불, 선·후불 결합 결제
- LC(은행 지급 보증) : NEGOTIATION LC, AT SIGHT, USANCE

TT(Telegraphic Transfer : 전신환 송금, 은행을 통한 송금)가 전체 거래 건수에서 80~90%를 차지한다. LC(Letter Of Credit : 신용장)는 수수료가 비싸고 번거롭기 때문에 최근에는 많이 사용하지 않는다. LC 거래가 줄다보니 Original BL 발급 건수도 많이 줄었다.

1) LC

LC는 Buyer의 요청으로 수입국에 있는 은행이 Seller에게 일정 서류를 제시하면 대금을 주겠다고 약속하는 지급보증서이다. 대금을 받기 위해 요구되는 서류는 BL, Packing List, Commercial Invoice, 적하보험, 개설 은행이 지급인으로 되어 있는 환어음 정도이다.

대부분이 Negotiation LC로 열린다. Seller는 서류를 제시하고 네고 은행에서 대금을 받는다. 네고 은행에서 대금을 받는 것은 환어음을 매입해주는 것으로 보통 네고(Negotiation)라고 한다. 환어음 지급인이 개설 은행이지만 Buyer의 결제와 연동해서 하기 때문에, Buyer가 개설 은행에 대금을 지급하기 전에는 결제가 완료된 게 아니다. Buyer가 대금 지급을 거절하면 네고 은행에서는 소구권을 이용해 Seller에게 대금 반환을 청구할 수 있다. 다시 말하면 개설 은행이 지급인으로 된 어음이 부도나면 Seller는 환어음을 매입해준 네고 은행에 돈을 다시 돌려줘야 한다.(이론적으로는 그렇지만 실제 개설 은행이 어음 부도를 내는 일은 거의 없다)

2) TT

TT는 거래 은행을 통해 송금하는 것이다. Buyer가 USD1,000을 은행을 통해 송금하는 경우 Seller 통장에는 USD950 정도 입금된다. 수취 수수료와 중개 수수료는 공제되고 입금된다. Buyer도 송금 수수료를 내기 때문에 실제로는 USD1,030 정도 Commercial Invoice 금액보다 많이 지급한다. 일반적으로 보내는 수수료는 Buyer, 중개 수수료와 받는 수수료는 Seller가 부담하는 조건으로 한다. 하지만 일부 Buyer는 모든 수수료를 Seller에게 부담하

게 하니, 수수료가 많이 공제된 경우에는 한번 확인할 필요가 있다.

Seller가 송금받은 외화통장에 미국달러(USD)가 있다고 해서 이것을 USD 현금으로 은행에서 그냥 주지 않는다. 통장에 TT로 입금된 USD는 TT로만 사용할 수 있는데, USD 현금으로 받으려면 은행에 꽤 많은 수수료를 내야 한다. 물론 TT 매입 환율을 적용해서 원화(KRW)로 받을 수 있다. 주거래 은행이라면 소액인 경우 수수료 없이 USD 현금으로 받도록 협의할 수도 있다.

3) 선불 or 후불(무역보험)

Seller는 대금을 받고 물건을 선적하고 싶어 하고, Buyer는 물건을 받고 대금을 송금하고 싶어 한다. 전자를 선불, 후자를 후불이라고 한다. 서로 조금씩 양보해서 선적 전 30%(30% In Advance), 선적 후 70%(70% After Shipment) 이렇게 나눠 지급하기도 한다.

Seller 입장에서는 대금을 선불로 받고 물품을 선적하는 것이 쉽지 않다. 처음 거래하는 Buyer라면 무역보험공사의 보험을 이용하기 바란다.(물론 Selling Power가 세다면 선불로 받고 수출할 수도 있다)

수출보험은 Seller의 대금 회수하는 걱정을 줄여 무역을 활성화하는 데 목적이 있다. 만약 수출 뒤 대금이 회수되지 않는다면 무역보험공사에서 대금을 받을 수 있다. 물론 100% 다 받는 것은 아니고 자기부담금 일부를 공제한 뒤 수출 대금을 회수할 수 있다.

4) 통화(Currency)

대부분 Commercial Invoice는 USD로 되어 있는데 KRW로 작성해도 된다. KRW로 Commercial Invoice를 작성할 때는 어찌됐든 Seller가 Commercial Invoice의 KRW로 받으면 되는데, Buyer가 TT 매입 환율로 환산해 USD를 송금하거나 KRW로 송금하면 된다. 아니면 적용 환율을 별도로 명시할 수 있다.

4. 은행 환율

- 해상운임 : TT SELLING
- 수출 INVOICE : TT BUYING
- 수입 원가 : TT SELLING
- 과세가격 : 전주 TT SELLING 평균 고시 환율

1) 은행 환율

환율은 은행별로 다르다. 같은 은행이라도 환율은 조건에 따라 여러 가지로 나뉜다. 은행에 고시된 환율을 보면 현찰을 살 때와 팔 때, 돈을 보낼 때와 받을 때의 환율이 각각 다르다. 무역 거래에서 대금을 결제하거나 운송료를 지급할 때, 어떻게 환율을 적용하는지 알아보자. 과거 어느 시점의 은행에 고시된 USD 환율은 다음과 같다.

현찰 살 때/현찰매입률(Cash Buying Rate) : 1,138원
현찰 팔 때/현찰매도율(Cash Selling Rate) : 1,099원
돈을 보낼 때/TT 매도율(TT Selling Rate) : 1,130원
돈을 받을 때/TT 매입률(TT Buying Rate) : 1,108원

KRW를 가지고 은행에서 USD로 환전할 때는 현찰매입률(Cash Buying Rate)이 적용된다.
USD를 가지고 은행에서 KRW로 환전할 때는 현찰매도율(Cash Selling Rate)이 적용된다.
KRW를 가지고 은행에서 USD로 송금할 때는 TT 매도율이 적용된다.
해외에서 송금된 USD를 KRW로 환전할 때는 TT 매입률이 적용된다.

2) 항공운임 및 해상운임 적용 환율

항공운임은 항공사에 선불(Prepaid)로 선적지 통화로만 지급하기 때문에 환율 문제는 없다. 즉 중국에서 선적되면 위안화(CNY), 일본에서 선적되면 엔화(JPY)로 항공운임을 내면 된다. 해상운임은 전세계 어디서나 착불이든(Collect) 선불이든(Prepaid) USD로 결제해야 하므로 환율 문제가 있다. 선박회사마다 기준이 있겠지만, 기본적으로 TT 매도율이 적용된다. 이

유는 선적지 화폐로 받아 USD로 해외에 송금하는 것이 기본이기 때문이다. 환율 적용일은 선사마다 다소 다르지만 대체로 수출은 선적일, 수입은 입항일을 기준으로 한다.

3) Seller와 Buyer가 적용하는 환율

Seller가 Commercial Invoice에 적용하는 환율, 즉 KRW로 거래되는 물품을 USD로 Commercial Invoice에 적용할 때 환율은 기본적으로 TT 매입률을 적용하는 게 합리적이다. 왜냐하면 USD를 TT로 받아서 KRW로 환전할 때 적용하는 환율이 TT 매입률이기 때문이다. Buyer가 원가를 계산할 때는 TT 매도율을 적용하는 것이 좋다.

앞에 나온 환율 적용은 참고만 할 뿐, Seller나 Buyer가 어떤 환율을 적용할지는 환율 변동 등을 고려해 자체적으로 판단할 문제이다. 무역은 청구서인 견적송장(Proforma Invoice)을 발행하는 시점과 실제 선적하고 대금을 받는 시점이 다르다보니, 환차 이익이나 손해를 볼 가능성이 항상 있다. 환차 손해를 고려해 적용 환율을 별도로 결정하는 회사도 있다. 물론 적극적으로 환헤지를 하는 경우도 있다.

4) 과세환율

수입물품의 과세환율은 관세청에서 고시하는 환율을 사용한다. 이번 주 일주일 간의 환율을 평균 내어 고시하면 그 다음 일주일 동안 과세환율로 사용한다. 금요일에 다음 주 과세환율을 알 수 있기 때문에 수입 통관 시 과세가격이 클 때는 이번 주와 다음 주의 과세환율을 비교해 수입신고 시기를 결정함으로써 절세할 수도 있다.

5. 인코텀스(Incoterms)

Seller와 Buyer의 의무와 책임을 계약할 때마다 협의하는 것보다는 정형화된 거래 조건을 사용하는 것이 편리하다. 이러한 거래 조건(상관습 등)을 정리해서 거래 당사자들이 쓸 수 있도록 한 것이 인코텀스(Incoterms)이다. 10년 주기로 개정되는데, 인코텀스 2020 버전을 2020년 1월 1일부터 쓰고 있다. 인코텀스는 강제 규정이 아니기 때문에 Seller와 Buyer가 합의해 사용하지 않을 수도 있고 변형해서 쓸 수도 있다.

〈표 1-4〉 Incoterms 2020상 무역조건

구분		위험이전	비용이전	비고
E Group	EXW (EX Works) 지정장소 공장인도조건	SELLER가 공장에서 BUYER에게 인도하였을 때	SELLER는 인도할 때까지 모든 비용 부담	BUYER가 수출통관 BUYER가 수입통관
F Group	FCA (Free Carrier) 지정장소 운송인 인도조건	SELLER가 BUYER가 지정한 운송인에게 물품을 인도하였을 때	상동	SELLER가 수출통관 BUYER가 수입통관
F Group	FAS (Free Alongside Ship) 지정선적항 선측인도조건	물품이 지정선적항의 선측에 인도되었을 때	상동	상동
F Group	FOB (Free On Board) 지정선적항 본선인도조건	물품이 지정선적항에서 본선 적재되었을 때	SELLER는 본선 적재될 때까지 모든 비용 부담	상동
C Group	CFR(Cost, FReight) 지정목적항 운임 포함 인도조건	상동	SELLER는 목적항까지 모든 비용 부담	상동
C Group	CIF(Cost, Insurance and Freight) 지정목적항 운임보험료 포함 인도조건	상동	상기 비용에 보험료 추가 부담	상동
C Group	CPT(Carriage and Insurance Paid to) 지정목적지 운임 지급 인도조건	최초 운송인에게 물품 인도하였을 때	SELLER는 지정목적지까지 모든 비용 부담	상동
C Group	CIP(Carriage and Insurance Paid to) 지정목적지 운임 지급 인도조건	상동	상기 비용에 보험료 추가 부담	상동
D Group	DAP (Delivered At Place) 도착 장소 인도조건	지정목적지 운송 수단에서 양하 준비된 상태로 인도되었을 때	SELLER는 물품이 인도될 때까지 모든 비용 부담	상동
D Group	DPU(Delivered at Place Unloaded) 도착 장소 양하 후 인도조건	지정목적지에서 양하된 상태로 인도되었을 때	SELLER는 물품이 양하될 때까지 모든 비용 부담	상동
D Group	DDP (Delivered Duty Paid) 지정목적지 관세 지급 인도조건	지정목적지 운송 수단에서 양하 준비된 상태로 인도되었을 때	SELLER는 수입 통관 후 물품이 인도될 때까지 모든 비용 부담	SELLER가 수출통관 SELLER가 수입통관

▶ 모든 운송방식을 위한 조건 : EXW, FCA, CPT, CIP, DAP, DPU, DDP
해상, 내수로 운송방식에만 사용할 수 있는 조건 : FAS, FOB, CFR, CIF

1) 인코텀스 E, F, C, D GROUP

인코텀스 조건은 알파벳 앞자리를 따서 E, F, C, D로 묶을 수 있다. 각 그룹에서 하나씩 대표로 알아두면 나머지는 시작이 같은 알파벳 조건은 대부분 유사하다고 생각하면 된다. 예를 들어 CIF를 알고 있다면 CFR, CPT, CIP는 유사하다고 생각하면 틀리지 않는다.

```
E GROUP : EXW
F GROUP : FAS, FCA, FOB
C GROUP : CFR, CPT, CIF, CIP
D GROUP : DAP, DPU, DDP
```

일반적으로 무역에서 많이 사용하는 EXW, FOB, CIF, DDP를 알아보자.

2) EXW

공장 인도 조건으로 Buyer가 수출통관, 공장에서 물품 픽업 등 모든 비용을 부담하는 조건이다. 공장에서 인도하는 순간 위험은 Buyer에게 이전된다. 여기에서 인도라고 하면 물품을 Buyer가 처분 가능한 상태로 두는 것을 말한다.

물품 포장에 대한 언급이 없기 때문에 포장에 대한 요청 사항은 계약에 명기해야 한다. 다만 공장에서 하는 일반적인 포장은 Seller가 해주는 것으로 봐도 된다. 공장에서 차량에 상차하는 것도 별도 규정이 없으나, 공장에 있는 장비나 인력으로 상차가 가능하면 Seller가 해주는 것이 상관례(상거래 관습)이며 통관에 필요한 서류는 Seller가 제공해주는 것이 일반적이다.

EXW 다음에는 물품이 인도되는 장소를 적으면 된다. 예를 들어 서울 마포에서 출고된다면 'EXW MAPO, SEOUL'이라고 적으면 된다.

3) FOB

수출지에서 발생하는 비용은 Seller, 선박 운임부터는 Buyer가 부담하는 방식이다. 위험의 이전은 본선에 선적하는 시점에 Seller에서 Buyer로 넘어간다. 선적 이후에 문제가 생기면 Buyer가 책임져야 한다.

인코텀스 2000 버전에서는 위험의 이전이 본선 난간 기준이었다. 만약 Commercial

Invoice에 그냥 'FOB BUSAN PORT'로 기재하고 화물이 본선 난간을 지나서 선적되기 전에 떨어져 파손됐다면, 인코텀스 2000 버전에선 Buyer가 위험을 부담해야 하고 인코텀스 2020 버전에선 Seller가 위험을 부담해야 하기 때문에 인코텀스 버전을 명확히 적어주지 않으면 논란이 있게 된다. 따라서 'Incoterms Latest Version'이라든가 'Incoterms 2020 Version'이라고 정확히 적어주는 것이 좋다.

FOB 다음에는 선적 항구 이름을 적어주면 된다. 예를 들어 부산에서 선적한다면 'FOB BUSAN PORT'라고 적으면 된다.

4) CIF

Seller가 수출지에서 발생하는 비용과 도착 항구까지 선임 그리고 보험료까지 부담하는 조건이다. 다만 위험의 이전은 본선에 선적하는 시점에서 Seller에서 Buyer로 넘어간다. FOB 조건과 위험의 이전이 동일하다.

CIF 다음에는 도착 항구 이름을 적어주면 된다. 예를 들어 미국 LA로 선적한다면 'CIF LA, USA'라고 적으면 된다.

5) DDP

EXW의 반대 조건이라고 할 수 있다. Seller가 수입지 관세를 내고 통관해 Buyer가 지정하는 장소까지 배송하는 조건으로, 하차는 Buyer가 부담한다. 위험의 이전은 수입지 지정 장소에서 인도할 때 Seller에서 Buyer로 이전된다. 여기에서도 인도는 Buyer가 물품의 처분이 가능한 상태를 말한다.

DDP 조건에서는 VAT(부가가치세)를 누가 내야 한다는 규정이 없다. 이것도 상관례상 Buyer가 수입물품을 상업 목적으로 사용하는 경우 환급받을 수 있기 때문에 Seller보다는 Buyer가 내는 경우가 많다. 정확히 하려면 계약서에 VAT를 누가 지불할지 명확히 해놓는 것이 좋다.

DDP 다음에는 최종 목적지를 적으면 된다. 예를 들어 미국 라스베이거스에 배송되는 물품이라면 'DDP LAS VEGAS, USA'라고 적으면 된다.

6) 비용과 위험 이전

비용과 위험의 이전을 정리하면 아래 표 및 그림과 같다.

〈표 1-5〉 비용과 위험 이전

구분	공장	본선 적재	도착 항구	수입자 창고
비용 이전	EXW	FOB	CIF	DDP
위험 이전	EXW	FOB/CIF		DDP

▶ E, F 그리고 D GROUP은 비용의 이전과 위험의 이전이 같다.

▶ 비용의 이전과 위험의 이전이 다른 조건 : C GROUP (CPT, CIP, CFR, CIF)

[그림 1-1] 비용과 위험 이전

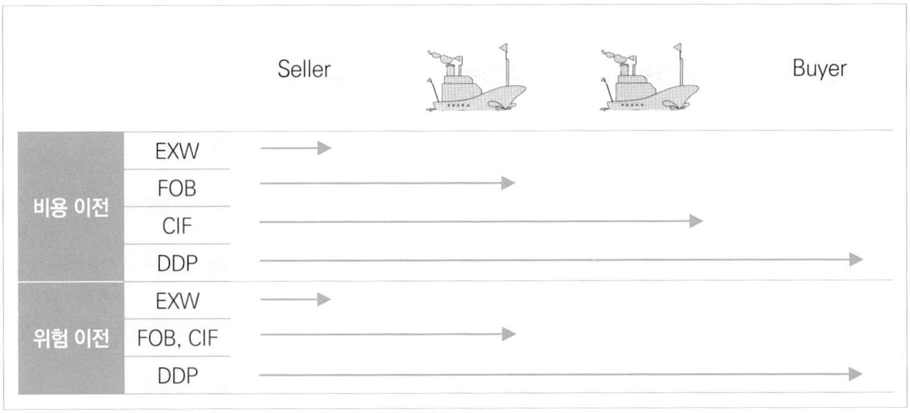

7) 해상운송에 적용되는 규칙

인코텀스는 크게 해상운송에 적용되는 규칙과 모든 운송 방식에 적용되는 규칙으로 구분해서 사용하도록 권고하고 있다. 해상운송에 적용되는 규칙은 FAS, FOB, CFR, CIF이고 이외 규칙은 모든 운송 방식에 적용된다. 물론 FOB를 항공운송에도 사용할 수는 있지만 위험이전, 비용 이전 등 인코텀스에서 규정한 Seller와 Buyer의 의무를 명확히 하려면 FCA를 쓰도록 권장한다. 하지만 실무에서는 구분 없이 쓰는 실정이다.

'FOB INCHON OCEAN PORT'는 해상에서 사용하고 'FCA INCHON AIR PORT'는 항공에서 사용하도록 하지만, FOB는 수출지 비용을 모두 Seller가 지불하는 조건인데 FCA

는 공항까지 운송료만 Seller가 부담하는 조건이므로, FOB를 항공에서 사용하는 업체에 FCA는 대체할 수 있는 조건이 아니다. FOB를 항공에서 사용한다면 수출지에서 발생하는 비용은 Seller가, 항공 운송료부터는 Buyer가 내면 되고 항공기에 적재 이후 위험이 Buyer에게 넘어간다고 보면 될 것이다.

8) FCA 조건

인코텀스 2020 버전을 사용해서 해상운송 FCA로 거래한다고 가정해보자.

FCA는 인코텀스 규정 중 뒤에 어떤 지명을 적느냐에 따라 크게 달라지기 때문에 특히 주의해야 한다.

FCA 공장 주소를 적는 경우 Buyer가 차량을 수배해 공장 주소에 차량을 가져가면 Seller가 상차해주어야 하지만, FCA 항구 이름을 적는 경우 Seller가 항구까지 배송해줘야 한다. 항구에서 하차는 Buyer의 의무이다.

만약 부산항까지 Seller가 배송해주는 것을 의도한다면 다음과 같이 적으면 된다.

FCA BUSAN PORT, KOREA

'FCA ANSAN FACTORY'라고 적으면 Seller가 통관 후 안산 공장으로 Buyer가 보내준 차량 상차까지 해준다는 뜻이다. 만약 공장이 인천에 있다면 'FCA INCHON'이라고 하면 인천 공장인지 인천항이라는 뜻인지 불분명하므로 명확히 기록해주는 것이 좋다.

인코텀스 다음에 나오는 지역은 비용뿐만 아니라 위험의 분기점으로 구체적으로 기재해줘야 실제 진행할 때 논란이 없다. 예를 들어 'DAP SEOUL'보다는 'DAP KURODONG, KUROGU, SEOUL'이라고 정확하게 기재해주는 것이 좋다.

9) 인코텀스에서 보험 가입 의무 규정

인코텀스에서 보험 가입 의무를 규정하는 것은 CIF와 CIP로 Seller가 보험에 가입해야 한다. 인코텀스 2020에서 CIF의 경우 ICC C를 최소 부담 조건으로, CIP의 경우 ICC A를 최소 부담 조건으로 가입해야 한다.

인코텀스에 보험 가입 의무가 없다고 보험에 가입하지 않아도 된다는 게 아니라, 위험을 부담하는 사람이 보험에 가입해야 한다.

10) CIF가 FOB보다 유리한가?

Buyer 입장에서 FOB보다 CIF가 유리하다고 말할 수 없다. Seller가 선임과 보험료까지 내는 CIF가 Buyer 입장에서 유리하다고 생각하는 것은 오해다. Seller가 견적을 제시할 때 CIF 가격으로 제시한 경우 물품 가격에 선임과 보험료를 더했기 때문에, FOB나 CIF나 Buyer가 부담해야 하는 가격은 이론상으로 동일하다.

6. 수출물품 원산지 판정과 표기

- 원산지 판정 : HS코드 6 변경, 실질적인 변형
- 원산지 표기 : 원칙 – 현품과 포장에 표기

  예외 – 사정에 따라 포장에 하거나 표기 면제

1) 수출물품의 원산지 판정 기준

원산지 판정과 원산지 표기는 대부분 나라가 유사한 규정을 사용하고 있다. 원산지 판정에는 실질적인 변형을 기준으로 하며 통상 HS코드 6자리 변경으로 판단하지만, 원재료와 완제품의 HS코드 6자리가 같을 때는 부가가치와 주요 공정 등 종합적인 특성을 고려해 실질적인 변형을 별도로 판단해야 한다. 다만 HS코드 6자리가 변경돼도 단순 가공은 실질적인 변형으로 인정하지 않는다.

한국은 대외무역법에 원산지 판정과 표기에 대한 규정이 있다. 수출물품은 수입국 규정이 한국과 다를 경우 수입국 규정에 맞춰 판정하고 원산지 표기를 해야 한다.

실질적 변형 기준은 FTA 원산지 결정 기준의 세번 변경 기준 중 소호 변경 기준과 동일하다. 보통 한국에서 제조를 하는 경우 대부분 실질적인 변형이 되었다고 볼 수 있다.(제조를 하면 HS코드 6자리 변경은 쉽게 된다)

> 대외무역법의 원산지 판정 기준은 FTA 원산지 결정 기준과 같은 용어로 보면 된다.
> (판정 기준 = 결정 기준)

2) 원산지 표시 대상

대부분 물품은 원산지 표시 대상이고 HS코드로 원산지 표시 대상 물품을 확인할 수 있다. 한국산이라면 'MADE IN KOREA'라고 현품에 표시하고 포장에도 표시해야 한다. 중국산 물품과 한국산 물품이 같이 선적될 때는 현품에 각각 원산지를 'MADE IN CHINA', 'MADE IN KOREA'로 표시돼 있어야 한다. Commercial Invoice에도 각각 원산지를 표시해줘야 수입국에서 수입신고를 할 때 정확한 정보를 넣을 수 있다.

다만 FTA 원산지와 물품의 원산지는 다른 개념이다. 원산지 결정 기준이 같은 경우도 있겠지만 대부분 원산지 결정 기준이 다르기 때문에, 물품의 원산지는 'MADE IN KOREA'지만 FTA 원산지는 한국이 아닐 수도 있다. 반대로 물품의 원산지는 한국산이 아니지만 FTA 원산지는 한국으로 판정될 수 있다.

3) Commercial Invoice에 한-EU FTA 원산지 표시

FTA 원산지증명서를 발행하는 경우 한국산이라고 판정된 품목에 대해서만 발급되기 때문에 여러 물품이 같이 선적되는 경우 어떤 물품이 FTA 원산지 물품인지 구분하기 쉽다. 그러나 구별 없는 유럽연합(EU), 유럽자유무역연합(EFTA), 터키와의 FTA의 경우 〈표 1-6〉과 같이 Commercial Invoice에 FTA 원산지 물품이라면 특혜원산지(Preferential Origin)라고 표기해주고 그렇지 않다면 비특혜원산지(Non Preferential Origin)라고 명확히 표기해줘야 물품별로 FTA 원산지 제품인지 아닌지 구분된다.

TIP MADE IN EU?

한-EU FTA의 경우 EU를 하나의 경제공동체로 보고 FTA가 체결됐기 때문에 'EU ORIGIN'이라고 표현할 수 있으나, 물품에 원산지 표시를 할 때는 대외무역법에 따라 나라 이름을 적도록 되어 있기 때문에 'MADE IN EU'는 잘못된 표현이다. 독일산인 경우 'MADE IN GERMANY'로 해야 한다.

<표 1-6> 특혜원산지 표기 예

3) Ship to.			Delivery term : FCA ANSAN FACTORY		
			TT (30% IN ADVANCE, 70% AFTER SHIPMENT)		
4) Port of loading	5) Port of discharging				
6) Carrirer	6) Salling on or about				
12) Marks and numbers of PKGS	13) Description of goods		14) Quantity/Unit	15) Unit price (USD)	16) Amount (USD)
ABC COMPANY	A ITEM		4 SETS	$1,500.00	$6,000.00
PLT NO. 1-5	MADE IN CHINA				
MADE IN KOREA	NON PREFERENTIAL ORIGIN		(N.C.V)	HS 3923.10	
	B ITEM		6 SETS	$1,500.00	$9,000.00
	MADE IN KOREA				
	PREFERENTIAL ORIGIN			HS 3923.90	
The exporter of the products covered by this document (customs authorization no 12.34.567) declares that,					
except where otherwise clearly indicated, these products are of KR preferential origin					

7. 수출 서류상 당사자 용어 비교

<표 1-7> 선적서류별 당사자 용어

PL	SHIPPER	CONSIGNEE
CI	SELLER	BUYER
LC	BENEFICIARY	APPLICANT
BL, AWB	SHIPPER	CONSIGNEE
CO	EXPORTER	CONSIGNEE/IMPORTER
수출신고필증	수출 화주	구매자
수입신고필증	해외 거래처	수입자/납세의무자
INSURANCE POLICY	INSURED	INSURED

1) CI와 유사한 서류

CI의 Seller인 경우 Beneficiary, 수출 화주, 해외 거래처와 같다고 볼 수 있다. CI의 Buyer인 경우 Applicant, Importer, 구매자, 납세의무자와 같다고 볼 수 있다. 즉, 업무에 적용할 때 크게 Shipper인지 Seller인지와 Consignee인지 Buyer인지를 구분하면 서류 작성이 좀 더 명확해질 수 있다.

2) PL과 유사한 서류

PL은 BL과 CO와 유사한 구조를 가졌고 CI는 LC, 수출신고필증, 수입신고필증, 보험증권(Insurance Policy)과 유사한 구조를 가졌다. 즉, PL은 물품이 중요한 서류이고 CI는 가격이 중요한 서류이다.

포장을 완료하고 Packing List와 Commercial Invoice가 준비됐다면 본격적으로 선적을 해보자.

CHAPTER 02

수출 선적

02 수출 선적

1. 국내 운송

- 해상 : CONTAINER
        일반 TRUCK : LCL, CFS 작업
- 항공 : 일반 TRUCK

서류가 준비되고 물품 포장이 완료됐다면 Shipper 창고에서 화물을 싣고 선적항이나 공항까지 운송해야 한다. Seller가 국내 운송을 해야 하는 경우라면(EXW와 FCA 공장 이외 조건은 Seller가 국내 운송을 알아봐야 한다) 알고 있는 육상 운송사에 의뢰하거나, 아니면 포워더나 관세사를 통해 운송을 요청하기도 한다.

1) 해상 컨테이너

컨테이너(Container)는 길이 20피트(6m)와 40피트(12m) 그리고 찾기 쉽지는 않지만 45피트가 있다. 물론 한국과 일본 사이 근거리 운송에는 10피트 컨테이너도 있다. 높이에 따라서는 40피트 일반 컨테이너와 그보다 30cm 높은 40피트 하이큐브(High-Cube) 컨테이너가 있다. 20피트는 하이큐브 컨테이너가 있긴 하지만 구하기 쉽지 않다.

높은 화물도 선적할 수 있도록 상부가 개방된 오픈탑(Open-Top) 컨테이너와 기둥(벽)만 있는 플랫랙(Flat-Rack) 컨테이너가 있다. 기둥을 접으면 플랫베드(Flat Bed) 컨테이너가 된다. 냉동(Reefer) 컨테이너는 냉장과 냉동으로 온도를 조절할 수 있고 통풍(Vent)도 조절할 수 있다. 설정 온도를 맞추기 위해서는 사전에 CY(컨테이너를 모아놓은 곳)에서 전기코드를 꽂아놓고, 발전기가 있는 섀시(Chassis)를 사용해야 이동 중에도 냉동 장치가 가동된다.

[그림 2-1] 컨테이너의 형태

▶ 40피트 하이큐브 컨테이너(위 그림 왼쪽)는 상단에 사선 표시로 구분할 수 있다.

(1) 컨테이너의 다양한 표현

① 40' CONTAINER = 40' DV(DRY VAN) CONTAINER = 40FT(FEET) CONTAINER = 40' DRY CONTAINER

② 40' HC CONTAINER = 40' HIGH CUBE CONTAINER = 40FT HIGH CUBE CONTAINER = 40' HQ CONTAINER = 40' HIGH QUBIC CONTAINER

(2) 안전운임제

2012년 화물연대 파업으로 새로운 태리프(Tariff : 운송요율표)가 만들어지고 다단계 운송 금지와 최소 운송료의 숙제가 남겨졌다. 다단계 운송 금지는 시스템에 운송 건을 등록해 관리하는 것으로 시행되며, 최소 운송료는 안전운임제·위탁운임제라는 이름으로 2020년 1월 1일 시행됐다. 국가에서 운송사가 기사에게 지급해야 할 최소한의 운임(위탁운임)과 화주가 운송사에 지급해야 할 최소한의 운임(안전운임)을 정해놓은 것이다.

안전운임제라는 이름에서 보여주듯 안전한 운전을 저해하는 위험 요소, 즉 과적이나 야간 운송 등에 대해서는 부대 조항에 할증을 적용하고 있다. 기존 태리프에도 부대 조항이 있었지만 시장에서 거의 지켜지지 않았다. 하지만 안전운임제 시행으로 부대 조항 할증이 엄격히 적용되고 있다.

(3) 컨테이너 소유권

컨테이너는 선사 소유다. 컨테이너를 사용하려면 선사에 부킹(Booking : 선적 예약)을 해야 한다. 물론 무역업체가 컨테이너를 사서 쓰는 경우도 있다(SOC : Shipper's Own Container). 선임에는 컨테이너 사용료도 포함돼 있기에, SOC인 경우 선임을 인하해준다.

(4) 출고지 컨테이너 적입 작업

출고지에서 컨테이너 적입(화물을 들여놓아 쌓는 일) 작업을 할지, 물품을 일반 트럭(Truck)으로 출고하고 부두에서 컨테이너 작업을 할지 결정해야 한다. Shipper의 출고지에서 컨테이너 적입 작업을 하려면 선사에 부킹해 공컨테이너(Empty Container)를 픽업할 수 있는 CY를 받아야 한다. CY(Container Yard)는 컨테이너를 보관하는 장소를 말한다.

부산에서 선박에 선적 예정인 컨테이너의 적입 작업을 서울 경기권에서 하면 의왕시 부곡동 의왕 ICD(내륙컨테이너기지)나 인천 CY에서 공컨테이너를 픽업해 적입 작업을 한 뒤 부산까지 편도운송을 하고, 상차지가 충청과 경남권이면 부산에서 공컨테이너를 픽업해 왕복운송을 한다.

TIP

ICD는 Inland Container Depot의 약자이다. CY는 부산·인천·광양·평택 등 부두에 있는데, 내륙에 CY 기능을
하는 기지(Depot)를 경기도 의왕시 부곡에 설치해 운영하고 있다.

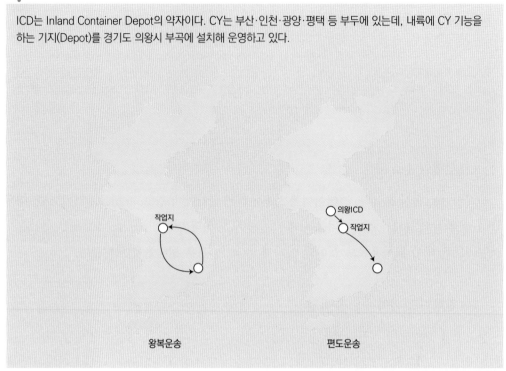

부산에 가면 시내에서도 컨테이너를 볼 수 있지만 서울에서는 컨테이너를 볼 수 없다. 서울은 컨테이너 진입이 허용되지 않는다. 서울에 진입하려면 허가를 받아야 한다. 야간 운송은 가능하다.

(5) 섀시(Chassis) 종류

① 라인 섀시(구즈넥 섀시)

40피트 컨테이너 전용 섀시로 무게가 가볍고 높이도 콤바인이나 평판 섀시보다 낮아, 중량물이나 높이가 있는 컨테이너(40피트 하이큐브나 오픈탑)에 선택적으로 사용할 수 있다. 자가 운송사보다는 라인 운송사(선사와 계약해 CY 운영과 컨테이너 관리를 하는 운송사)에서 많이 보유하고 있기 때문에 라인 섀시라고 한다.

② 콤바인 섀시

20피트 컨테이너 2대나 40피트 컨테이너 1대를 선적할 수 있도록 제작된 섀시이다.

③ 20피트 전용 섀시

20피트 컨테이너 전용 섀시로 적재 중량이 무겁거나 입고지의 길이 협소할 때 주로 사용한다.

④ 평판 섀시

20피트 컨테이너 2대나 40피트 컨테이너 1대를 선적할 수 있도록 제작된 섀시로, 평판 작업을 하여 벌크(Bulk) 화물도 적재가 가능하다. 높이가 높아 40피트 하이 컨테이너 운송에는 제한이 있다. 섀시 중량도 6톤으로 무거운 편이다.

2) 일반 화물 차량(LCL & 항공화물)

(1) CFS 컨테이너 작업

공장에서 컨테이너 작업이 어렵거나 컨테이너 작업 뒤 고정 작업이 어려울 때는 선적지 CFS에 화물을 입고하고 CFS에서 컨테이너 작업을 할 수도 있다. CFS(Container Freight Station)는 CY나 인근에 있는 창고로 이해하면 된다.

▶ 섀시에 올린 컨테이너에 적입 작업을 하고 있다.

공장에서 컨테이너 적입 작업을 할 때는 어려움이 있다. 일반적으로 1.2~1.3m 높이의 섀시에 컨테이너를 싣고 다니기 때문에 수작업으로 상차를 하든 지게차로 상차를 하든, 도크(Dock)나 램프(Ramp : 경사로)를 통해 지게차가 컨테이너에 들어가서 작업하는 것보다 어려움이 있다.

공장에 섀시 높이를 맞춰 지게차가 들어갈 수 있도록 하는 장치가 있거나(Ramp), 창고 높이를 컨테이너 높이에 맞춰놓은 경우에는(Dock) 작업이 수월하다.

▶ Ramp : 섀시에 올린 컨테이너에 적입·출 작업을 할 때 지게차가 들어가고 나올 수 있도록 만든 장치

CFS(부두)에서 적입·출 작업을 할 때는 섀시에 실린 컨테이너 높이와 맞는 창고(Dock)에서 하거나, 컨테이너를 바닥에 내려놓고 지게차가 컨테이너 내부에 들어가서 작업한다.

(2) CFS 선택

부산 구항(북항)에서 수출하거나 수입하는 경우 서비스가 좋고 저렴한 창고에서 컨테이너 적입·적출 작업을 하면 좋겠지만, 작업을 위해 컨테이너를 CY에서 가져와야 하기 때문에 추가 운송료가 발생한다.(물론 CY 내에 있는 CFS를 이용하더라도 안전운임제 이후 셔틀 차지(Shuttle Charge)가 발생하기도 한

▶ 컨테이너를 바닥에 놓고 작업할 때 지게차가 들어가고 나오기 쉽게 바닥에 램프(Ramp)를 놓는다.

다) 이 때문에 구항(북항)에서는 보통 선박이 접안하는 CY 내 선사 CFS를 이용해 작업하는 경우가 많다. 신항에서는 대부분 CY 내에 CFS가 없고 보통 CY와 외부 CFS가 인접해 대부분 외부 CFS에서 적입·적출 작업을 한다. 셔틀 차지가 발생하지만 거리가 가까워 부담되는 비용은 아니다.(인천항에도 CY 내에 CFS가 거의 없다)

(3) 컨테이너 실(Seal)

컨테이너에 화물을 적입한 뒤 실(Seal : 봉인 장치)로 잠그는데, 선사별로 여러 종류의 실을 사용한다. 실에는 고유번호가 있고 한번 체결하면 도착지에서 자르기 전에는 컨테이너 문을

▶ 컨테이너 실(Seal)

열 수 없다. 수출지에서 체결된 실이 도착지까지 그대로 있다는 것은, 운송 도중에 컨테이너 내품을 제3자가 손대지 않았다는 것을 뜻한다. 왼쪽 그림은 일반적으로 많이 사용하는 실이다. 수입지에서 컨테이너를 열 때는 서류상에 적힌 실 번호와 일치하는지 먼저 확인한 뒤 실을 절단하고 컨테이너 문을 열어야 한다.

(4) 컨테이너 문 닫기

컨테이너 문은 양쪽으로 열게 되어 있고, 오른쪽 문 끝이 왼쪽 문 끝 위에 겹쳐져 닫히는 구조다. 따라서 실은 오른쪽 문에 잠가야 한다. 왼쪽 문에 잠그면 오른쪽 문이 열려 실을 채우는 의미가 없다.

(5) 일반 화물차량 종류

일반 화물차량은 적재 가능한 톤수에 따라 1톤에서 25톤으로 나누고, 적재함 개폐 여부로 차량 종류를 나눈다. 1톤 차량이라고 하면 1톤까지 적재할 수 있는 차량을 말한다. 물론 실제 운송할 때 적재 가능 중량은 차량에 표시된 적재 중량보다 많을 수 있다. 참고로 5톤 차량에 적재되는 물량은 20피트 컨테이너 1개 물량 정도로 볼 수 있다.

〈표 2-1〉 화물차량 규격 및 중량 정보

· 차종	차폭	길이	적재 가능 높이	부피
1톤 카고	158-160cm	285cm	170cm	7cbm
1톤 탑차	150-157cm	280cm	150cm	6cbm
1톤 윙카	150-157cm	280cm	160cm	6cbm
1톤 초장축	158-160cm	305-360cm	170cm	8cbm
1.4톤 카고	165-170cm	310cm	170cm	8.5cbm
1.4톤 탑차	160-165cm	310-360cm	160cm	7.5cbm
1.4톤 윙카	160-165cm	310-360cm	170cm	8cbm
1.4톤 초장축	165-170cm	310-370cm	170cm	9cbm
2.5톤 카고	185-195cm	420-435cm	210cm	17cbm
2.5톤 탑차	185-190cm	420-435cm	190cm	15cbm
2.5톤 윙카	185-190cm	420-435cm	200cm	16cbm
3.5톤 카고	205-208cm	460-490cm	220cm	21cbm
3.5톤 탑차	200-205cm	460-490cm	210cm	20cbm
3.5톤 윙카	200-205cm	460-490cm	210cm	20cbm
5톤 카고	230cm	620-630cm	280cm	30cbm
5톤 축차 카고	238cm	700-860cm	280cm	28cbm
5톤 축차 윙카	238cm	700-960cm	240cm	30cbm
11톤 카고	235-240cm	910-1020cm	280cm	50cbm
18톤 카고	235-240cm	950-1030cm	280cm	55cbm
25톤 윙카	235-240cm	1010-1030cm	250cm	60cbm
25톤 카고	240-242cm	1010cm	280cm	60cbm

차폭과 길이는 제작사나 개조 여부에 따라 차이가 있다. 적재 가능 중량도 제작사나 개조 여부에 따라 차이가 있다. 적재 가능 높이는 운송 안전을 고려해 산출했으나 운송 구간이나 화물 상태에 따라 조정할 수 있다.

평판 섀시는 주로 폭이나 길이가 25톤 차량을 넘어설 때 많이 사용하고, 섀시 자체 무게가 있어 적재 가능한 무게는 25톤 차량보다 적다.

길이가 6m인 화물은 2.5톤 트럭에 선적할 수 있지만, 적재함 뒤를 열고 승인을 받아야 운송할 수 있다. 승인 기관은 5톤 트럭으로 운송이 가능한 화물에 대해 2.5톤 차량이 적재함을 열고 운송하도록 승인을 잘 하지 않는다. 다시 말하면 차량마다 가능한 무게와 크기를 지켜서 운송하도록 하며, 일반 차량으로 운송이 어려울 때는 장축·장폭·중량물 등에 대한 승인을 받고 운송할 수 있다.

일반적으로 오픈트럭(Open Truck)은 그냥 트럭이라 하고, 밀폐된 트럭은 밀폐 방식에 따라 탑트럭(Top Truck)과 윙보디트럭(Wing-body Truck)으로 나눈다.

▶ 카고트럭

▶ 윙보디트럭

▶ 탑트럭

영업용 차량은 노란색 번호판을 달아야만 운행이 가능하다. 신규로 추가 등록이 되지 않아 영업용 노란 번호판이 필요한 경우 매매로 사야 영업용 트럭으로 운행할 수 있다.(개인택시 면허와 같다고 보면 된다) 하얀색 번호판 트럭은 자가 물품 운송만 가능하고 돈을 받고 타인의 물품을 운송하는 것은 불법이다.

2. 적하보험

- 보험조건(Condition) : ICC A. B. C (AR, WA, FPA)
- 보험요율(Rate) : 운송 방법, 운송구간, HS 코드에 따라 요율 결정
- 보험자 면책
  - 화물에 따른 부가 조건 : ICC A라고 하더라도 모든 사고에 대해 보상이 되지 않고
    필요 시 추가 가입을 해야 함

운송 중에 물품이 손상된다면 인코텀스에서 위험을 부담하는 당사자가 손해를 보게 된다. 즉, CIF에서 해상운송 중에 손실이 생기면 Buyer는 물품 대금도 지급해야 하고 물품 손실도 떠안아야 한다. CIF와 CIP를 제외하고는 적하보험 가입이 의무 사항은 아니나, 위험을 부담하는 당사자가 사고가 생길 때를 대비해서 가입하는 것이 좋다.

적하보험은 'Marine Cargo Insurance Policy'(해상적하보험증권)라고 한다. 보통 원본 2장에 사본 그리고 청구서인 인보이스(Invoice)로 구성된다.

1) 적하보험의 구성

(1) 피보험자(Assured)

CIF, CIP는 Seller가 피보험자가 되고, 다른 조건에서는 Commercial Invoice에서 위험을 부담하는 Seller 혹은 Buyer가 피보험자가 된다.

(2) 보험가입금액(Amount Insured)

Commercial Invoice 금액에 통상 희망이익 10%를 더한 금액으로 보험사가 지급하는 최고 한도 금액이다. 희망이익은 무역 거래가 사고 없이 완료됐을 때 거래 물품의 가치 상승분을 고려한 것이다. 희망이익을 더한 보험금액에 보험요율을 곱해 보험료를 계산한다.

(3) 선박 이름, 출항지, 도착지, 화물 세부 사항

보험회사는 HS코드, 운송 구간과 운송 방법에 따라 보험요율을 책정한다. 실무적으로 Commercial Invoice만 줘도 보험 가입에 필요한 모든 정보를 제공할 수 있다.

대한민국정부
인지세
100원
종로세무서
무납승인
2017-36191호

Marine Cargo Insurance Policy

"ORIGINAL"

Assured(s), etc.	
Claim, if any, payable at	Survey should approved by
Amount insured hereunder **USD 129,074.00 (USD 117,340.00 x 110 %)** **@ 1,231.9000**	Ref No. **B/L NO. TWAY200401TAI001** **INVOICE NO. KOR-20035**
Conveyance **KMTC OSAKA 2007S**	Sailing on or about **Apr. 02, 2020**
at and from **BUSAN, KOREA**	transhipped at
arrived at **TAICHUNG, TAIWAN**	thence to
subject-matter insured	Conditions and Warranties **INSTITUTE CARGO CLAUSE(ALL RISKS)** **EXCLUDING THE RISK OF SHORTAGE AND/OR CONTAMINATION UNLESS** **PACKED IN DRUM, CAN**

Subject to following Clauses

- Institute Cargo Clauses (as specified above)
- Institute Classification Clause
- On-deck Clause
- Label Clause (applying to labelled goods)

- U.S Economic and Trade Sanctions Clause
- Special Replacement Clause(applying to machinery)
- Duty Clause(applicable only to import duty insured)
- Other Insurance Clause (Cargo)

- Termination of Transit Clause (Terrorism)
- Institute Extended Radioactive Contamination Exclusion Clause
- Institute Chemical, Biological, Bio-chemical, Electromagnetic Weapons and Cyber Attack Exclusion Clause

Place and date signed in **SOUTH KOREA / Apr. 02, 2020**	No. of Certificates issued **2 (TWO)**

For the use only with the Old Marine Policy Form

The descriptions to be inserted in the follwing clauses are shown as above.   Be it Known that

1. Warranted free of capture, seizure, arrest, restraint or detainment, and the consequences there of or any attempt there at, also from the consequences of hostilities or warlike operations, whether there be a declaration of war or not, but this warranty shall not exclude collision, contact with any fixed or floating object (other than a mine or torpedo), stranding, heavy weather or fire unless caused directly (and independently of the nature of the voyage or service which the vessel concerned or, in the case of a collision, and other vessel involved there in, is performing) by a hostile act by or against a belligerent power, and for the purpose of this warranty "power" includes any authority maintaining naval, military or air forces in association with a power. Further warranted free from the consequences of civil war, revolution, rebel- lion, insurrection Or civil strife arising therefrom, or piracy.
2. Warranted free of loss or damage
   (a) Caused by strikers, locked-out workmen, or persons taking part in labour disturbances riots or civil commotions;
   (b) resulting from strikes, lock-outs, labour disturbances, riots or civil commotions.
3. (a) Should the risks excluded by Clause 1(F.C. & S.Clause)be reinstated in this Policy by deletion of the said Clause, or should the risks or any of them mentioned in that clause or the risks of mines,torpedoes, bombs or other kinds of war be insured under this Policy, Clause(b) below shall then become operative and anything contained in this contract which is inconsistent with Clause(b) or which affords more extensive protection against the afore-said risks than that afforded by the Institute War Clause relevant to the particular form of transit covered by this insurance is null and void.
   (b) This policy is warranted free of any claim based upon loss of, or frustration of, the insured voyage or adventure caused by arrests restraints or detainments of Kings Princes Peoples Usurpers or persons attempting to usurp power.
4. This insurance does not cover any loss or damage to the property which at the time of the 'happening of such loss or damage is insured by or would but for the existence of this Policy be insured by any fire or other insurance policy or policies except in respect of any excess beyond the amount which would have been payable under the fire or other insurance policies had this insurance not been effected.

as well in his or their own Name, as for and in the Names and Names of all and every other Person or persons to whom the same doth; may, or shall appertain, in part or in all, doth make Assurance, and cause himself or themselves and them and every of them, to be Assured, lost or not lost, at and from   upon any kind of Goods and Merchandises, in the good Ship or Vessel called the whereof is Master, for this present Voyage, or whosoever else shall go for Master in the said Ship, or by what so ever other Name or Names the said ship, or the Master thereof, is or shall be named or called, beginning the Adventure upon the said Goods and Merchandises from the loading thereof aboard the Adventure upon the said during her abode there, upon the said Ship, & C, and further, until the said Ship, & c,:and further, until the said Ship, with all her goods and Merchandises whatsoever, shall be arrived at and upon the Goods and Merchandises until the same be there discharged and safely landed; and is shall, be lawful for the said Ship, & C , in this Voyage to proceed and sail to and touch and stay at any Ports or Places Whatsoever without Perjudice to this Assurance. The said Goods and Merchandises, & C , for so much as concerns the Assured by Agreement between the Assured and Assurers inthis Policy, are and shall be valued at
TOUCHING the Adventures and Perils which the said Company are contented to bear and do take upon themselves in this voyage, they are, of the Seas, Men-of-War, Fire, Enemies, Pirates, Rovers, Theives, Jettisons, Letters of Mart and Countermart, Surprisals, Takings at Sea, Arrests, Restraints and Detainments of all Kings, Princes and People, of what Nation, Condition, or Quality soever, Barratry of the Master and Mariners, and of all other Perils, Losses and Misfortunes that have or shall come to the Hurt, Detriment or Damage of the said Goods and Merchandises, or any part thereof; and in case of any Loss or Misfortune, it shall be lawful to the Assured, his or their Factors, Servants and Assigns, to sue, labour and travel for, in and about the Defence, Safeguard and Recovery of the said Goods and Merchandises, or any part thereof, without Prejudice to this Assurer; to the Charges whereof the said Company will contribute. And it is assured, shall be considered as a waiver or acceptance of abandonment.
And it is agreed that this writing or Policy of Assurance shall be of as much Force and Effect as the surest Writing or Policy of Assurance made in London. And so the said Company are contented, and do hereby promise and bind themselves to the Assured, his or their Executors. Administrators, or Assigns, for the true Performance of the Premises; confessing themselves paid the Consideration due unto them for this Assurance, at and after the rate of as arranged per Cent.
N.B.-Corn, Fish, Salt, Fruit, Flour and Seed are warranted free from Average. unless general, or the Ship be stranded; Sugar, Tobacco. Hemr Flax Hides and Skins are warranted free from Average, under Five Pounds per Cent.; and all other Goods, also the Ship and Freight, are warranted free from Average under Three Pounds percent., unless general, or the ship be stranded, sunk or burnt.
All questions of liability arising under this policy are to be governed by the laws and customs of England.
IN WITNESS whereof, I the Undersigned of the ACE American Insurance Company on behalf of the said Company have subscribed my NAME in to Policies of the same tenor and date, one of which being accomplished, the others to be void, as of the date specified as show.

Notwithstanding anything contained herein or attached hereto to the contrary, this insurance is understood and agreed to be subject to English law and practice only as to liability for and settlement of any and all claims.
This insurance does not cover any loss or damage to the property which at the time of the happening of such loss or damage is insured by or would but for the existence of this Policy be insured by any fire or other insurance policy or policies except in respect of any excess beyond the amount which would have been payable under the fire or other insurance policy or policies had this insurance not been effected.
We, ACE American Insurance Company hereby agree, in consideration of the payment to us by or on behalf of the Assured of the premium as arranged, to insure against loss damage liability or expense to the extent and In the manner herein provided.

In witness whereof, I the Undersigned of ACE American Insurance Company on behalf of the said company have subscribed my Name in the place specified as aoove to the policies, the issued numbers there of being specified as above, of the same ten or and date, one of which being accomplished, the others to be void, as of the date specified as above.

In the event of loss or damage arising under this Policy, no claims will be admitted unless a survey has been held with the approval of this Company's office or Agents specified in this Policy.

In case of loss or damage, please follow the "IMPORTANT CLAUSE" printed on the back hereof.

(4) 가입 조건(ICC A인지, 부가 조건은 있는지 등)

Commercial Invoice를 보험사에 보내면 ICC A 또는 ICC AR(All Risk)로 물품 HS코드에 따른 조건에 맞춰 가입된다. 실제 선택의 여지가 많아 보이지만, 보통은 보험사가 제시하는 조건으로 가입된다.

2) 적하보험 가입

Commercial Invoice를 팩스나 전자우편으로 보내면 보험사에서 입력해주고, 자주 보험에 가입하는 경우 출력 용지를 가져다주기 때문에 사무실에서 인쇄하면 된다. 사소한 문구 수정은 직접 할 수 있다. Commercial Invoice 작성 방법대로 하면 Commercial Invoice만 넣어줘도 추가 정보 없이 적하보험에 가입된다.

적하보험에서는 HS코드와 운송 정보가 보험요율과 가입 조건을 결정하는 가장 중요한 정보다. 일반적으로 해상이 항공보다 보험료가 조금 높다. 보험료는 위험도가 높을수록 요율이 높게 설계돼 있다.

3) 적하보험에 가입해야 하는 이유

적하보험은 운송 중에 발생할 수 있는 물품의 분실과 손상 등에 대비해 보험회사에 가입하는 보험을 말한다. 보험은 사소한 손상에 대한 보상보다는, 전손같이 혼자 감당하기 어려운 큰 사고를 대비해 들어야 한다. 공동해손과 같이 일반 상식과는 먼 손해 분담일 때는, 보험에 가입하지 않은 경우 비용뿐만 아니라 처리 과정을 무역업체가 직접 하는 것이 쉽지 않다.

포워더를 포함해 모든 운송 주체는 의무적으로 배상책임보험에 가입하고 운송 중에 발생하는 문제는 포워더가 책임지면 되는데, 왜 무역 당사자가 보험에 가입해야 할까?

배상책임보험은 대부분 법적 의무 가입액에 한정적으로 가입하기 때문에 모든 경우에 금

TIP 공동해손

운송 중에 공동의 위험이 닥친 경우 위험에서 벗어나기 위해 공동으로 사용한 비용을 선박회사와 화주가 나누어 부담하는 것이다. 예를 들어 선박운송 중에 화재로 선박과 전체 화물에 문제가 발생해 공동해손을 선장이 선언해 구조 작업을 했다면 구조비 등의 비용을 선주와 화주(인코텀스에서 위험을 부담하는 사람)가 분담한다. 적하보험에 가입된 경우 보험회사에서 공동해손 비용을 부담한다.

액 한도 없이 보상이 되지 않는다. 또한 포워더나 운송 주체는 무한 책임을 지지 않는다. BL 이면 약관에 포워더의 면책 사유와 배상 한도가 구체적으로 쓰여 있고, 배상책임보험에서 담보가 되는 포워더의 법적 책임인 경우 배상을 받을 수 있다.

실제 사고에서는 사고 원인을 찾기 쉽지 않다. 이때 무역업체가 포워더의 배상책임보험회사에 직접 배상을 청구하기보다, 가입한 적하보험회사에 청구해서 보상받고 적하보험회사에서 포워더나 원인 제공자에게 구상권을 청구하는 게 합리적인 해결 방법일 수 있다. 물론 사고 원인이 명확하고 배상책임보험으로 처리가 가능할 때는 직접 처리하는 것이 좋다.

4) 적하보험 약관

적하보험 구약관에서는 ICC AR, WA, FPA 등으로 구분하고 신약관에서는 ICC A, B, C로 구분하고 있지만 구약관과 신약관을 크게 구분하는 것은 실익이 없기 때문에 어느 것을 사용해도 된다. 보험회사마다 다르지만 새로 나온 신약관을 많이 사용한다.

보통 적하보험은 ICC A로 든다. ICC A는 보험사가 면책을 제외한 모든 것을 보상해주는 것이고, B와 C는 보장한다고 하는 것만 보상해주는 것으로 보장 범위가 좁다. 보험료 차이가 별로 나지 않기 때문에 ICC A로 가입하면 된다. 다만 중고 물품일 때는 ICC A로 가입되지 않고 ICC C로 가입된다.

5) 적하보험 요율과 담보

항공, 해상의 운송 방식과 운송 지역 그리고 HS코드에 따라 보험료가 다르게 정해져 있다. 보통 최소 KRW14,000, 약 1,000만 원당 1만 원을 보험료로 생각하면 된다. 정확한 요율은

✤TIP 구약관/신약관 차이점

- 구약관의 AR과 신약관의 ICC A는 비슷하면서도 차이점이 있다.
- AR에서는 PIRACY(해적) 위험이 면책이었으나 ICC A에서는 담보한다.
- 구약관의 WA와 신약관의 ICC B도 차이점이 있다.
- WA에서는 지진, 화산의 분화, 낙뢰가 부담보이지만 ICC B에서는 담보한다.
- WA에서는 악천후로 인한 손해는 담보하지만 ICC B에서는 악천후가 발생해도 직접적인 물의 침입이 없는 경우 담보가 되지 않는다. 또한 ICC B에서는 빗물에 의한 손해는 부담보이다.
- ICC A나 ICC AR 둘 중 하나로 가입하기로 했다면 ICC A로 하는 것이 유리하다.

보험회사에 확인해야 한다.

ICC A로 가입한다고 해도 모두 담보가 되는 것은 아니다. 물품의 고유 성질에 따른 손상(유리가 깨지는 것, 철이 녹스는 것 등)이나 전쟁, 파업 등으로 인한 사고는 담보가 되지 않는데 추가로 보험료를 내고 부가 조건으로 가입할 수도 있다.

특히 '갑판적 화물에 적용하는 약관'(On Deck Clause)을 잘 이해해야 한다. ICC A로 가입했다고 하더라도 '갑판 위'(On Deck)에 선적되는 경우(일반 컨테이너 외에 오픈탑, 플랫랙 컨테이너, 벌크인 경우) 추가 비용을 내고 갑판적 위험을 담보하는 특약을 약정하고 할증보험료(Under-Deck 화물 요율의 50% 가산)를 지급하지 않으면 보험이 ICC C로 변경 적용된다. ICC C일 때는 보험사가 보장하기로 한 담보 손해로 발생한 전손 사고를 제외하고는 보상받기 쉽지 않다.

6) 적하보험 담보 구간

인코텀스의 위험 이전과 누가 가입했는지에 따라 보험 담보 구간이 달라진다. CFR과 CIF의 경우 Buyer가 가입하느냐 Seller가 가입하느냐에 따라 보험료는 같지만 보장 구간이 다르다.

담보 구간은 보험을 가입하는 업체가 부담하는 위험 구간에 따라 다르다. 예를 들어 CFR은 Buyer가 보험에 가입한다면 본선 적재 뒤부터 Buyer가 위험을 부담하기 때문에 본선 적재 뒤부터 보험 담보 구간이 시작된다. 하지만 CIF의 경우 Seller가 보험에 가입하는데 위험 이전은 CFR과 동일하지만 Seller의 공장 출고부터 보험이 적용된다. CFR의 경우 Seller 공장에서 본선에 적재할 때까지는 적하보험으로 보장되지 않음을 주의해야 한다.

7) 적하보험 담보 사고와 면책

사고가 발생했을 때 보통 소액이라면 손해사정인의 조사 없이 서류상 확인이 되면 보상해 주는 경우도 있다. 사고 금액이 클 때는 보험사에서 지정한 손해사정인을 통해 사고 원인을 조사해서 보험사가 책임 있는 담보 사고인지 면책 대상은 아닌지 면밀히 확인하고 보험금을 지급한다.

ICC A로 보험에 가입하면 보험회사에서 보험금 지급을 거절하기 위해서는 면책 사고임을 보험회사가 입증해야 한다. 보험회사의 면책 주장 사유로는 적재 불량, 포장 불량인 경우가 많다. 이러한 사유로 Shipper는 운송 중에 예상할 수 있는 위험 정도에 따라 적절한 포장과 적재 방법을 선택해야 한다. 만약 적재 불량과 포장 불량을 이유로 보험회사가 Buyer에게 사고 보상을 하지 않을 때, Buyer는 적재 불량이나 포장 불량의 원인을 제공한 자를 찾아서 클레임(Claim)을 제기해야 한다. 힘든 싸움이 될 수밖에 없다.

3. 수출신고

- **수출신고필증** : 환급받지 않음 – 결제금액이 중요
  환급받음 – 결제금액도 중요
- **간이정액환급** : 제조자, HS코드, FOB 금액이 중요
- **개별환급** : 제조자가 중요

관세청은 국내 재화가 해외로 반출되는 것을 관리한다. 재화를 반출하려면 반드시 세관에 수출신고 수리가 선행돼야 한다. 수출신고를 하려면 Commercial Invoice 외에 제조자 정보(수출자와 제조자가 다른 경우 제조자 정보가 필요한데 모르면 미상으로 넣을 수 있다), 물품 소재지, 적재 예정 보세구역 정보를 추가로 제공해야 한다.

환급을 받지 않는 경우 수출신고필증에 들어가는 내용 중 결제금액이 중요하다. 유상 수출일 때는 결제금액을 매출액으로 보며 해외에서 송금되는 금액과 일치해야 한다. 환급을 받는 경우 제조자, HS코드, FOB 금액을 정확히 해야 한다.

🏷TIP

▶ 개별환급
국내에서 제조한 물품을 수출한 경우 수출물품에 포함된 원재료를 수입할 때 지급한 관세를 환급해주는 제도
▶ 간이정액환급
국내에서 제조한 물품을 수출한 경우 HS코드별로 FOB 수출 금액 1만 원당 일정액을 환급해주는 제도

수출신고필증(수출이행, 갑지)

※ 처리기간 : 즉시

① 신고자 쓰리웨이관세사무소 남대정	③ 신고번호 1	④ 세관.과 030-15	신고일자 2020-03-25	⑥ 신고구분 H 일반P/L신고	C/S구분 A

②수출대행자 (통관고유부호)	수출자구분 C	⑦ 거래구분 11 일반형태	⑧ 종류 A 일반수출	⑨ 결제방법 TT 단순송금방식

수 출 화 주
(통관고유부호)
(주소)
(대표자)
(사업자등록번호)

⑩ 목적국 JP JAPAN	⑪ 적재항 KRPUS 부산항	⑫ 선박회사 (항공사)
⑬ 선박명(항공편명)	⑭ 출항예정일자	⑮ 적재예정보세구역 03086342
⑯ 운송형태 10 LC		⑰ 검사희망일 2020/03/25

(소재지) 13522
⑱ 물품소재지 48480 부산 남구 우암로 263(인터지스 (주)7부두CFS)

③ 제 조 자 미상 (통관고유부호) 제조미상-9-99-9-00-0 제조장소 10000 산업단지부호 999	L/C번호	⑲ 물품상태 N
	⑳ 사전임시개청통보여부 N	반송 사유

④ 구 매 자 (구매자부호)	환급신청인 1 (1:수출대행자/수출화주, 2:제조자) 자동간이정액환급 NO

•품명 · 규격 (란번호/총란수 : 001/002)

㉑ 품 명 DRIVE-AXLES WITH DIFFERENTIAL ㉒ 거래품명 PARTS FOR MOTOR VEHICLES	㉓ 상표명

㉔모델 · 규격	㉕성분	㉖수량(단위)	㉗단가(JPY)	㉘금액(JPY)
	1 란 율지	계속		

㉙세번부호 8708.50-1000	㉚순중량 5,626.0 (KG)	㉛수량 0 ( )	㉜신고가격(FOB) $23,264 ₩28,572,492
㉝송품장부호 WJ-200323	㉞수입신고번호	㉟원산지 KR---N	㊱포장갯수(종류) 13 (GT)

㊲ 수출요건확인 (발급서류명)			

㊳총중량 5,886.0 (KG)	㊴총포장갯수 13 (GT)	㊵총신고가격 (FOB) $23,505 ₩ 28,868,027
㊶운임(₩) 61,409	㊷보험료(₩) 14,000	㊸결제금액 CIF-JPY-2,539,700.00
㊹수입화물 관리번호	㊺컨테이너번호	N

※신고인기재란 2란 13PALLET 재수입조건 부임	㊻ 세관기재란
	귀사는 관세환급대상 수출실적이 있음에도 관세환급을 신청하지 않은 업체로 추정됩니다. 통관세관 또는 관세사에게 관세환급여부를 구체적으로 확인하여 보시기 바랍니다. 통관세관에서는 고객님의 업체가 관세환급제도를 이용할 수 있도록 이 정보를 제공하오니 참고하시기 바랍니다.

㊼ 운송(신고)인 ㊽ 기간 부터 까지	적재의무기한 2020/04/24	㊾ 담당자	신고수리일자 2020/03/25

발 행 번 호 : 2020944049992(2020.04.09)
(1) 수출신고수리일로부터 30일내에 적재하지 아니한 때에는 수출신고수리가 취소됨과 아울러 과태료가 부과될 수 있으므로 적재사실을 확인하시기 바랍니다.
(관세법 제251조, 제277조) 또한 휴대탁송 반출사에는 반드시 출국심사(부두.초소.공항) 세관공무원에게 제시하여 확인을 받으시기 바랍니다.
(2) 수출신고필증의 진위여부는 수출입통관정보시스템에 조회하여 확인하시기 바랍니다. (http://unipass.customs.go.kr)

▪ 본 신고필증은 전자문서(PDF파일)로 발급된 신고필증입니다.
▪ 출력원 신고필증의 진본여부 확인은 전자문서의 '시점확인필' 스템프로 클릭하여 확인할 수 있습니다.

Page : 1/2

1) 수출신고필증 주요 구성

(1) 수출 화주, 제조자

수출 화주는 Shipper 개념이 아닌 Seller로 보아야 한다. 제조자는 환급을 받거나 원산지증명서(CO : Certificate of Origin)를 발급하는 경우 필수로 들어가야 한다.

수출 화주가 구매확인서를 물품을 공급하는 회사에 발급하는 경우 수출신고필증의 제조자는 미상으로 들어가거나 공급하는 회사와 다른 회사가 들어가도 된다. 구매확인서는 수출물품 공급을 확인하는 서류로 누가 제조했는지는 중요하지 않기 때문이다.

구매확인서는 수출을 목적으로 국내 거래를 하는 경우 수출자나 수출업체에 납품하는 업체가 물품을 공급하는 업체에 발급해주는 서류로, 물품 공급 회사는 구매확인서를 근거로 영세율 세금계산서를 발급할 수 있다.

(2) 구매자와 거래구분

구매자는 Consignee 개념이 아닌 Buyer이다. 거래구분 11은 유상수출이라는 의미로 수출신고필증 결제금액을 수출 화주가 구매자로부터 결제받아야 한다. 유상수출을 하면 대금을 결제받아야 하고, 대금을 받지 못한다면 합당한 사유가 있어야 한다.

〈표 2-2〉 수출 거래구분

11	일반 형태 수출
15	전자상거래에 의한 수출
29	위탁가공(국외가공)을 위한 원자재 수출
72	외국 물품을 수입통관 후 원상태로 수출
79	중계무역(반송) 수출
83	외국에서 수리 또는 검사를 받을 목적으로 반출하는 물품
84	외국 물품을 국내에서 수리, 검사(가공 제외) 등을 한 뒤 다시 반출하는 물품
89	우리나라에서 수출했던 물품이 수리, 검사 또는 클레임, 기타 사유로 반입돼 국내에서 수리, 검사 또는 보수 작업 뒤 다시 반출되는 물품(하자 보수)
90	수출된 물품이 계약 조건과 상이하거나 하자보증이행 용도변경 등 부득이한 사유로 인한 대체품 또는 수출된 물품의 누락이나 부족품에 대한 보충 물품
92	무상으로 반출하는 상품의 견품과 광고용품
93	수입된 물품이 계약 내용과 달라 반출하는 물품

수출신고필증은 매출 자료로 Commercial Invoice와 같이 사용한다. 이 때문에 수출신고를 할 때 유상인지 무상인지 구분이 중요하다.

(3) 물품 소재지

물품 소재지는 실제 수출통관을 할 때 수출물품이 보관된 위치를 적어야 하고 물품 소재지가 있는 관할 세관에 수출통관을 신청해야 한다. 이를 위반하면 벌금이 있다. 검사는 거의 하지 않지만 세관에서 물품을 검사할 수 있도록 물품 소재지 관할 세관에 통관을 신청해야 한다.

(4) HS코드와 총신고가격(FOB)/결제금액

HS코드는 간이정액환급을 받거나 CO를 발급하는 경우 정확히 기재해야 한다.

총신고가격(FOB)은 Commercial Invoice의 인코텀스가 FOB가 아닌 경우 FOB 가격으로 환산해서 적어준다. 간이정액환급이나 수출 통계는 FOB 금액으로 산출한다.

Commercial Invoice에 CIF 조건인 경우 해상운임과 보험료를 빼고 FOB 가격을 신고한다. 간이정액환급을 받지 않는 경우 정확하지 않아도 큰 문제는 없다. 간이정액환급을 받는 경우 관세사에게 해상운임과 보험료를 별도로 알려줘 정확한 FOB 가격을 신고해야 한다.

결제금액은 실제 인코텀스, 실제 통화, 실제 금액을 적어준다. 결제금액은 실제로 Seller가 Buyer로부터 지급받는 금액을 말한다. Seller 입장에서는 매출로 볼 수 있다.

(5) 적재 의무기한과 매출 기준일

적재 의무기한은 신고수리일로부터 30일이며 연장할 수 있고 분할 선적도 가능하다.

과거에는 수출신고수리일을 매출 기준일로 잡아서 매출을 늘리기 위해 미리 수출신고를 하는 일도 많았다. 하지만 회계기준 변경으로 지금은 수출신고수리일이 아닌 적재일(Onboard Date)을 매출 기준일로 한다.

2) 통관 절차

수출물품에 대해서는 세관에서 까다롭게 관리하지 않고 보통은 자동 수리 통관이 된다. 반송 물품, 폐기물, 휴대전화, 중고자동차, 중장비 등 특별히 지정한 물품을 제외하고는 수출할 때 세관 검사도 거의 하지 않는다. 보통은 물품 소재지 관할 세관에서 수출통관을 하도록 되어 있기 때문에 공장에 화물을 두고 통관할지 선적지 부두·공항에 물품을 두고 통관할지 선택해야 하지만, 지정된 물품은 선적지에서 수출통관을 해야 한다.

관세법이나 통관과 관련해서는 대부분 수입 관련 내용이다. 수출은 환급을 제외하고는 특별한 내용이 없다.

3) 모델과 규격

수입자가 협정관세 적용을 위해 원산지증명서를 요청할 경우 수출신고필증을 신청할 때 모델과 규격을 어떻게 할지 고려해야 한다. 수출신고필증의 모델과 규격은 Seller가 하나의 완제품으로 판매할 의도가 있는 물품이다.

원산지 결정 기준은 하나의 완제품별로 확인하는 것으로 원산지 결정 기준에 맞는 서류는 수출신고필증의 모델과 규격별로 서류를 준비해야 한다. 예를 들어 ROBOT의 머리(A), 팔(B, C), 몸통(D), 다리(E, F)를 다음과 같이 판매하고 수출신고를 한다면 원산지 증명을 하기 위해서는 A, B, C, D, E, F 각각을 대상으로 HS코드를 확인하고 각각에 대해 원산지 결정 기준을 확인해야 한다.

A	UNIT PRICE	USD100	AMOUNT	USD100
B	UNIT PRICE	USD150	AMOUNT	USD150
C	UNIT PRICE	USD150	AMOUNT	USD150
D	UNIT PRICE	USD200	AMOUNT	USD200
E	UNIT PRICE	USD300	AMOUNT	USD300
F	UNIT PRICE	USD300	AMOUNT	USD300

운송 편의를 위한 미조립 물품으로 HS코드 분류상 하나의 ROBOT 완성품으로 볼 수 있다면 다음과 같이 수출신고를 해서 하나의 HS코드에 따른 원산지 결정 기준을 확인해 원산지 증명서를 발급하면 된다.

1 SET(A·B·C·D·E·F) OF ROBOT   UNIT PRICE USD1,200   AMOUNT USD1,200

미완성품의 경우에도 HS코드 분류상 완제품으로 분류할 수 있다면 완제품으로 신고해주는 것이 통관이나 환급 그리고 FTA 증명을 하는 데 편리하다.

개별환급을 신청하는 경우에도 수출신고필증의 모델과 규격을 완제품으로 보고 완제품에 대한 BOM에 기재된 원재료를 수입할 때 지급한 관세 금액을 계산하기 때문에 Commercial Invoice를 작성할 때 품목을 어떻게 할지 고려해야 한다.

4. 환급

- 관세법상 환급 : 계약 상이수출
- 환급특례법상 환급
  - 간이정액환급(제조, 수출) : HS코드, FOB 1만 원당 환급액
  - 개별환급(제조, 수출) : 완제품에 포함된 원재료를 수입할 때 지급한 관세

1) 환급의 종류

관세는 소비세 성격이다. 수입 후 사용되지 않고 재수출하는 경우 원칙상 수입할 때 지급한 관세에 대해 환급하고 있는데, 계약과 다른 물품이나 하자가 발견된 물품을 수출하면서 수입할 때 지급한 관세를 환급받는 관세법상 환급도 있지만, 일반적으로 환급이라고 하면 제조 Seller를 위한 환급특례법상 환급을 말한다. 환급특례법상 수출환급은 국내에서 제조한 물품을 수출한 경우 수출물품에 포함된 원재료를 수입할 때 지급한 관세를 환급해주는 개별환급과, HS코드별로 FOB 수출 금액 1만 원당 일정액을 환급해주는 간이정액환급이 있다. 하지만 모든 HS코드에 간이정액환급액이 있는 건 아니다.

2) 환급의 당사자와 신청 기한

중소기업은 간이정액환급을 받을 수 있는데, 선택하면 개별환급을 받을 수 있다. 대기업은 개별환급만 가능하다. 중소 제조업체가 간이정액환급을 받으려면 수출물품 HS코드에 얼마

의 환급액이 있는지 확인하고 수출신고 수리일부터 2년 이내에 환급 신청을 하면 된다. 간이 정액환급이 가능한 중소 제조업체는 법에서 정한 중소기업체로서 환급 신청일이 속한 연도 의 직전 2년간 매년 환급 실적이 6억 원 이하인 업체다.

3) 개별환급

개별환급의 경우 수출물품에 포함된 원재료를 수입할 때 지급한 관세를 계산해서 환급을 신청해야 하기 때문에 다소 서류가 복잡하다. 기본적으로 하나의 완제품을 만들 때 들어가는 원재료내역서(BOM)를 가지고 각 부품을 수입할 때 낸 관세를 계산해 청구할 수 있다.

수입 부품을 가공 없이 공급받거나 수입 원재료를 이용해 가공한 부품을 공급받을 때도 공 급자로부터 수입관세 환급 권한을 양도하는 서류(분증이나 기납증)를 받아서 개별환급 신청을 할 수 있다. 직접 수입한 물품이든 간접 수입한 물품이든 수입할 때 낸 관세 금액을 확인할 서 류가 있으면 개별환급을 받을 수 있다.

개별환급 금액을 신청하려면 완제품 생산에 쓰인 원재료가 각각 어느 정도였는지 확인해 야 한다.(BOM으로 확인할 수 있다) 완제품 생산에 쓰인 원재료의 양을 소요량이라고 한다. 소 요량에는 제조할 때 버리게 되는 손모량도 포함된다. 물론 손모량이 가치가 있다면 그 가치는 공제해줘야 한다.

4) 개별환급·간이정액환급 선택

대기업은 개별환급만 가능하고, 중소기업은 개별환급과 간이정액환급에서 선택할 수 있 다. 개별환급을 받을지 간이정액환급을 받을지는, 우선 어느 쪽이 환급액이 많은지 계산해보 고 환급액이 많은 방법을 선택하면 된다. 환급액에 별 차이가 나지 않는다면 업무 편의성을 고려해 보통은 간이정액환급을 선택한다.

중소기업은 간이정액환급 대상 업체로 개별환급을 신청하려면 세관에 간이정액환급 비적 용 신청을 해야 한다. 환급 방법을 선택하면 2년 동안은 바꿀 수 없다. 다만 간이정액환급 업 체인데 환급액이 개별환급으로 계산한 금액의 70%에 미달하는 경우 등 부득이한 사정이 있 으면 2년 이내에 변경 신청을 할 수 있다.

중소기업의 경우 개별환급을 받기 위해 간이정액환급 비적용 승인을 받으면 승인받은 날 이후 수출신고 수리된 물품에 대해서만 개별환급이 가능하다. 즉, 처음 환급을 신청하는 중소기업은 간이정액환급 대상이기 때문에 개별환급액이 많을 때는 간이정액환급 비적용 승인을 받아야 개별환급을 신청할 수 있고 이전 수출 건은 간이정액환급을 받아야 한다.

5) 제조자와 수출자가 다른 경우 환급 신청

완제품 제조자가 공급한 물품을 원상태로 수출자가 수출한 경우, 즉 제조자와 수출자가 다른 경우 수출자가 환급받기로 제조자와 협의했다면 제조자가 수출자에게 환급 권한을 양도하는 서류를 줘서(기초원재료 납세증명서, 기납증) 수출자가 환급받을 수 있다. 이때에도 제조자가 간이정액환급 업체이면 간이정액 기납증을, 개별환급 업체이면 개별 기납증을 발급해준다. 반대로 제조자가 환급받기로 협의됐다면 수출자가 제조자에게 수출신고필증을 줘야 한다.

수출자가 수출신고필증의 FOB 가격(총신고가격)을 제조자에게 알려주고 싶지 않을 때는 금액을 지우고 줘도 된다. 제조자는 수출신고필증의 FOB 가격 대신 세금계산서 거래 금액으로 간이정액환급을 신청할 수 있다.(개별환급일 때는 FOB 가격이 필요 없다) 당연하겠지만 세금계산서 거래 금액이 수출신고필증의 FOB 가격과 같거나 적어야 한다.

사례를 들어 개별환급, FTA 원산지 결정 기준, 해외 임가공의 BOM 사용을 알아보겠다.

TIP BOM으로 무역 거래 시 확인할 수 있는 내용

BOM(Bill Of Materials)은 완제품 생산에 어떤 원재료가 얼마나 쓰였는지를 보여주는 원재료 내역서이다.

1) 무역에서 BOM이 사용되는 것은 기본적으로 원가 계산이나 판매 가격을 결정하기 위해서다. BOM의 원재료는 직접 원재료만 포함된 내용으로, 제품 원가를 산출하는 데 사용하려면 직접 원재료(BOM)에 간접비용을 고려해야 하고 이익을 붙여서 판매 가격을 결정할 수 있다.

2) 개별환급을 신청할 때 수출품을 구성하는 원재료를 파악하고 원재료를 수입할 때 얼마의 관세를 지급했는지 계산해야 한다. 원재료 구성을 파악할 수 있는 서류가 BOM이다.

3) FTA 원산지 결정 기준에 충족함을 세번 변경 기준이나 부가가치 기준으로 판단할 때 BOM이 필수 서류다. BOM을 가지고 원재료의 HS코드를 부여해 세번 변경을 판단하고 원재료의 가치를 가지고 부가가치를 계산할 수 있다.

4) 원산지 표시를 위한 원산지 판정을 할 때도 완제품과 부분품의 HS코드 6자리가 변경됐는지를 확인할 때 BOM이 필요하다.

5) 해외 임가공 감면세를 신청할 때 완성품에 수출한 원재료가 얼마나 포함됐는지를 보여줄 때 BOM이 사용된다.

6) 소요량과 손모량

(1) 소요량

소요량이란, 수출물품 생산에 사용된 원재료의 양으로서 단위실량과 손모량을 합한 것이다.

소요량 = 단위실량 + 손모량

▸ 단위실량 = 수출물품을 형성하고 있는 원재료의 실량
▸ 손모량 = 수출물품을 정상적으로 생산하는 과정에서 발생하는 원재료의 손실량

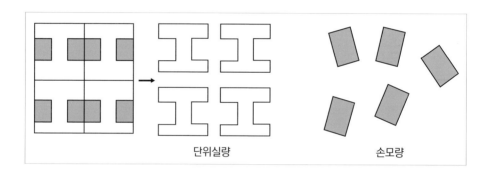

단위실량   손모량

설계나 도면에 따른 사용량과 손모량을 고려해서 계산하는 소요량은 의류 같은 제품일 경우이다. 일반적인 기계나 전자제품의 경우에는 손모량 없이 실제 사용한 양으로만 계산하는 방법을 많이 사용한다.

7) 개별환급 환급세액 산출 사례

다음의 표와 같은 BOM이 있다고 하면 하나의 완성 하네스를 만들기 위해 원재료는 네 가지이다. 개별환급은 이 원재료 중 수입 당시 지급한 관세를 계산해서 청구한다. BOM으로 완제품의 원재료라는 것을 보여주고 수입할 때 낸 관세를 확인할 수 있는 것은 2번과 3번 그리고 4번 원재료로 각각 수입신고필증, 분증 그리고 기납증으로 증빙할 수 있다. 직접 수입하지 않고 수입 업체에서 물품을 구매한 원재료인 경우 분증이나 기납증을 발급받으면 환급 권한을 양도받아서 제조 수출자가 환급을 신청할 수 있다.

소요부품(자재) 명세서 (Bill of Materials)

완제품명 : 하네스
완제품 HS CODE : 8544.30

◎ 원재료 사용내역 :

원재료품번	품명 (재료명)	세번부호 (HS NO)	원산지	소요량	단가(원)	가격(원)	구매처	입증서류
1	WIRE	8544.49	미상	0.100m	10	1	A	거래내역서
2	절연테이프	3919.10	미상	0.100m	10	1	B	수입면장
3	CONNECTOR	853890	미상	1ea	30	30	C	분증
4	TERMINAL	853890	미상	2ea	5	10	D	기납증
	TOTAL			역내산				
				역외산		42원		

TIP 기납증

기납증은 '기초원재료 납세증명서'의 약자로 수입 원재료를 가공 후 납품할 때 제공하는 관세환급 양도 서류이다. 분증은 '분할증명서'의 약자로 수입 원재료를 원상태로 납품할 때 제공하는 관세환급 양도 서류이다. 개별환급 기납증을 발급하려면 BOM이 역시 필요하다. 분증은 서류에 양도 관세액만 기록돼 있지만, 역으로 계산하면 수입할 때 과세가격을 산출할 수 있어 원가가 노출될 우려가 있으므로 주의해야 한다.

5. FTA 원산지증명서와 비특혜 원산지증명서

- 특혜 원산지증명서 : FTA CO, 최빈개발도상국에대한특혜관세 CO 등
  - FTA CO 증명 방식 : 미국식, 유럽식, 동남아식
  - FTA CO 원산지 결정 방법 : 세번 변경
    　　　　　　　　　　　　　부가가치 기준 : 유럽식 MC
    　　　　　　　　　　　　　　　　　기타 RVC
- 비특혜 원산지증명서 : 상공회의소 CO

　　2020년 9월 기준으로 16개 권역에 FTA가 발효됐다. 한국은 러시아, 일본, 중동, 아프리카 등을 제외하고는 대부분 나라와 FTA가 되어 있다.

1) 원산지 증명 방식

FTA 원산지 증명을 하는 방법은 크게 미국식, 유럽식, 동남아식으로 나눌 수 있다.

(1) 미국식

미국식은 가장 자유로운 원산지 증명 방식인데 자유로운 양식(현재는 보통 한국 관세청에서 만든 권고 서식을 씀)에 제조자든 수출자든 수입자든 원산지 결정 기준에 충족함을 증빙할 수 있는 사람이 발급하도록 되어 있다. 한-미 FTA의 원산지 증명 제도는 자율 발급 원산지 증명 제도에서 가장 자유로운 제도로, 다른 FTA에서는 최소한 원산지증명서 서식은 협정에서 규정하고 수입자 발급 원산지증명서는 인정하고 있지 않다.

(2) 유럽식

유럽식은 송품장(보통 Commercial Invoice나 Packing List)에 원산지 신고 문구를 작성해서 원산지 증명을 하는 방식이다. 한-EU FTA의 경우 EUR6,000을 초과하는 물품은 인증수출자 번호를 획득해야만 원산지 신고 문구를 작성할 수 있다.[한-EFTA(유럽자유무역연합)와 한-터키 FTA에서는 인증수출자와 상관없이 원산지 신고 문구를 작성할 수 있다.]

(3) 동남아식

동남아식은 기관 발급 방식으로 한국에서는 상공회의소나 관세청에 원산지 결정 기준에 충족함을 보여주는 서류를 제출하고 기관에서 원산지증명서를 발급받는 방식이다. 인증수출자로 세관에서 인증받은 경우에는 건건이 서류를 제출하지 않고도 원산지증명서를 발급받을 수 있다.

(4) 인증수출자

인증수출자를 받았다는 것은 세관에서 업체 스스로 원산지 관리 능력이 있다는 것을 확인하는 것으로 기관 발급의 경우 증빙 서류 제출 없이 원산지 소명서만 제출해서 원산지증명서를 발급받을 수 있다. 다만 인증수출자라고 하더라도 원산지 결정 기준에 충족한다는 것을 확인하고 이를 증명하는 서류를 5년간 보관해야 하는 의무까지 없어지는 것은 아니다.

■ 자유무역협정의 이행을 위한 관세법의 특례에 관한 법률 시행규칙[별지 제24호서식]

중국과의 협정에 따른 원산지증명서의 서식

(앞쪽)

ORIGINAL

1. Exporter's name and address, country:	Certificate No.:
2. Producer's name and address, country:	**CERTIFICATE OF ORIGIN** **Form for Korea-China FTA** Issued in _____ (see Overleaf Instruction)
3. Consignee's name and address, country:	

4. Means of transport and route(as far as known): Departure Date: Vessel/Flight/Train/Vehicle No.: Port of loading: Port of discharge:	5. Remarks:

6. Item number (Max 20)	7. Marks and Numbers on packages	8. Number and kind of packages; description of goods	9. HS code (Six-digit code)	10. Origin criterion	11. Gross weight, quantity (Quantity Unit) or other measures (liters, ㎥, etc.)	12. Number and date of invoice

13. Declaration by the exporter: The undersigned hereby declares that the above details and statement are correct, that all the goods were produced in (Country) and that they comply with the origin requirements specified in the FTA for the goods exported to (Importing country) Place and date, signature of authorized signatory	14. Certification: On the basis of control carried out, it is hereby certified that the information herein is correct and that the goods described comply with the origin requirements specified in the Korea-China FTA. Place and date, signature and stamp of authorized body

210mm×297mm[백상지 80g/㎡ (재활용품)]

인증수출자는 품목별, 업체별로 나누어 인증받을 수 있고 5년마다 갱신해야 한다. 품목별은 HS코드 6단위 품목에 하나의 FTA에 대해 인증받는 것이고, 업체별은 전체 FTA에 대해 전체 HS코드로 인증받는 것이다. 예를 들어 HS 8544.30에 대해 한-아세안 FTA에만 적용되는 인증수출자를 받는 것이 품목별 인증이다. 인증서에는 HS 8544로 기재돼 발급되지만 HS코드 6자리에 대한 인증이다.

(5) 요약

지역별로 인근 국가는 원산지 증명 방식이 대부분 유사한데 다음 표를 참고하기 바란다.

동남아식	아세안, 중국, 인도, 싱가포르, 베트남
유럽식	EU, EFTA, 터키
미국식	미국, 캐나다, 칠레, 페루, 오스트레일리아, 뉴질랜드, 콜롬비아, 중미

2) 원산지증명서의 주요 구성

(1) 원산지신고서

EU, EFTA, 터키와의 FTA를 제외하고는 원산지증명서를 발급한다.

EU, EFTA, 터키와의 FTA는 원산지신고서(Origin Declaration)를 송품장에 적는 것으로 원산지 증빙을 한다. 여기서 송품장은 누가 누구에게 어떤 물품을 파는지 혹은 보내는지에 대한 내용을 담은 서류이다. 보통은 Commercial Invoice나 Packing List를 말한다. 3국 거

TIP 원산지 신고 문구(Origin Declaration)

The exporter of the products covered by this document (customs authorization No ....1)
declares that, except where otherwise clearly indicated, these products are of ....2)
preferential origin.

....3)
(Place and date)

....4)
(Signature of the exporter, in addition the name of the person signing the declaration has to be indicated in clear script)

래인 경우 Packing List에 작성하는 것이 Invoice 금액이 노출되지 않는 방법이다.

(2) 한-중 FTA 원산지증명서

한-중 FTA 원산지증명서 양식은 p. 65와 같다.

한-중 FTA 기관 발급 원산지증명서를 가지고 기재 내용을 알아보자. FTA별로 원산지증 명서 양식이 있지만 원산지증명서 구성은 대부분 유사한데, Packing List의 내용과 유사하 다.(기관 발급 FTA CO는 수출신고필증에서 신고된 HS코드, 품목, 규격 등을 가져와서 작성한 뒤 신 청한다)

① Exporter : Seller가 될 수도 있고 Shipper가 될 수도 있다.

② Producer : Seller나 Shipper가 Producer인 경우 Same이라고 적는다.

   실제 Producer가 Exporter와 다른 경우 공개해도 상관없으면 실제 생산자를 적어 도 된다. 공개가 꺼려진다면 "Available To Customs Upon Request"라고 기재할 수 있다.

③ Consignee 혹은 Importer : 보통 수입국의 실제 Buyer를 기재한다.

④ 선적에 관한 정보 : 선박 이름과 선적·하역항을 기재한다.

⑤ 물품 정보(Description) : Description은 Commercial Invoice와 수출신고필증 그리고 CO가 동일해야 한다.

⑥ HS코드와 원산지 결정 기준(Origin Criterion) : HS코드 6자리, 그리고 일반적으로 원 산지 결정 기준에 충족했다는 PSR를 적는다.

기재 문구	원산지 결정 기준
WO	협정 제3조와 제4조 및 부속서3-가(품목별 원산지 기준)에 따라 체약 당사국 영역에서 완전 생산된 경우 (Wholly Obtained)
WP	체약 당사국 영역에서 협정 제3장에 부합하는 원산지 재료로만 생산된 경우 (Wholly Produced)
PSR	체약 당사국 영역에서 비원산지 재료를 써서 세번 변경, 역내 부가가치 비율, 특정 공정 요건 또는 부속서3-가에 명시된 그 밖의 요건을 충족해 생산된 경우 (Product Specific Rules)
OP	개성공단 품목을 적용하는 경우 (Outward Process)

TIP WO or WP

중국에서 수입할 때 수출자로부터 받은 원산지증명서의 Origin Criterion에 WO나 WP로 적힌 원산지증명서를 많이 볼 수 있다. WP는 한-중 FTA의 원산지 결정 기준에 충족하는 원재료로 제품을 만들었다고 하는 것으로 어렵지만 가능한 조건이다. 즉, 모든 원재료가 한-중 FTA 원산지 결정 기준에 충족한다는 것을 뜻한다. 다만 PSR로도 원산지 결정 기준에 충족함을 증명할 수 있는데 굳이 어렵게 WP로 할 이유는 없다. WO는 완전 생산 기준으로 일반 공산품에는 적용하기 어려운 조건이기 때문에, 만약 원산지증명서에 WO라고 쓰여 있다면 수출자에게 원산지 결정 기준을 정확히 확인하고 원산지증명서를 발행했는지 확인할 필요가 있다.

⑦ Number and date of invoice : 실제 수입국에서 수입신고 시 사용되는 Commercial Invoice 번호를 적는다. 3국 거래인 경우에는 Switch Commercial Invoice 번호를 적어야 한다. 또한 3국 거래인 경우 5번 Remarks란에 3국 중계업체 이름을 기재해야 한다.

3) 원산지 결정 기준

FTA에 따라 HS코드별로 원산지 결정 기준이 있으며 원산지 결정 기준에 충족하는지를 확인하고 원산지증명서를 발급해야 한다. 완전생산 기준, 가공 기준 등 여러 기준이 있으나 대표적으로 세번 변경 기준과 부가가치 기준을 중심으로 알아보자. 원산지 결정 기준은 FTA 협정문이나 FTA 관세청 사이트에서 확인할 수 있다.

FTA 원산지 판정은 협정 당사국에서 생산된 물품을 대상으로 한다. 단순 가공일 때는 예외로 해당되지 않는다. 단순 가공이란 기술 없이 기계를 사용하지 않고 일반 사람이면 할 수 있는 정도의 가공을 말한다. 예를 들어 볼트를 조여 결합하는 단순 작업을 말한다.

원산지 결정 기준은 크게 세번 변경 기준, 부가가치 기준 두 가지로 볼 수 있다. 하나의 기준만 충족하면 되는 경우와 둘 다 충족해야 하는 경우가 있다.

(1) 세번 변경 기준

세번 변경 기준은 완제품의 HS 4자리나 6자리(간혹 2자리)가 원재료 HS코드와 다름을 증명하는 방법으로, BOM상 원재료 HS코드를 확인하고 완제품의 HS코드와 다르다면 원산지 제품이라고 판정하는 방식이다. 어떤 원재료가 완제품의 HS코드와 동일해 원산지 결정 기준을 충족하지 않았다면 HS코드가 동일한 원재료 국내 공급 업체로부터 원산지확인서를 받아 한국산으로 인정받으면 그 원재료는 세번이 변경되지 않아도 원산지 결정 기준에 충족된다.

(2) 부가가치 기준

부가가치 기준은 크게 유럽식과 그외 나라들로 나눌 수 있다 유럽식은 비원산지 재료의 가격을 공장도 가격으로 나눠 일정 퍼센트 이하가 되는지를 보는 방법으로 MC라고 한다. 그 외 나라는 FOB 가격에서 비원산지 재료의 가격을 빼고 이를 다시 FOB 가격으로 나눠 일정 퍼센트 이상이 되는지를 보는 방법으로 RVC라고 한다. 즉, MC는 비원산지 재료가 일정 비율 이하인 것을, RVC는 원산지 재료가 일정 비율 이상인 것을 확인하는 부가가치 판정 기준이다.

- MC : 비원산지 재료 가격의 합/EXW 가격 × 100 = 일정 퍼센트 미만
- RVC : (FOB 가격 - 비원산지 재료 가격의 합)/FOB 가격 × 100 = 일정 퍼센트 이상

MC 방식은 한-EU FTA, 한-EFTA FTA, 한-터키 FTA이고 이외 나라는 대부분 RVC 방식으로 보면 된다.

비원산지 재료의 가격을 줄여야 역내산으로 인정받을 수 있다면 원재료 공급 업체로부터 원산지확인서를 받아 한국산으로 인정받으면 그 원재료의 가격은 비원산지 재료의 가격에 포함하지 않아 충족할 가능성이 높아진다.

부가가치 기준에서나 세번 변경 기준에서 원산지확인서가 없이도 충분히 충족될 때는 굳이 원산지확인서를 원재료 공급업체로부터 받지 않아도 된다.

4) 원산지 지위 유지

원산지 결정 기준이 원산지를 판정하는 기준이라면 원산지가 역내산이라고 판정된 물품의 원산지 지위 유지에 대한 기준으로 직접운송 원칙이 있다. 협정 당사국에서 생산된 물품은 상대국 협정 당사국으로 직접운송을 해야 한다.

직접운송은 크게 무역계약이 완료되고 협정 당사국에서 직접운송이 되어야 하는 조건과, 무역계약 전이라도 협정 당사국에서 선적해 제3국에 화물을 가져다놓을 수는 있으나 제3국에서 세관 등의 관리 아래 있었다는 것을 증빙해야 하는 조건이 있다. 동남아와 유럽의 방식이 전자이고, 미국 방식이 후자에 가깝다.

직접운송은 보통 BL로 확인할 수 있는데 Loading Port와 Discharging Port가 모두 협정 대상국에 있는 Port라면 직접운송으로 볼 수 있다. 설사 T/S(환적)을 한다고 하더라도 하나의 운송사가 하나의 BL로 전체 운송 구간(협정국에서 협정국)을 책임진다면 통과선하증권으로 보아 직접운송으로 인정받을 수 있다.

남중국에서 출고된 물품이 홍콩에서 선적된다든지 EU 회원이 아닌 유럽 내륙 국가(스위스)에서 EU 회원국(독일)으로 육상운송을 한 다음 해상운송을 한다든지 하는 경우 직접운송이 되지 않아도 제3국 세관의 통제하에 있었다는 것을 증명하면 직접운송으로 인정받을 수도 있다. 원산지 지위가 유지된다는 것을 증명하는 방법으로 비가공증명서(Non- Manipulation Certificate)가 있다. 모든 나라에서 발급하는 것은 아니고 홍콩, 싱가포르, 대만, 일본 등 일부 나라에서 발급한다. 한-중 FTA나 APTA(아시아·태평양무역협정)에서 화물이 홍콩에서 선적돼 한국으로 수입되는 경우 통과선하증권이 제공되지 않는다면 비가공증명서로 직접운송을 증명할 수 있다.(홍콩은 자유무역협정에서는 중국에 포함되지 않는다) 직접운송을 증명하는 서류는 나라별로 제공하는 서류가 다르고 세관에서 인정하는 서류가 다르기 때문에 사례별로 확인이 필요하다.

🚏TIP 한국에서 비가공증명서 발급 절차

비가공증명서 발급 절차는 환적화물 처리 절차에 관한 특례고시에 규정하고 있다. 환적 신고와 비가공증명서는 국가관세종합정보망서비스(UNI-PASS)를 통해 신청할 수 있으며, 비가공증명서의 경우 포워더가 신청할 수 있다.
물품은 보세구역에 장치를 하고 있어야 하고 일시 장치 장소, 화물관리번호, BL 번호, 반입 일자, 품명, 중량, 수량, 해당 화물의 하역·재선적·운송을 위한 작업과 그 밖의 정상 상태를 유지하기 위한 작업 외의 가공을 하지 않았다는 사실 확인 등을 기록해 비가공증명 신청서를 세관장에게 제출해 발급받을 수 있다.

5) 원산지 결정 기준 충족 여부 검토

개별환급에 사용한 동일한 BOM으로 원산지 결정 기준 충족 여부를 검토해보자.

소요부품(자재) 명세서 (Bill of Materials)

완제품명 : 하네스
완제품 HS CODE : 8544.30

◎ 원재료 사용내역 :

원재료품번	품명 (재료명)	세번부호 (HS NO)	원산지	소요량	단가(원)	가격(원)	구매처	입증서류
1	WIRE	8544.49	미상	0.100m	10	1	A	거래내역서
2	절연테이프	3919.10	미상	0.100m	10	1	B	수입면장
3	CONNECTOR	853890	미상	1ea	30	30	C	분증
4	TERMINAL	853890	미상	2ea	5	10	D	기납증
	TOTAL			역내산				
				역외산		42원		

▶ 완제품 EXW 가격은 KRW100, FOB 가격은 KRW110원으로 한다.
▶ 상기 HS코드는 정확하다고 가정하자. 미소(최소) 기준은 고려하지 않았다.

완제품 HS 8544.30의 원산지 결정 기준과 상기 BOM을 가지고 확인한 충족 여부는 다음과 같다.

① 중미 : 소호(HS코드 6자리) 변경

부품의 HS 6자리와 완제품 6자리가 완벽히 변경되어 원산지 결정 기준을 충족했다.

② 칠레, 캐나다 : 호(HS코드 4자리) 변경

원재료 1번과 완제품의 HS코드의 4자리가 일치해 원산지 결정 기준을 충족하지 못했다. 이 경우에는 구매처 A로부터 한국산이라는 원산지확인서를 받아야 원산지 결정 기준을 충족할 수 있다.

③ 페루 : 호 변경 혹은 공제법 50% 이상

원재료 1번과 완제품의 HS코드 4자리가 일치해 원산지 결정 기준을 충족하지 못했다. 이 경우에는 구매처 A로부터 한국산이라는 원산지확인서를 받아야 원산지 결정 기준을 충족할 수 있다.
- 공제법은 '(FOB-비원산지)/FOB × 100'으로 계산했을 때 50% 이상이 나와야 한다.
- '(110-42)/110 × 100 = 61%'로 부가가치 기준을 충족한다.

④ 미국, 콜롬비아 : 호 변경 혹은 공제법 45% 이상

원재료 1번과 완제품의 HS코드 4자리가 일치해 원산지 결정 기준을 충족하지 못했다. 이 경우에는 구매처 A로부터 한국산이라는 원산지확인서를 받아야 원산지 결정 기준을 충족할 수 있다.

- 공제법은 '(FOB-비원산지)/FOB×100'으로 계산했을 때 45% 이상이 나와야 한다.
- '(110-42)/110×100 = 61%'로 부가가치 기준을 충족한다.

⑤ 아세안, 오스트레일리아, 중국, 뉴질랜드, 베트남 : 호 변경 혹은 공제법 40% 이상

원재료 1번과 완제품의 HS코드 4자리가 일치해 원산지 결정 기준을 충족하지 못했다. 이 경우에는 구매처 A로부터 한국산이라는 원산지확인서를 받아야 원산지 결정 기준을 충족할 수 있다.

- 공제법은 '(FOB-비원산지)/FOB×100'으로 계산했을 때 40% 이상이 나와야 한다.
- '(110-42)/110×100 = 61%'로 부가가치 기준을 충족한다.

⑥ EU, EFTA, 터키 : MC 50% 미만

- '비원산지 재료/EX 가격×100'으로 계산한다.
- '42/100×100 = 42%'로 50% 미만으로 원산지 결정 기준을 충족한다.

⑦ 싱가포르 : 호 변경 + 공제법 50% 이상

원재료 1번과 완제품의 HS코드 4자리가 일치해 원산지 결정 기준을 충족하지 못했다. 이 경우에는 구매처 A로부터 한국산이라는 원산지확인서를 받아야 원산지 결정 기준을 충족할 수 있다.

- 공제법은 '(FOB-비원산지)/FOB×100'으로 계산했을 때 50% 이상이 나와야 한다.
- '(110-42)/110×100 = 61%'로 부가가치 기준을 충족한다.
- 세번 변경과 부가가치 기준을 동시에 충족해야 하는 조건으로 원산지 결정 기준을 충족하지 못했다.

⑧ 인도 : 호 변경 + 공제법 40% 이상

원재료 1번과 완제품의 HS코드 4자리가 일치해 원산지 결정 기준을 충족하지 못했다. 이 경우에는 구매처 A로부터 한국산이라는 원산지확인서를 받아야 원산지 결정 기준을 충족할 수 있다.

- 공제법은 '(FOB-비원산지)/FOB×100'으로 계산했을 때 40% 이상이 나와야 한다.

- '(110-42)/110×100 = 61%'로 부가가치 기준을 충족한다.
- 세번 변경과 부가가치 기준을 동시에 충족해야 하는 조건으로 원산지 결정 기준을 충족하지 못했다.

판정 내용을 정리하면 다음과 같다.

〈표 2-3〉 판정 내용

FTA	결정 기준	판정	원산지
중미	CTSH	CTSH 충족	한국
칠레, 캐나다	CTH	CTH 미충족	미상
페루	CTH OR RVC 50%	CTH 미충족 RVC 충족	한국
미국, 콜롬비아	CTH OR RVC 45%	CTH 미충족 RVC 충족	한국
아세안, 오스트레일리아, 중국, 뉴질랜드, 베트남	CTH OR RVC 40%	CTH 미충족 RVC 충족	한국
EU, EFTA	MC 50%	MC 충족	한국
싱가포르	CTH AND RVC 50%	CTH 미충족 RVC 충족	미상
인도	CTH AND RVC 40%	CTH 미충죽 RVC 충족	미상

제시된 물품을 전체 16개 FTA에 대해 검토해본 결과 칠레, 캐나다, 싱가포르 그리고 인도를 제외하고는 모두 한국산으로 판정할 수 있다. BOM이 간단한 경우 판정이 쉽지만 원재료가 많을 때는 국가에서 무료로 사용하도록 보급하는 FTA PASS(FTA원산지 관리 프로그램) 등의 프로그램을 이용하기를 권한다.

6) 비특혜 원산지증명서(CO : Certificate Of Origin)

특혜 CO는 여러 가지가 있지만 기본적으로 FTA CO로 볼 수 있고, 비특혜 CO는 일반 상공회의소 CO를 말한다. 특혜 CO는 협정관세 특혜를 받기 위한 목적이라서 필수 서류가 아니다. 있으면 특혜를 받을 수 있고, 없으면 특혜를 받지 못한다. 비특혜 CO는 일반적으로 중동이나 남미에서 요구하는 경우가 있다. 보통은 필요 없지만 수입국에서 필수 서류로 지정한 경우 반드시 제출해야 한다.

상공회의소에서 비특혜 CO를 받기 위해서는 우선 상공회의소에 서명 등록을 하고 상공회의소 사이트에 회원 가입을 한 뒤 무역 공인인증서를 발급받으면 신청 준비는 완료된다. 상공회의소 사이트의 원산지증명센터에서 원산지증명신청서를 작성해 제출하면 승인 뒤 직접 출력이 가능하다.

기관 발급 FTA CO는 관세청과 상공회의소에서 받을 수 있다. 비특혜 CO는 상공회의소에서만 발급한다. 상공회의소에서 발급받는 FTA CO와 비특혜 CO의 발급 방법은 같다. 다만 FTA CO는 원산지 결정 기준에 충족하는 서류를 제출해야 하고, 비특혜 CO는 일반적으로 제출해야 하는 서류는 없다.

6. 수출 부대비용

- **선적에 관련된 부대비용** : 선적하기 위해 부두에서 발생하는 비용
- **선임에 관련된 부대비용** : 유가, 선임, 환율에 연동돼 발생하는 비용
  - 선임에 관련된 부대비용은 새로운 항목이 계속 발생하고 있다.

1) 해상

〈표 2-4〉 해상 수출 부대비용

지역	CARGO TYPE	THC	CFS	SEAL	WHAR-FAGE	PFS	DRAYGE	DOCU-MENT	신고비용
일본	20′	130,000	×	₩8,000	₩4,420	₩86	×	₩40,000	$30(AFR)
	40′	180,000			₩8,840	₩172			
	LCL	₩7,000 /R TON	₩6,000 /R TON	×	₩203	×	₩3,000 /R TON	₩30,000	$25(AFR)
중국	20′	130,000	×	₩8,000	₩4,420	₩86	×	₩40,000	$30
	40′	180,000			₩8,840	₩172			
	LCL	₩6,500 /R TON	₩6,500 /R TON	×	₩203	×	₩3,000 /R TON	₩30,000	×

지역	CARGO TYPE	THC	CFS	SEAL	WHAR-FAGE	PFS	DRAYGE	DOCU-MENT	신고비용
아시아	20′	130,000	×	₩8,000	₩4,420	₩86	×	₩40,000	×
	40′	180,000			₩8,840	₩172			
	LCL	₩6,500 /R TON	₩6,500 /R TON	×	₩203	×	₩3,000 /R TON	₩30,000	×
유럽& 지중해	20′	130,000	×	₩8,000	₩4,420	₩86	×	₩40,000	$30
	40′	180,000			₩8,840	₩172			
	LCL	₩5,300 /R TON	₩5,500 /R TON	×	₩203	×	₩3,000 /R TON	₩30,000	×
미국	20′	130,000	×	₩8,000	₩4,420	₩86	×	₩40,000	$30
	40′	180,000			₩8,840	₩172			
	LCL	₩5,300 /R TON	₩10,165 /R TON	×	₩203	×	₩3,000 /R TON	₩30,000	$25(AM5)
중남미	20′	130,000	×	₩8,000	₩4,420	₩86	×	₩40,000	×
	40′	180,000			₩8,840	₩172			
	LCL	₩4,000 /R TON	₩10,165 /R TON	×	₩203	×	₩3,000 /R TON	₩30,000	×
아프리카	20′	130,000	×	₩8,000	₩4,420	₩86	×	₩40,000	×
	40′	180,000			₩8,840	₩172			
	LCL	₩6,300 /R TON	₩6,000 /R TON	×	₩203	×	₩3,000 /R TON	₩30,000	×
호주	20′	130,000	×	₩8,000	₩4,420	₩86	×	₩40,000	×
	40′	180,000			₩8,840	₩172			
	LCL	₩6,500 /R TON	₩5,500 /R TON	×	₩203	×	₩3,000 /R TON	₩30,000	×
중동	20′	130,000	×	₩8,000	₩4,420	₩86	×	₩40,000	×
	40′	180,000			₩8,840	₩172			
	LCL	₩5,500 /R TON	₩7,500 /R TON	×	₩203	×	₩3,000 /R TON	₩30,000	×

선임을 인상하는 경우 반발이 많다보니 유가나 환율 등에 연동해서 USD로 지급하는 추가 요금(Surcharge)을 여러 가지로 만들어 청구해, 선임을 비교할 때는 부대비용도 같이 총액 기준으로 확인할 필요가 있다. USD로 지급하는 Surcharge는 수출 부대비용에 포함하지 않고 수입국에서 Buyer로부터 받는 경우도 있어 전체 비용을 같이 고려해야 한다.

기본 부대비용과 연동형 부대비용으로 나눠 살펴보자.

(1) 기본 부대비용 : 컨테이너 화물

① THC(Terminal Handling Charge) : CY에서 컨테이너를 보관하고 크레인을 이용해 선박에 적재하는 비용

② WFG(Wharfage) : 부두 사용료로서 항만세(대납 비용으로 세금계산서 발행되지 않음)

③ Seal : 컨테이너의 일회용 자물쇠 비용

④ CFS(Container Freight Station) : LCL 화물을 컨테이너에 적입하는 비용

⑤ PFS(Port Facility Security Charge) : 항만 보안 유지비(대납 비용으로 세금계산서 발행되지 않음)

⑥ Drayage : LCL 화물을 CFS에서 FCL로 작업 후 CY까지 이동하는 운송료

⑦ AMS(Automated Manifest System, 미국), AFR(Advanced Filing Rule, 일본·중국), ACI(Advance Commercial Information, 캐나다) : 수입국 적하목록 사전 신고 비용

⑧ DOC(Document Fee) : BL 발행료

  ▸ CFS와 Drayage Charge는 보통 LCL 화물에 청구된다.

(2) 연동형 부대비용

① 유가 연동 : BAF(Bunker Adjustment Factor : 유류할증료), LSS(Low Sulfur Surcharge : 저유황 할증료), EBS(Emergency Bunker Surcahrge : 긴급유류 할증료)

② CNTR(Container) 및 선임 연동 : CIS(Container Imbalance Surcharge), CRS(Cost Recovery Surcharge)

③ 환율 연동 : CAF(Currency Adjustment Factor : 통화 할증료)

  ※ 연동형 부대비용은 보통 USD로 지급하는데 Seller가 지불해야 하는지 Buyer가 지불해야 하는지에 대한 논란도 있다.

  ※ 보통은 선임을 지급하는 쪽에서 비용을 부담하는 것이 합리적으로 보이나 지역별로 차이가 있다.

2) 항공

① Doc(Document Fee) : Air Waybill 발행료

② F/S(Fuel Surcharge) : 유가 연동 부대비용

③ S/S(Security Surcharge) : 항공 보안 비용

7. 항공·해상 선적

- **항공** : 화물기, 여객기
- **해상** : 컨테이너 선박(LCL, FCL), RO/RO 선박, 벌크(Bulk) 선박

인코텀스에 따라 Seller와 Buyer 중 운임을 내는 쪽이 포워더를 결정한다. 인코텀스에서 E와 F 조건은 Buyer, C와 D 조건은 Seller가 통상 포워더를 결정한다.

1) 항공선적

(1) 화물기와 여객기 구분

항공은 화물기와 여객기로 구분할 수 있다. 화물기와 여객기 그리고 비행기 종류에 따라 선적할 수 있는 화물의 크기와 중량에 제한이 있다. 일부 여객기는 팰릿(Pallet) 화물은 선적 되지 않을 수도 있으니 선적 전에 확인해야 한다.

〈표 2-5〉 화물기와 여객기 구분

기종	화물기 Freighter	여객기 Narrow-body(Bulk) 소형 기종	여객기 Wide-body 대형 기종
횡단면			
특이점	· 승객 탑승이 없는 화물 전용 항공기 · 상단을 메인데크(Main Deck), 하단을 로어데크(Lower Deck·화물칸)라고 한다. · 메인데크에 많이 사용하는 팰릿에 최대 적재 가능한 사이즈는 가로·세로·높이 230×300×230cm	· 여객기 절반 상단은 탑승 승객의 전용칸이고, 하단은 로어데크(화물칸)이다. · 승객의 수화물뿐만 아니라 각종 화물이 선적된다. · 라면상자 크기로 제한 ULD 탑재는 안 된다.	· 로어데크에 많이 사용하는 팰릿에 최대 적재 가능한 사이즈는 가로·세로·높이 300×230×157cm ULD 탑재

▶ ULD(Unit Load Device) : 항공기에 선적하기 용이하고 안전하게 하기 위해 화물을 담을 수 있는 용기로, 컨테이너와 팰릿이 있다.

(2) 포워더의 집화 작업

보통은 포워더가 항공사로부터 팰릿이나 컨테이너를 빌려 집화 작업(Consolidation)을 한다. 어떤 지역이 중량화물만 나오고 부피화물이 없으면 부피화물은 상황에 따라 볼륨셰어(Volume Share)를 화물혼재업자(Consolidator)로부터 받을 수도 있다.

길이·폭·높이가 길거나 중량화물일 경우에는 항공기 종류나 팰릿·컨테이너에 따라 선적이 제한되거나 별도 운임이 적용될 수 있다. 포장을 하기 전에 항공기에 선적이 가능한 크기나 중량을 사전에 확인해야 한다.

[그림 2-2] 20피트 팰릿(PGE/PGA/PGF)

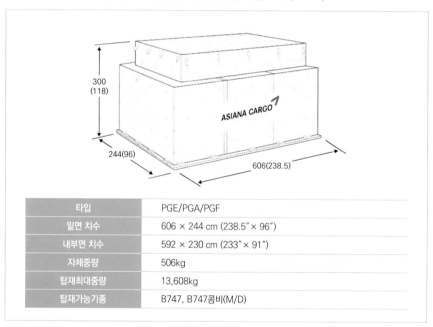

타입	PGE/PGA/PGF
밑면 치수	606 × 244 cm (238.5″ × 96″)
내부면 치수	592 × 230 cm (233″ × 91″)
자체중량	506kg
탑재최대중량	13,608kg
탑재가능기종	B747, B747콤비(M/D)

▶ 항공사에서 사용하는 팰릿(Pallet)에 화물이 적재된 모습이다.
여러 종류의 팰릿이 있는데, 비행기 기종에 따라 사용 가능한 팰릿이 정해져 있다.
▶ 아시아나화물 사이트 인용

🚏 TIP

- 항공화물은 1CBM=166.67kg 기준으로 부피화물과 중량화물을 구분한다.
- 중량화물이 많은 경우 Consolidator 입장에서 부피화물이 균형을 맞춰주면 좀 더 많은 화물을 적재할 수 있기 때문에 부피화물에 혜택을 주는 것을 Volume Share라고 한다.

[그림 2-3] LD3 컨테이너(AKE)

타입	AKE
용도	General Cargo, Garment(의복)
BUC 타입	8
치수	60.4 × 61.5 × 64 inch
최대탑재중량	1,588kg
자체중량	88kg
용적(큐빅피트)	153
탑재가능기종	B747, B767, B777, A330, A350, A380

▶ 항공사에서 사용하는 컨테이너 모습이다.
　여러 종류의 컨테이너가 있는데, 비행기 기종에 따라 사용 가능한 컨테이너가 정해져 있다.

▶ 아시아나화물 사이트 인용

　일반적으로 포워더 창고에 화물을 입고하고 HAWB를 발급받고 Consolidation(혼적) 화물(One Master, 여러 HAWB)로 선적하지만, Express Service가 필요하거나 위험물이거나 Over Size 화물인 경우에는 항공사 창고에 직접 반입하고 One MAWB/One HAWB로 진행하기도 한다. 이 경우에는 Consolidator의 가격이 아니고 One Master/One House 가격이 별도 책정된다.

 **TIP** 항공화물 라벨

- 항공화물의 경우 물품에 라벨(Label)을 부착해야 한다.
- 라벨은 보통 포워더가 부착하며 Shipping mark와는 별도로 부착해야 한다.
- 라벨에는 HAWB NO.와 목적지, 수량 등이 기재된다.
- 라벨 없이 목적지에 도착하면 창고에 반입이 되지 않아 라벨 보수 작업을 해야만 통관을 진행할 수 있다.

(3) HAWB 주요 구성

```
014 | ICN | 5567 7075                                                    TWAY20032106

Shipper's Name and Address    Shipper's Account Number      Not Negotiable   THREE WAY LOGISTICS
                                                            Air Waybill      3F, JS BLDG, #198-3, DONGGYO-DONG
                                                            Issued by        MAPOGU, SEOUL, KOREA.

                                                            Copies 1,2 and 3 of this Air Waybill are originals and have the same validity

Consignee's Name and Address  Consignee's Account Number    It is agreed that the goods described herein are accepted in apparent good order and condition
                                                            (except as noted) for carriage SUBJECT TO THE CONDITIONS OF CONTRACT ON
                                                            THE REVERSE HEREOF. ALL GOODS MAY BE CARRIED BY ANY OTHER MEANS INCLUDING
                                                            ROAD OR ANY OTHER CARRIER UNLESS SPECIFIC CONTRARY INSTRUCTIONS ARE GIVEN
                                                            HEREON BY THE SHIPPER, AND SHIPPER AGREES THAT THE SHIPMENT MAY BE CARRIED
                                                            VIA INTERMEDIATE STOPPING PLACES WHICH THE CARRIER DEEMS APPROPRIATE. THE
                                                            SHIPPER'S ATTENTION IS DRAWN TO THE NOTICE CONCERNING CARRIERS' LIMITATION OF
                                                            LIABILITY. Shipper may increase such limitation of liability by declaring a higher value for carriage
                                                            and paying a supplemental charge if required.

Issuing Carrier's Agent Name and City                       Accounting Information

THREE WAY LOGISTICS CO.,LTD

Agent's IATA Code              Account No
99-9 7595/1002                                              "FREIGHT COLLECT"

Airport of Departure (Addr. of First Carrier) and Requested Routing    Reference Number    Optional Shipping Information
INCHON,KOREA
To  | By First Carrier Routing and Destination | to | by | to | by | Currency | CHGS Code | WT/VAL | Other | Declared Value for Carriage | Declared Value for Customs
YVR | AC                                       |YUL | AC |    |    | USD      |           | PPD COLL PPD COLL  CC PPD | N.V.D.          | AS PER INV

Airport of Destination        Requested Flight/Date    Amount of Insurance   INSURANCE  If Carrier offers insurance, and such insurance is re-
MONTREAL,CANADA   AC064  MAR.21,2020               NIL                        quested in accordance with the conditions thereof, indicate amount to
                                                                             be insured in figures in box marked "Amount of Insurance"

Handling Information
ATTACHED : COMM INV & P/LIST                                                                          SCI

No. of     Gross        kg  Rate Class    Chargeable   Rate /          Total           Nature and Quantity of Goods
Pieces     Weight!      lb  Commodity     Weight       Charge                          (Incl. Dimensions or Volume)
RCP                         Item. No.

8          292.0 K   Q                    292.0                     AS ARRANGED       8 CTN OF
                                                                                      -MICRO CHIFFON P/D
GBN TEXTILES PO-1917                                                                  58/60" ABT 105G/Y
  REF#: 274908                                                                        PO-1917 / REF# 274908
KC-20-062
  ITEM:5000S                                                                          INV: KC-20-062
C#:
Q'NTY :
  CTN :1-8
MADE IN KOREA

      Prepaid      Weight Charge      Collect     Other Charges
                   AS ARRANGED
                Valuation Charge
                     Tax
          Total Other Charges Due Agent           Shipper certifies that the particulars on the face hereof are correct and that insofar as any part of the
                                                  consignment contains dangerous goods, such part is properly described by name and is in proper
          Total Other Charges Due Carrier         condition for carriage by air according to the applicable Dangerous Goods Regulations.

                                                  THREE WAY LOGISTICS CO.,LTD
                                                  AS AGENT FOR THE CARRIER    AIR CANADA
                                                       Signature of Shipper or his Agent
          Total Prepaid        Total Collect

Currency Conversion Rates  CC Charges in Dest. Currency  MAR.21,2020        ICN           김다희
                                                         Executed on (date)   at (place)  Signature of Issuing Carrier or its Agent
    For Carrier's Use only   Charges at Destination   Total Collect Charges
       at Destination                                                                                TWAY20032106
```

항공화물운송장(Air Waybill)은 포워더가 발행하는 것을 HAWB(House Air Waybill), 항공사가 발행하는 것을 MAWB(Master Air Waybill)라고 한다. 정확히 말하자면 HAWB는 실화주에게 발행하는 Bill이다.

해상의 선하증권(BL : Bill of Lading)은 유가증권이지만, Air Waybill은 그냥 운송장이다. 해상에서도 BL 대신 해상운송장(Sea Waybill)을 많이 사용하는데 Air Waybill과 유사한 서류라고 볼 수 있다.

① AWB 넘버와 Shipper & Consignee

보통 왼쪽 상단에 Master AWB 넘버가 들어가고 오른쪽 상단에 House AWB 넘버를 적는다. Air Waybill에 들어가는 내용은 Packing List와 유사하다. 누가(Shipper) 누구에게(Consignee) 어떤 물건을 어떤 경로로 어떤 항공기를 이용해서 선적하는지를 보여준다. Air Waybill은 기본적으로 기명식으로만 발급된다. 즉, Consignee가 정확히 들어가야 하는데 'To Order'라고 표현하는 것은 원칙적으로 어렵다. LC의 경우 보통 Consignee에 은행 이름이 기명식으로 들어간다. 간혹 Consignee에 Buyer를 적도록 LC가 열리기도 한다. 이 경우는 은행에서 AWB를 담보로 생각하지 않는다고 할 수도 있으나, AWB에 LC 넘버가 적힌 경우에는 포워더가 물품을 내주기 전에 물품의 선의의 소지인이 누구인지 확인해야 한다.

② AIRPORT OF DEPARTURE : 출항 공항을 적어준다

③ TO BY / TO BY : 직항인 경우에는 목적지와 항공사를 적고 환적하는 경우에는 환적하는 공항과 항공사를 적고 목적지와 항공사를 적는다.

EX) TO YVR BY AC, TO YUL BY AC

④ AIRPORT OF DESTINATION : 도착지 공항을 적어준다. 포워더는 출항 공항에서 도착지 공항까지 운송을 책임진다.

🏷 TIP

• 항공공항은 3 CODE, 항공사는 2 CODE를 사용한다.
• 인천국제공항은 ICN, 몬트리올은 YUL, 밴쿠버는 YVR을 사용한다.
• 대한항공은 KE, 아시아나는 OZ, 에어캐나다는 AC이다.

⑤ REQUESTED FLIGHT / DATE : 항공기 이름과 출발 날짜를 적는다. 항공기 이름은 보통 항공사 2 CODE와 숫자로 구성돼 있다.

⑥ HANDLING INFORMATION

해상과 달리 항공화물을 선적할 때는 AWB, Commercial Invoice, Packing List 를 화물과 같이 보내는 경우가 있고, 같이 보내는 서류의 첨부 여부를 적는다.(AWB 는 필수로 화물과 같이 가야 하고, 다른 서류는 선택할 수 있다) 화물에 붙여서 보내는 것은 아니고 별도로 화물과 같은 항공편으로 보낸다.

원본 서류를 국제특송으로 발송해야 하는 경우에는 포워더에게 원본 서류를 보내서 화물과 같이 보내는 것도 좋은 방법이다.

⑦ GROSS WEIGHT / CHARGABLE WEIGHT

1CBM=166.67kg 기준으로 환산해서 많은 쪽으로 항공운임을 계산하는 것이 운임 산출중량(Chargable Weight)이다. 장척화물이나 중량화물의 경우 별도로 항공사 에서 청구용 중량(Position Charge)을 사용한다. 예를 들어 7m 파이프를 나무상자 로 포장해(7.2×0.7×0.7m) 총중량(Gross Weight)이 1,000kg(Volume Weight : 588kg)으로 선적하는 경우 항공기 팰릿이나 컨테이너 규격을 초과하여 항공사에서 Position Charge를 별도로 책정해 청구할 수도 있다.

항공운송에 적합한 포장이 되어야 항공기에 선적할 수 있다. 기본적으로 벌크 상태로는 선적이 되지 않고, 화물이 보이지 않게 포장해야 한다.

🜚 TIP Position Charge

- 항공운임은 보통 Volume Weight와 Gross Weight를 비교해서 많은 쪽으로 계산한다.
- 항공화물은 보통 ULD에 올려서 비행기에 탑재하는데 ULD 규격을 초과하여 Overhang이 되는 경우 Position Charge를 청구하게 된다.
- Position Charge는 Volume Weight와 Gross Weight가 아닌 별도 Weight를 적용한다.
- 대부분 Position Charge는 화물 크기가 ULD 규격을 초과해서 발생되지만, 화물 구조상 다른 화물과 혼적이 어려운 물품도 Position Charge가 발생할 수 있다.
- Position Charge를 계산하는 특별한 기준은 없다. 공간 여유 등 여러 조건을 고려해서 판단한다.

2) 해상선적

해상은 컨테이너 선박, RO/RO(Roll on/Roll off) 선박, 벌크 선박으로 구분할 수 있다. 일반적으로 컨테이너 선박으로 많이 진행한다. 자체 구동이 되는 제품(자동차 등)은 RO/RO 선박으로 선적할 수 있고, 컨테이너로 운송이 어려운 화물이나 대량 화물은 벌크 선박으로 운송할 수 있다. 자체 구동이 되지 않더라도 RO/RO 선사에서 제공하는 마피트레일러(Mafi Trailer)를 이용해 일반 화물도 선적이 가능하다. 마피트레일러는 크고 낮은 평판 트레일러이다.

▶ 마피트레일러(Mafi Trailer)로 운송하는 모습

(1) 컨테이너 선박

정기적이고 일정도 자주 있고 가격도 RO/RO나 벌크에 비해 높지 않아 컨테이너 선박을 주로 사용한다. 한 화주가 하나의 컨테이너를 사용하는 것을 FCL(Full Container Loading), 여러 화주의 화물을 하나의 컨테이너에 같이 선적하는 것을 LCL(Less Than Container Loading)이라고 한다. 보통 LCL은 포워더(Consolidator)가 여러 화주의 물품을 모아 FCL로 만들어 서비스를 한다.

한국 기준으로 유럽 지역에는 편도가 약 30일 이상 소요되는 구간에 대형 선박이 투입되고(약 10,000TEU 이상, 장거리일수록 선박이 커야 원가를 낮출 수 있다), 미주 지역에는 이보다 작은 선박(약 5,000TEU 이상)이 투입된다.

원양 서비스는 유럽과 미국에 대한 서비스를 말하고, 근해는 일본과 중국, 그리고 원양과 근해의 중간인 동남아시아와 중동 정도로 나눌 수 있다. 유럽의 경우 개별 선사에서 독자적으로 서비스하는 데 어려움이 있어, 얼라이언스(Alliance : 연합)를 통해 서비스하고, 얼라이언스에 가입한 선사는 HMM(옛 현대상선)이 한국에서는 유일하다. 여러 선사가 모여 서비스를 같이 하는 것을 얼라이언스라고 한다. 하나의 선사가 유럽에 대한 서비스를 하기 어려운 시장이고, 신규 선사가 얼라이언스에 가입하고 싶어도 끼워주지 않는 배타적 시장이다.

유럽이 왕복 60일 이상 걸리고 매주 1회 서비스를 한다면 최소 10,000TEU 선박이 9척, 90,000TEU 컨테이너 그리고 선박이 경유하는 지역에 운영·영업 조직이 필요하다. 이런 사정으로 하나의 선박회사가 유럽 항로를 단독으로 서비스하기 어렵다.

미주 시장은 서부 지역이 대략 14일, 동부 지역이 28일 정도 소요된다. 동부 지역은 파나마운하를 돌아서 서비스하는데, 하나의 선사가 독자적으로 서비스하는 것도 가능하다. 선박으로 동부 지역까지 서비스하는 것을 올 워터(All Water), 서부 지역에서 철도를 타고 동부 지역까지 서비스하는 것을 MLB(Mini Land Bridge)라고 한다. 최근에는 대부분 올 워터 방식으로 서비스한다. 한국 선사로는 HMM과 SM상선에서 미주 지역 서비스를 하고 있다.

일본, 중국, 동남아시아를 서비스하는 선사는 많다. 항로가 멀수록 선박이 많이 필요해서 동남아·중동 지역을 서비스하는 선사는 일본·중국만 서비스하는 선사에 비해 규모가 크다고 볼 수 있다. 예를 들어 부산에서 중국 상하이를 매주 1항차 서비스하는 선사를 운영하기 위해서는 이론적으로 대략 200~300TEU 선박 1척만 있어도 가능하다. 상하이에서 부산까지 24시간 정도 소요되고 부산과 상하이에서 컨테이너를 내리고 올리는 데 각각 하루 정도 소요된다고 보면, 매주 월요일 정기적으로 부산에서 상하이로 출항하는 선사 서비스를 하는 것은 어렵지 않다. 즉, 월요일에 선적하고 화요일 부산을 출항하면 수요일 상하이에 도착하고 수요일에 내리고 선적하고 목요일 상하이를 출발해서 금요일 부산에 도착하는 것을 반복하면, 이론적으로는 주 1항차 서비스가 가능하다.

▶ 갠트리 크레인(Gantry Crane)을 이용해 컨테이너 선박에 선적하는 모습

TIP

- TEU(Twenty Foot Equivalent Unit)는 20피트(6.096m) 길이의 컨테이너를 말한다.
- 40피트(12.192m) 컨테이너는 FEU(Forty Foot Equivalent Unit)라고 한다.

컨테이너 선박에는 갑판이 있고 갑판을 들어내 안쪽에 컨테이너를 적재하는 것을 '언더데크 로딩'(Underdeck Loading)이라 하고, 갑판 위에 컨테이너를 적재하는 것을 '온데크 로딩' (Ondeck Loading)이라고 한다. 근거리 운송에서 긴급 화물의 경우 '톱 로딩'(Top Loading) 을 해달라고 요청하면 데크 상부에 적재하고 먼저 하역되어 화물을 빨리 찾아갈 수도 있다.

(2) RO/RO 선박

일반적으로 RO/RO 선박은 자동차 전용선으로, 메인 게이트(Main Gate)와 측면의 사이트 게이트(Side Gate)에 경사로인 램프(Ramp)를 놓고 자가 구동으로 화물이 선적된다. RO/RO 선박은 대부분 승용차 전용선으로 제작되기 때문에, 대형 화물은 주로 메인 게이트 쪽 일부 공간에 적재가 가능하다. 저상 차량은 램프 각도에 따라 적재가 어렵거나 썰물 때까지 기다릴 수도 있다. 램프가 견딜 수 있는 중량이나 게이트 크기에 따라 선적화물에 제한이 있다. RO/RO 선박은 모두 언더데크에 선적된다.

▶ RO/RO 선박에 선적하는 모습

(3) 벌크 선박

벌크 선박은 자체 크레인이 있는 선박도 있고 없는 선박도 있다. 크레인이 있더라도 제한 중량이 있기 때문에 부킹할 때 정확한 정보를 줘야 크레인 비용을 포함한 선임을 받을 수 있다.

일반적으로 갑판의 데크를 열고 선창(Hold)에 화물을 적재하는데 이를 언더데크 로딩이라 하고, 데크 위에 선적하는 것을 온데크 로딩이라고 한다. 컨테이너 선박도 마찬가지지만, 언

▶ 벌크(Bulk) 선박 모습

더데크로 할지 온데크로 할지는 선사의 옵션이다. 보통 언더데크 로딩을 요청하지만, 확정받기는 어렵고 선적이 끝나야 확인이 가능하다.

참고로 다음 사이트에 들어가서 선박 이름을 검색하면 실시간으로 선박 위치를 확인할 수 있다.

※ https://www.marinetraffic.com/en/ais/home/centerx:129.425/centery:35.493/zoom:14

3) 해상과 항공 위험물 선적

(1) 해상과 항공의 위험물 규정

해상과 항공의 위험물 규정은 IMDG CODE(International Maritime Dangerous Goods CODE)와 IATA DGR(International Air Transport Association Dangerous Goods Regulations)에서 각각 규정하고 있다.

위험물은 크게 CLASS 1부터 9까지로 분류할 수 있다. 항공과 해상의 분류가 거의 유사하다.

위험물을 선적하기 위해서는 반드시 MSDS(Material Safety Data Sheet)가 필요하다. MSDS는 물품의 취급을 안전하게 할 수 있는 정보를 담고 있는 서류다. 운송에 관련된 위험물 정보는 14번 항목인 'Transport Information'에서 확인할 수 있다. 'Not available'이나 'Not danger goods'라고 적혀 있으면 일반 화물과 동일하게 취급하면 된다.

위험물인 경우 MSDS에 CLASS No.와 UN Number 등 위험물 분류에 필요한 정보가 기재되어 있다. 위험물 분류인 CLASS No.와 UN Number에 따른 위험물 취급 정보, 즉 어떤 용기(플라스틱, 스틸 재질 등의 위험물 UN 용기)에 넣어서 어떤 위험물 표시를 하고 어떻게 운송해야 하는지에 대한 내용은 IMDG CODE와 IATA DGR에 규정되어 있다.

용기는 위험물에 적합하도록 검사증을 발급받아야 한다.

항공의 경우 규정된 위험물 포장 및 표기를 하고 위험물신고서(Shipper's Declaration for

Danger Goods)를 작성하면 기적이 가능하다. 해상의 경우 한국 해사 위험물 검사소에서 선적 전에 검사를 받고 위험물검사증을 발급받아야 선적이 가능한 점이 항공과 다르다.

(2) 국제해상위험물 규칙(IMDG CODE)에 따른 화물 고정 방법

위험물은 해상으로 운송되는 경우 성상이나 형태에 따라서 분류되는데 컨테이너에 넣어 운송하는 것은 포장위험물로 분류한다. 포장위험물은 위험물을 용기에 포장하여 운송하는 물질이나 제품을 말하며 컨테이너도 용기로 볼 수 있기 때문에 위험물을 컨테이너에 넣어서 운송하는 것도 포장위험물이다.

컨테이너 선박의 화재나 폭발 사고가 빈번함에 따라 안전한 위험물 해상운송을 위해 통일된 해상위험물 규칙을 IMDG CODE로 채택했다.

IMDG CODE는 위험물을 해상으로 운송할 경우에 적용되는 국제 강제 규정이다. 위험물이 IMDG CODE에 부합되게 운송되지 않는 경우 불시에 검사해 운송이 종료되고 재작업을 명령받거나 벌금을 부가받을 수 있다. 위험물은 CLASS 1에서 9까지로 나누며 실제로 위험물이 아니라고 생각하는 것도 위험물인 경우가 있다. 예를 들어 페인트, 배터리가 내장된 물품 등은 위험물이 아니라고 생각하지만 위험물로 분류된다. 어떤 용기에 넣어 어떤 표시를 하고 적재해야 하는지는 한국해사위험물검사원 홈페이지에 UN No.를 입력하면 자세한 안내를 받을 수 있다.

위험물을 컨테이너로 운송하는 경우 해상운송 과정에서 화물이 컨테이너 내부에서 상하. 좌우, 전후로 절대 움직이지 않도록 고정해야 한다. 특히 화물 특성과 전체 중량을 고려하여 고정 방법을 강구해야 한다.

(3) CLASS 9

CLASS 1이 가장 위험하며, CLASS 9는 CLASS 1에서 8까지 분류되지 않은 기타 성격으로 직접적인 위험이라기보다는 해상오염 등과 같은 간접 위험품 등이 분류된다.

자동차(중장비 및 발전기 포함)는 2012년 CLASS 9로 분류돼 위험물 규정에 맞추어 선적해야 한다. 다만 비위험물로 취급하는 규정도 있어 아래 규정을 충족한다면 IMDG CODE 규정을 적용하지 않는다.

※ 비위험물 취급 규정 : 연료탱크에 연료가 없고(연료 종류에 따라 규정이 다소 다르다) 장착된 배터리가 합선이 방지되도록 조치

[그림 2-4] 위험물 분류

제1급(Class 1) : 화학류(explosives)
▶ 등급(division)
　1.1 : 대폭발(mass explosion) 위험성 있는 물질
　1.2 : 비산(projection) 위험성 있으나 대폭발 위험성은 없는 물질
　1.3 : 화재 위험성 있고 약간의 폭파 위험성 있는 물질
　1.4 : 중대한 위험성이 있는 물질
　1.5 : 대폭발 위험성이 있는 매우 둔감한 물질
　1.6 : 대폭발 위험성이 없는 둔감한 제품

제2급(Class 2) : 가스류(gases)
▶ 등급(division)
　2.1 : 인화성 가스
　2.2 : 비인화성, 비독성 가스
　2.3 : 독성가스

제3급(Class 3) : 인화성 액체(flammable liquids)
　자신의 인화점 이상의 온도로 운송이 요청되는 액체, 액체 상태에서
　고온(elevated temperature)으로 운송되거나 운송이 요청되는 물질로서,
　최고 운송온도 이하의 온도에서 인화성 증기를 방출하는 물질

제4급(Class 4) : 가연성 고체(flammable solids)
▶ 등급(division)
　4.1 : 가연성 고체 자체 반응성 물질
　4.2 : 자연발화성 물질
　4.3 : 물과 접촉 시 인화성 가스를 방출하는 물질

제5급(Class 5) : 산화성 물질 및 유기과산화물
　　　　　　(oxidizing substances and organic peroxides)
▶ 등급(division)
　5.1 : 산화성 물질
　5.2 : 유기과산화물

제6급(Class 6) : 독물 및 전염성 물질(toxic and infectious substances)
▶ 등급(division)
　6.1 : 독물
　6.2 : 전염성물질

제7급(Class 7) : 방사성 물질(radioactive material)

제8급(Class 8) : 부식성 물질(corrosive substances)

제9급(Class 9) : 기타의 위험물질 및 제품
　　　　　　(miscellaneous dangerous substances and articles)

(4) CONSOLIDATION 등

원칙적으로 위험물은 LCL로 선적이 어렵다. 항공화물도 위험물은 1MAWB/1HAWB로 선적해야 한다. 위험물의 경우 CLASS에 따라 선적이 제한되는 물품도 있다. 또한 CLASS에 따라 위험물 보관이 가능한 창고가 지정되어 있다.

안전운임제에 따라 위험물은 종류별로 국내운송 할증액을 지불해야 한다.

8. 포워더

- NVOCC
- 국제물류주선업자
- 복합운송주선업자
- 포워더
- 화물운송주선업자

1) 포워더 서비스

포워더(Forwarder)는 NVOCC(Non Vessel Operating Common Carrier)라고도 하고 국내법상 화물운송주선업자라고 한다. 보통 항공화물은 계약된 업체를 통해서만 항공사에 부킹(Booking)이 가능한데, 포워더가 이러한 부킹 대행과 콘솔리데이터(Consolidator : 혼재업자)를 하는 것이다.

해상화물의 FCL인 경우 화주가 직접 선사에 부킹할 수 있지만 저렴한 운임을 가진 포워더를 사용하는 것이 일반적이고, LCL은 보통 포워더가 Consolidator를 하기 때문에 포워더를 통해 선적한다.

선박회사와 항공회사에서는 주로 '포트 투 포트'(Port To Port : 선적지 항구에서 도착지 항구까지) 서비스를 하고 포워더가 이를 확장해 '도어 투 도어'(Door To Door) 서비스를 한다고 이해할 수 있다. 물론 포워더도 '포트 투 포트'만 하는 경우도 많다.

이외에도 전시화물, 공연화물, 이사화물 등 특화된 서비스를 제공한다.

2) 포워더의 등록과 운송인 책임

포워더는 시청에 등록할 때 '국제물류주선업'이라 표현하고, 관할 세관에 등록할 때 '화물운송주선업', 그리고 사업자등록증에는 '복합운송주선업'이라고 표현한다. 주선업자로 표현돼 있지만, 보통은 자기 BL을 사용하고 계산서를 발급하기 때문에 운송인의 책임과 의무를 해야 한다.

주선업은 쉽게 말하면 부동산 중개업과 유사하다. 중개인은 소개만 해주는 역할이다. 하지만 운송주선업은 선사와 화주를 소개해주는 것이 아니라 선사·화주와 각각 독립된 계약을 하여 업무를 진행한다. 주선업이라고는 하지만 실제로 주선업자라고 주장하기 어렵고 운송인으로 보아야 한다.

포워더는 보통 법인으로 설립하며 자본금 3억 원, 건당 1억 원 배상책임보험, 관할 시청에서 국제물류주선업등록증을 받아야 복합운송주선업으로 사업자등록증을 받을 수 있다. 복합운송주선업으로 등록돼야 선임이나 부대비용에 대해 영세율 계산서를 발급할 수 있다. 또한 세관에 화물운송주선업 등록이 되어야만 적하목록을 전송할 수 있다.

포워더는 복합운송주선업협회에 가입하지 않고도 영업을 하거나 BL을 발행할 수 있다. 또한 국제항공운송협회(IATA)에 가입하지 않더라도 항공사에 부킹하거나 Air WayBill을 발행할 수 있다.

포워더는 주선업자로 Seller·Buyer를 대신해 육상운송, 통관, 창고, 선적 등 전반적인 업무를 대행하는 만큼 전반적인 무역 업무 지식이 필요하다. 포워더는 전문가로서 역할을 하려면 전문 지식을 숙지하기 위해 많은 노력을 해야 한다.

포워더는 위험한 직업일 수도 있다. 이름은 주선업이지만, 실제 손해배상 소송에 들어가면 운송인으로서 책임져야 할 때도 많고, 상법 조항에 따라 포워더가 주의를 해태하지 아니하였음을 증명해야만 책임을 면할 수 있다. 증명 책임이 누구에게 있느냐에 따라 소송 결과가 달라지는 일이 많다. 증명 책임이 포워더에게 있기 때문에 불리하다.

포워더에게 책임이 없다는 증명을 하기는 쉽지 않다. 이러한 이유로 소송까지 가면 주로 합의를 통해 해결하게 되는데 이 때문에 손해 보는 경우가 많다.

※ 상법 **제115조(손해배상책임)** 운송주선인은 자기나 그 사용인이 운송물의 수령, 인도, 보관, 운송인이나 다른 운송주선인의 선택 기타 운송에 관하여 주의를 해태하지 아니하였음을 증명하지 아니하면 운송물의 멸실, 훼손 또는 연착으로 인한 손해를 배상할 책임을 면하지 못한다.

9. 해상운임과 항공운임

- 해상운임 : USD, PREPAID / COLLECT
- 항공운임 : 선적지 화폐, PREPAID

1) 해상운임과 항공운임 통화

해상운임은 모두 미국달러(USD)이며 Prepaid든 Collect든 가능하다. 다만 신선식품은 Prepaid만 가능한 경우가 있고, 선사 사정상 Collect가 안 되는 특수한 경우도 있다.

항공운임은 출항지 자국 화폐로 Prepaid만 가능하다. 다만 포워더를 통해 Collect로 진행하는 경우 포워더가 도착지 화폐로 받고 선적지 통화로 송금해줘야 하기 때문에 포워더가 CCC(Charge Collect Fee : 착지불수수료)를 청구하기도 한다.

2) 세금계산서

하나의 해상운송에 대해 발행하는 계산서는 보통 영세율 세금계산서와 10% 부가가치 세금계산서를 각각 하나씩 같이 발행한다. OF(Ocean Freight : 해상운임), THC 등은 영세율 세금계산서이고 DOC는 10% 부가가치 세금계산서를 발행한다. 일부 외국 국적 선사는 세금계산서 대신 Invoice나 입금표를 발행하는 경우도 있다.

3) 해상운임과 항공운임 계산 단위

(1) 해상운임 계산 단위

컨테이너 화물이 FCL로 선적되는 경우 컨테이너당 정해진 가격을 선임으로 지급하면 된다. LCL의 경우 운임톤(R/T : Revernue Ton)이라고 해서 부피와 중량 중 많은 쪽으로 계산서를 발행한다. 1톤과 1CBM을 동일 단위로 비교해서 큰 쪽으로 청구한다.

> ※ CBM은 가로×세로×높이가 1m인 부피 단위이다. 예를 들어 가로×세로×높이 1.2×1×1.3m의 팔렛이 500kg인 경우 부피로 하면 1.56CBM이고(1.2×1×1.3) 무게로는 0.5톤이기 때문에, 큰 쪽인 1.56CBM으로 계산하면 된다.

(2) 항공운임 계산 단위

항공운송일 때는 특별한 사정이 있는 경우를 제외하고는 보통 kg당 항공료를 계산한다. 1CBM을 166.67kg(6,000cm³=1kg)으로 보고 Volume Weight를 환산하면 된다. 앞의 예로 계산하면 부피로는 260kg(1.56CBM×166.67kg)이고 실제 중량이 500kg이기 때문에, 큰쪽인 500kg으로 계산하면 된다.

Volume Weight와 Gross Weight를 비교하여 큰 쪽을 Chargable Weight라고 한다.

Gross Weight가 Chargable Weight가 될 수도 있고, Volume Weight가 Chargable Weight가 될 수도 있다. Volume Weight를 구해 Gross Weight와 비교해서 큰 쪽을 항공운임을 계산할 때 사용한다.

Volume Weight를 구하는 방법은 '포장 물품의 가로(cm)×세로(cm)×높이(cm)/6,000'을 계산해 나온 수치를 kg으로 보는 방법과, '가로(m)×세로(m)×높이(m)×166.67'로 계산해 나온 수치를 kg으로 보는 방법 중 편한 것을 사용하면 된다. 결과는 거의 같다.

예를 들어 50cm×70cm×90cm 한 상자의 Volume Weight를 구해보자.

- 50×70×90/6,000 = 52.5kg
- 0.5×0.7×0.9×166.67 = 52.5kg

cm로 계산할 경우 각 단위 치수는 사사오입해 정수로 만든다. 직육면체나 정육면체가 아닐 때는 '최대 가로×최대 세로×최대 높이'로 계산한다.

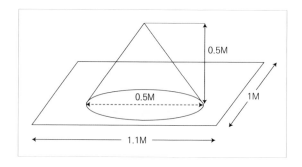

예를 들어 원뿔 모양의 화물이 팰릿에 올려 있다면 해상이든 항공이든 부피를 계산할 때는 가장 긴 부분으로 계산한다. 팰릿 높이를 0.1m라고 하면 1.1×1.0×0.6m(가로·세로·높이)

로 부피를 계산할 수 있다.

부피중량(Volume Weight)을 환산하는(6,000cm^3=1kg) 계산 방법은 IATA(국제항공운송협회)에서 규정된 것이다.

참고로 국내 LCL 육상운송의 경우 대략 1CBM을 330kg 정도로 보고 계산한다.

	중량	부피
해상	1,000kg	1CBM
항공	166.67kg	1CBM
육상	330kg	1CBM

4) 계산서 발행 시점

세금계산서는 용역 제공이 완료된 때 발행해야 한다. 수출인 경우 선박·항공으로 선적할 때, 수입인 경우 도착일에 발행한다. 다만 월말에 공급가액을 합계해 청구할 때는 공급일이 속하는 달의 다음 달 10일까지 세금계산서를 교부할 수 있다

화물운송주선업의 특성상 대부분 매입과 매출이 일치해야 한다. 사실과 다른 계산서는 효력이 없으며 가산세가 추징될 수 있다.

5) 복합운송주선업의 영세율 근거

부가가치세법에서 선박 또는 항공기의 외국항행용역을 영세율 적용 대상 거래로 규정한다. 부가가치세법에 운송주선업자의 영세율 적용 대상 외국항행용역의 범위는 다음과 같다.

운송주선업자가 국제복합운송계약에 의하여 화주로부터 화물을 인수하고 자기 책임과 계산하에 타인의 선박 또는 항공기 등 운송수단을 이용하여 화물을 운송하고 화주로부터 운임을 받는 국제운송용역과 항공법에 의한 상업서류송달용역은 외국항행용역의 범위에 포함한다.

6) 영세율 적용 대상 거래

국제 간 화물의 복합운송주선업자가 자기 책임과 계산하에 화물의 해외운송을 위해 필요한 정도의 포장과 기타 서비스 제공 용역을 국제운송용역과 함께 일괄해 제공할 때는 국제운송용역에 필수로 따르는 일로 보아 영세율을 적용한다. 하지만 국내에서 제공되는 화물 포장

과 기타 서비스 제공 용역이 국제운송용역과 구분돼 제공될 때는 국내운송용역과 동일한 성질의 것으로서 일반 세율을 적용해야 한다.

상기의 이유로 Ocean/Air Freight, THC, CFS, BAF 및 CAF는 영세율을 적용하지만 DO(Delivery Order), DOC는 영세율 적용 대상 거래인지 구분이 모호할 수 있다. 보통 그 대가가 국내에서 화주와 포워더 사이에 결정된다면 국내 거래로 보고 부가가치세를 부과한다.

① DO : 외국항행용역을 수행하기 위한 부수 용역으로 볼 수도 있겠지만 일반적으로 국내 거래로 보아 과세한다.

② DOC 수출 : 외국항행용역을 수행하기 위한 부수 용역으로 보아 영세율을 적용할 수도 있고, 국내 거래로 보아 과세할 수도 있다.

③ DOC 수입 : 국내 거래로 보아 과세하는 게 일반적이다.

④ CCC : 국내 거래로 보아 과세하는 게 일반적이다.

7) 세금계산서의 발행 면제

부가가치세법상 세금계산서 면제 규정 중 선박 또는 항공기의 외국항행용역에 관한 규정이 있다. 선사나 항공사에서 Invoice나 입금증을 발급해주는 근거가 된다. 하지만 기본적으로 포워더가 화주에게 운송주선용역을 제공하고 받는 대가에 대해서는 명칭을 불문하고 세금계산서를 발행해야 한다.

다만 예외로 항공수입의 경우 국내 포워더가 노미네이션 카고(Nomination Cargo) 업무를 수행하는 국외 수출지 포워더의 국내 에이전트라면 이미 결정된 운임을 국외 포워더를 대신해서 징수해 송금해주는 역할을 하므로 운임 부분에 대해서는 세금계산서를 발행할 수 없다. 국내에서 이뤄지는 알선 수수료 형식의 Handling Charge 등에 대해서만 세금계산서를 발행할 수 있다.

TIP Nomination Cargo

- 외국에 있는 포워더가 국내 포워더를 지정해서 수출입 화물을 운송할 수 있도록 하는 것이다. 물론 반대의 경우도 가능하다.

(1) WHARFAGE(WFG)

화물 입출항료로 해양수산부가 항만법의 하위 법령인 '무역항의 항만시설사용 및 사용료에 관한 규정'에 의해 부두를 거쳐 가는 모든 화물에 징수하는 비용이다.

(2) Port Facility Security Charge(PFS)

항만시설 보안료로 국제 항해 선박과 항만시설의 보안에 관한 법률 제42조(항만시설 보안료)에 따라 경비, 검색 인력과 보안시설, 장비 확보 등에 소요되는 비용이다.

WFG와 PFS는 세금계산서 공급가액에 운임 등과 합산해 기재해서는 안 되며 비고란에 표기해 선사 → 복합운송주선업자, 복합운송주선업자 → 화주에게 징수한다.

세금계산서에 미포함해 기재하는 이유는 화물 입출항료와 항만시설 보안료는 국가와 지방자치단체가 제공하는 용역에 해당해 부가가치세 면제 용역에 해당하므로 세금계산서를 발행하지 못하고, 일반적으로 세금계산서 오른쪽 비고란이나 아래 공백 부분에 기재한다.

TIP 해상운임 공표제 시행(2020년 7월 1일)

- 불공정, 과당경쟁을 방지하기 위해 대한민국을 경유하는 모든 선박회사에서 수출·수입 해상 운임을 공표하는 것을 골자로 한다. 육상운송 안전운임은 국가에서 최저요율을 정해주었지만, 해상운임 공표제는 선박회사에서 스스로 요율을 공표하는 것에 차이가 있다.

- 공표운임은 부대비용과 USD로 지불하는 Surcharge를 포함하고 운임의 최고 금액과 최저 금액의 평균액을 공표하되, 최고 금액과 최저 금액의 편차는 평균액의 ±10% 이내여야 한다. 즉 USD100으로 공표했다면 선사에서 최대 받을 수 있는 운임은 USD110, 최저로 받을 수 있는 운임은 USD90이 된다.

- 매년 4회(3·6·9·12월) 해운항만물류정보시스템(http://new.portmis.go.kr)에 공표해야 한다.

- 다만 장기 운송계약 등 시장의 공정한 경쟁이나 특정 산업 또는 품목의 경쟁력을 저해할 우려가 크다고 인정되는 경우 공표유예 또는 신고로 대체할 수 있다.

- 운임 공표제가 목표를 달성할 수 있을지는 미지수다. 수출의 경우 Collect로 하거나 도착지 부대비용을 면제해주는 방법 등 변수가 많은 만큼 제도가 시장에 안착되는 과정을 지켜봐야 한다.

10. BL, AWB

- **해상 BL** : Original BL(OBL), Surrender BL(SBL)
- **해상 BILL** : Sea WayBill(SWB)
- **항공 BILL** : Air WayBill(AWB)

선적하고 포워더가 발급하는 서류가 해상이면 BL, 항공이면 AWB이다. BL은 Original BL, Surrender BL로 나눌 수 있다. 최근에는 Sea WayBill도 많이 사용한다.

BL은 선하증권이라 권리증권이지만, Sea WayBill은 그냥 인수증이다. 항공의 Air WayBill(AWB)과 동일하다.

1) BL의 주요 구성

선적서류 중 Packing List와 유사한 서류이다. 누가 누구에게 어떤 물건을 보내는지에 대한 서류로 포워더 입장에서 책임과 의무에 대한 약관을 포함하고 있다.

(1) Shipper

보내는 회사를 적으면 된다. Commercial Invoice의 Seller와는 달라도 무관하다. Shipper와 Seller가 다른 경우 신용장통일규칙 UCP 500까지는 'THIRD PARTY BL ACCEPTABLE'이라는 문구가 LC에 있어야 네고(Nego)가 되었으나 UCP 600 버전부터는 THIRD PARTY BL을 인정해주고 있다.

> ※ UCP는 신용장통일규칙으로 현재는 UCP 600 버전을 사용한다.
> ※ THIRD PARTY BL은 Commercial Invoice의 Seller와 BL의 Shipper가 다른 BL을 말한다.

(2) Consignee

받는 회사를 적으면 된다. 보통은 회사 이름을 적는데, 이 경우 BL은 기명식 유가증권으로 유통할 수 없다. 유통이라고 하면 특정인만이 사용할 수 있도록 제한된 유가증권이 아니라, 사용자를 특정하지 않고 권리자가 무기명 배서를 통해 유가증권 소지인이 사용 할 수 있도록 하는 것을 말한다.

Shipper	B/L NO.
	3W
Consignee	**THREE WAY LOGISTICS CO., LTD**
Notify Party	Received by the carrier from the shipper in apparent good order and condition unless otherwise indicated herein, the goods, or the container(s) or package(s) said to contain the cargo herein mentioned, to be carried subject to all the terms and conditions provided for on the face and back of this Bill of Lading by the vessel named herein or any substitute at the Carrier's option and/or other means of transport, from the place of receipt or the port of loading to the port of discharge or the place of delivery shown herein and there to be delivered unto order or assigns. If required by the Carrier, this Bill of Lading duly endorsed must be surrendered in exchange for the goods or delivery order. In accepting this Bill of Lading, the Merchant agrees to be bound by all the stipulations, exceptions, terms and conditions on the face and back hereof, whether written, typed, stamped or printed, as fully as if signed by the Merchant, and local custom or privilege to the contrary notwithstanding, and agrees that all agreements or freight engagements for and in connection with the carriage of the Goods are superseded by this Bill of Lading.

Pre-carriage by	Place of Receipt	
Ocean Vessel / Voyage No	Port of Loading	
Port of Discharge	Place of Delivery	Final Destination(For the Merchant's Ref. only)

Container No. & Seal No. : Marks & No.	No.of Containers or P' kgs	Description of Packages and Goods	Gross Weight	Measurement

Particulars furnished by shipper

COPY

NON-NEGOTIABLE

Total number of Containers or Packages(In words)

Excess Value declaration (Refer to clause 6(4)(B)+(C) on Reverse side

Freight and Charges	Prepaid	Collect	Freight payable at.	No.of Original B(s)/L
			Place and date of issue	
Total			In witness whereof, the number of original bills of lading stated herein, all of this tenor and date, has been signed, one of which being accomplished, the others to stand void.	
For delivery of goods please apply to :				
			by	
			THREE WAY LOGISTICS CO., LTD	

유통하기 위해서는 Consignee에 "TO ORDER"를 적는다. LC의 경우 99% 이상이 Consignee에 "TO ORDER OF BANK"를 적도록 하고 있다. 개설 은행이 BL에 배서해서 양도하면 BL 소지인이 화물을 찾을 수 있는 권리를 가지게 된다. 화물이 돈이다. LC 건이 아니더라도 "TO ORDER OF SHIPPER"나 "TO ORDER OF CONSIGNEE"로 BL을 발행할 때는 Shipper나 Consignee의 배서로 BL을 양도해 유가증권으로 유통할 수 있다.

만약 Consignee에 회사 이름을 적어 기명식으로 발행하고 선적된 뒤 Consignee를 변경해달라고 요청할 때는 Shipper와 Consignee 양쪽의 서면으로 정확히 확인받고 BL을 변경해줄 수 있다.

포워더 입장에서는 기명식으로 OBL(Original BL)을 발행한 경우 Shipper든 Consignee든 OBL을 가진 사람이 화물 주인이다. OBL을 소지한 Shipper나 Consignee가 Consignee를 변경해달라고 하면 왜 양쪽의 확인을 받고 변경해주어야 할까? 정확히 말하자면 OBL 소지인이 화물의 주인이 아니고 '선의의 소지인'(Bona-Fide Holder)이 화물 주인이다. 예를 들어 물품 대금을 지급하지 않은 Consignee는 OBL을 가지고 있더라도 선의의 소지인이 아니고 물품 대금을 모두 받은 Shipper가 OBL을 가지고 있더라도 선의의 소지인이 아니다. 물론 OBL을 불법으로 취득한 사람이 선의의 소지인이 아닌 것은 말할 것도 없다. 포워더는 누가 선의의 소지인인지 모르기 때문에 물품의 주인으로 추정되는 Shipper와 Consignee에게서 확인받고 변경해줘야 한다.

LC의 경우 은행에서는 Buyer의 신용이든 현물이든 담보 제공 한도 내에서 LC를 열어주는데 BL의 Consignee를 "TO ORDER OF BANK"로 발행하도록 LC에 조건을 달아 BL을 담보로 사용하는 효과가 있다. LC 개설은행(Opening Bank)에서 Buyer로부터 대금을 받거나(At Sight) 지급 약속을 받고(Usance) BL에 배서해 Buyer에게 전달한다. Buyer는 "TO ORDER OF BANK"로 Consignee가 되어 있는 은행 배서가 된 BL을 포워더에게 전달하고 화물을 찾게 된다.

※ Seller A는 물품이 도착항에 도착하기 전에 대금을 받기로 하고 OBL은 대금 도착 뒤 Buyer에게 전달하거나 서렌더(Surrender) 해주기로 하고 선적했다. 터키에 물품이 도착한 뒤에도 대금을 받지 못해 물품을 십백(Shipback : 물품이 수입항에서 통관하지 않고 다시 수출국으로 반송하는 것)하려고 했으나 Buyer 쪽에서 반송을 동의해주지 않아 해결에 많은 시간과 비용이 소요되고 있다. 수입국 세관에 적하목록이 신고되는 경우 수입국 세관에서는 물품 주인을 Consignee로 인식한다. 만약 Seller가 Shipback을 하려고 해도 Buyer의 동의가 있어야 한다. 대금을 받은 Seller가 악의를 가지고 Shipback할 수도 있다고 생각한다면 당연히 Buyer의 동의를 받고 Shipback이 되어야 한다. 일반적으로 OBL만 Holding하면 대금 받는

데 문제가 없다고 생각할 수 있으나, 처음 거래할 때는 OBL을 Holding하는 것 외에 무역보험 등 안전장치를 강구해야 한다.

(3) Notify Party

Notify Party는 Consignee와 같은 경우가 많아 보통 "SAME AS ABOVE"라고 적는다. 포워더를 통해 선적하는 경우 HBL을 발행하고 MBL을 선사로부터 발급받을 때 MBL의 Shipper는 선적지 포워더 이름이, Consignee는 도착지 포워더 에이전트 이름이 들어가고, Notify Party를 "SAME AS ABOVE"라고 적으면 된다. 하지만 HBL없이 MBL만 발행할 때는 Shipper/Consignee에는 무역회사를 적고, Notify Party에는 포워더의 도착지 에이전트를 적기도 한다.

LC의 경우 HBL의 Consignee에 대부분 "TO ORDER OF BANK"로 기재하기 때문에 Notify Party에 Buyer를 적어주는 일이 많다. 보통 LC에 Notify Party는 Applicant(개설의뢰인)를 적도록 하며, Applicant는 Buyer다.

Consignee에 Buyer가 들어가 있고 도착지 모든 운송과 통관의 권한을 운송회사에 위임한 경우 Notify Party에 운송회사를 넣기도 한다.

포워더 입장에서 물품이 도착하는 것을 통지하는 일이 의무인지에 대한 논쟁도 많다. 컨테이너는 도착했는데 Buyer가 컨테이너 도착 사실을 미처 알지 못해서 보관료가 많이 나오는 일도 생긴다. 포워더는 Consignee나 Notify에게 통지하도록 돼 있으니, 통지되지 않았다고 해서 보관료에 대한 책임을 포워더에게 묻기는 쉽지 않다. 선적 후 Shipper가 Consignee에게 정확히 통보해주는 것이 필요하다.

(4) 포워더의 책임 운송 구간

BL에는 포워더가 책임지고 운송하는 구간에 대한 정보를 보여준다.

① CY/CY : Shipper가 컨테이너에 로딩(Loading)을 하고 CY에 반입된 뒤부터 도착지 CY까지 구간을 포워더가 책임진다.
② CY/CFS : Shipper가 컨테이너에 로딩을 하고 CY에 반입된 뒤부터 도착지 CFS의 컨테이너에서 적출해 입고되는 구간까지 포워더가 책임진다.
③ CFS/CY : 포워더가 CFS에서 물품을 받는 순간부터 컨테이너에 적입하고 도착지

CY까지의 구간을 포워더가 책임진다.

④ CFS/CFS : 포워더가 CFS에서 물품을 받는 순간부터 컨테이너에 적입하고 도착지 CFS의 컨테이너에서 적출해 입고되는 구간까지 포워더가 책임진다.

물론 Door/Door라는 표현을 사용할 수도 있다.

CY/CY 구간이라고 하면 'Place Of Receipt'(화물 수취 장소)는 "BUSAN CY"라고 표현해야 한다. 'Loading Port'(화물 싣는 장소)는 "BUSAN PORT", 'Port Of Discharging'(화물 내리는 장소)은 "TOKYO PORT", 'Place Of Delivery'(인도 장소)에는 "TOKYO CY"로 기재하면 된다. Final Destination(For The Merchant'S Ref Only)는 포워더의 운송 책임 구간이 아니지만 물품의 최종 목적지를 적을 수 있다.

CFS/CFS 구간이라고 하면 'Place Of Receipt'는 "BUSAN CFS"라 하고, 'Loading Port'는 "BUSAN PORT", 'Port Of Discharging'은 "TOKYO PORT", 'Place Of Delivery'에는 "TOKYO CFS"로 기재해야 한다.

CY나 CFS가 아니라 포워더가 운송해야 하는 최종 목적지가 있는 경우 'Place of Delivery'에는 CY나 CFS 대신 최종 목적지를 적는다. BL상 포워더의 책임운송 구간은 place of receipt로부터 place of delivery까지다.

Shipper가 컨테이너에 로딩하고 CY에 반입하는 경우 Description에 "Shipper's Load & Count & Sealed and Said To Contain"이라고 적는다. 즉 컨테이너 내부에 있는 물품은 Shipper가 적재하고 수량을 확인했다는 것으로 내부 물품에 대해 포워더는 모른다는 뜻이다. 포워더가 CFS에서 컨테이너에 로딩하고 CY에 반입하는 경우 Description에 "Said to Contain"라고 적는다. 즉 포워더가 수량 확인은 했으나 내부 물품은 Shipper가 알려준

✦TIP

• CY(Container Yard) : 선박회사가 화물이 적입된 컨테이너를 본선에 선적하기 위해 화주로부터 인수하거나 본선에서 양륙된 컨테이너를 화주에게 인도하기 위해 지정된 장소다. 컨테이너 야적장.

• CFS(Container Freight Station) : 컨테이너에 적입(Stuffing/Vanning)하거나 수입화물을 컨테이너에서 끄집어내(Devanning) 화주에게 인도하는 업무를 하는 장소다.

• 인도(India)에서는 배가 도착한 CY에서 통관할 수 없고 무조건 CFS로 이동해 통관해야 한다. CY에 적체가 심하기 때문에 CY에서는 3일 이내에 반출해야 한다. CFS라고 해서 한국과 같이 적출하는 창고 개념이 아니라 CY 주변에 있는 컨테이너 보세창고라고 보면 된다. CFS에서는 적출해서 출고해도 되고 컨테이너째 운송할 수도 있다.

내용으로 포워더는 모른다는 것이다.

(5) Shipping Mark, Description, Gross Weight Measurement는 Packing List의 내용과 동일해야 한다.

(6) NO OF PKGS(Packages)

NO OF PKGS(Packages)는 육안으로 셀 수 있는 수량을 적어야 한다. 예를 들어 1팰릿(Pallet)에 6카톤(Carton)이 들어가 있다면 1Pallet(6Cartons)으로 적어야 한다.

수출신고필증과 BL의 총중량과 총 포장 개수는 일치해야 한다. 수출신고필증의 총 포장 개수도 1Pallet으로 신고돼 있으면 BL에 1Pallet으로 NO OF PKGS를 발행해야 한다.

(7) Received BL or Onboard BL

과거에는 Received BL을 발행해달라는 경우도 있었으나 지금은 거의 Onboard BL을 발행하고 있다. BL에 Onboard Date를 정확히 적어야 한다.

언제 선박 출항 일정이 있을지 모르는 시절에는 Received BL도 LC에서 허용된 적이 있었다. 최근에는 FCA의 경우 Received BL을 발행해달라는 Shipper도 있다. Onboard Date 대신 Received Date를 적으면 된다. FCA Ocean Port 조건일 때, Seller는 Ocean Port에 운송해주는 것으로 의무를 다하기 때문에 Onboard 의무가 없다. 이때 Seller는 굳이 Onboard BL을 받을 필요가 없다고 생각할 수 있고 Received BL을 받는 게 당연할 수 있다.

Onboard Date는 정확히 적어야 한다. 유가증권으로 발행되는 경우 Onboard Date가 다르면 법적 책임을 질 수도 있다.

포워더가 일상 업무 중에 실수로 형사 고소나 고발을 당하는 경우는 모두 BL과 관련 있다고 보면 된다. 수출 건으로 물품을 받지도 선적하지도 않고 Onboard OBL을 발행하는 경우와 수입 건으로 OBL 회수 없이 물품을 인도하는 경우이다. 다른 것은 실수하더라도 돈으로 해결할 수 있지만 형사 고소나 고발이 되면 타격이 클 수밖에 없으니 특히 주의해야 한다.

(8) Original BL

발행된 BL이 Orginal BL인지 알 수 있는 방법은 세 가지 정도가 있다.

첫째는 보통 BL에 Original이라고 쓰여 있다.(아니면 Copy Non-Negotiable이라고 쓰여 있다)
둘째는 BL의 Original BL 발행 수량에 보통 3이라고 적는다.(OBL이 발행되지 않았으면 0).
마지막으로 Original BL은 뒷면에 아주 작은 글씨로 이면 약관이 인쇄돼 있다.

선적지 포워더가 도착지 포워더에게 선적 정보를 보낼 때 OBL인지 Surrender BL인지 명확히 해줘야 한다. 도착지 포워더가 명확한 정보를 받지 못했다면 반드시 선적지 포워더에게 서면으로 확인한 뒤 화물을 인도해야 한다. 다시 말하지만, BL은 돈이다.

(9) Prepaid or Collect

선임을 Shipper가 낼 때는 Freight Prepaid, Consignee가 낼 때는 Freight Collect로 적는다. 인코텀스에서 Seller가 선임을 지불하는 조건은 C와 D Group이고 Buyer가 선임을 지불하는 조건은 E와 F Group이다. 보통은 선임을 지불하는 쪽에서 포워더를 결정한다.

TIP Shipper가 BL에 Invoice Value를 적어달라고 하면?

일반적인 상황은 아니다. 보통 LC의 Description에 Invoice Value가 있다면 BL에 적어서 발행해야 하는데, 포워더 입장에선 쉽지 않은 일이다. BL이면 약관에는 포워더의 배상책임 금액을 제한하고 있는데, BL에 Invoice Value를 적어주는 경우 배상책임 금액과 BL이면 약관이 충돌한다.

2) 해상 BL

(1) 해상 BL의 종류

① Original Bill Of Lading

인수증과 유가증권의 성격으로 선하증권이라고 한다. 도착지에서 원본을 반납해야 물품을 찾을 수 있다.

② Surrender Bill Of Lading

발행된 OBL을 선사에 반납해 OBL 없이도 도착지에서 화물을 찾을 수 있도록 조치한 BL이다. 기명식으로 발행된 BL만 Surrender가 가능하다.

※ OBL 발행 없이 발행한 Surrender Bill Of Lading은 법적 성격이 불분명하기 때문에 사본(Copy)을 줄 때는 약관까지 같이 주는 것이 좋다.

③ Seaway Bill

기명식으로만 발행된다. 인수증 성격으로 항공의 Airway Bill과 유사하다.

※ 유럽에서는 OBL 회수 없이 화물을 인도하도록 발행된 BL을 Express Release BL 혹은 Telex Release BL이라고 표현하기도 한다.

(2) Original Bill Of Lading의 세트 구성

통상 Original BL 3부와 사본(Copy) 다수로 구성한다. Original BL 수는 변경될 수 있으며, 1장의 Original BL이 사용되면 나머지는 무효가 된다. 1장이 분실되더라도 나머지 OBL을 사용할 수 있으므로, 분실에 대비해 3부 발행한다. 우편으로 보낼 때는 1부는 남겨두고 2부만 보내는 것이 좋다. OBL이 분실되면 해결이 어렵다. 수표를 분실한 것과 같다.

(3) Master BL과 House BL의 구분

통상 선사의 BL을 MBL(Master BL)이라 하고, 포워더의 BL을 HBL(House BL)이라고 한다. 일반적으로 실화주에게 발행하는 BL이 HBL이다. 포워더 입장에서 구분하는 기준으로, HBL의 Shipper와 Consignee는 MBL을 볼 수 없다. 포워더가 Shipper에게 발행한 BL을 HBL이라 하고, 포워더가 부킹하는 포워더나 선사가 발행하는 BL을 MBL이라고 한다.

포워더가 상황에 따라 BL을 발행하지 않을 수도 있는데, 이때는 선사 BL을 그대로 사용한다. 이 경우에는 MBL이 HBL이다. 구별하는 실익이 별로 없다.

3) 항공 Bill

(1) 항공 Bill의 종류

해상의 SeaWay Bill 성격의 AirWay Bill만 사용하고 인수증 성격이 있다. 항공 Bill은 화물과 같이 항공편에 전달된다. 통상 기명식으로 발행한다.

(2) AirWay Bill의 세트 구성

통상 Original Bill 3부와 사본으로 구성된다. Original Bill은 유가증권 성격이 아니고 원본을 발행했다는 의미로 보면 된다. Shipper/Consignee/Bank용으로 원본을 각각 1부 발행한다.(Bank용은 LC 건인 때 보통 발행됨) Shipper에게 1부, Consignee용은 화물과 같이

Consignee에게 보낸다.

※ AirWay Bill은 택배를 보낼 때의 택배 송장과 같다고 보면 된다. 첫 번째 원본 송장을 보내는 사람에게 주고, 두 번째 원본 송장은 택배회사용, 마지막 원본 송장은 화물에 붙여서 보낸다.

(3) Master AWB과 House AWB의 구분

통상 항공사의 AWB을 Master AWB이라 하고, 포워더의 AWB을 House AWB이라고 한다. 보통은 실화주에게 발행하는 AWB는 HAWB이라고 보면 된다. 포워더 입장에서 구분하는 기준으로 HAWB의 Shipper와 Consignee는 MAWB을 볼 수 없다. 포워더가 Shipper에게 발행한 AWB를 House AWB이라 하고 포워더가 부킹하는 포워더나 항공사가 발행하는 AWB을 Master AWB이라고 한다.

포워더가 상황에 따라 AWB를 발행하지 않을 수도 있고, 항공사 AWB를 그대로 사용하기도 한다.

4) LC에서 요청하는 BL 작성

LC는 개설은행이 Seller에게 일정 서류를 제시하면 대금을 지급하겠다고 약속한 지급 각서다. BL을 어떻게 발급해야 하는지 LC에 나와 있다. LC를 보고 BL과 적하보험 서류 작성에 대해 알아보자.

LC에서 알아둬야 하는 기본 내용을 간단히 설명한다.

20 : Documentary Credit Number : M06LC1802ES00000
 - LC NO.는 작성하는 모든 서류에 넣어주는 것이 좋다.
31D : Date and Place of Expiry : 2020.06.20. Korea
 - LC의 유효기간으로 이 날짜가 지나면 LC는 효력이 없어진다.
    늦어도 유효기간 전에 서류를 은행에 제시해야 한다.
50 : Applicant : ABC Company Germany – LC를 신청한 사람으로 보통 Buyer다.
59 : Beneficiary : DEF Company Korea – 대금을 받는 사람으로 보통 Seller다.
43P : Partial shipment : Allowed – 분할 선적이 허용된다.
43T : Transshipment : Not Allowed
 - 환적은 금지다. 하지만 하나의 포워더가 LC상 Loading Port에서 Discharging Port까지
    전체 구간을 책임지고 운송하고 하나의 BL을 발급할 때는 선박을 갈아타더라도 문제없다.
44E : Port of Loading : Any Korean Seaport – 선적항
44F : Port of Discharging : Any Germany Seaport – 도착항
44C : Latest Date of Shipment : 2020.05.01.

- BL의 Onboard Date는 늦어도 2020년 5월 1일을 넘기면 안 된다.
  5월 1일 Onboard는 문제없으나 5월 2일이면 안 된다.
45A : Description of Goods : 10 Set of Machine
                            CIF German Seaport – BL Description에 그대로 기재돼야 한다.
46A : Documents Required

▸ FULL SET OF CLEAN ON BOARD OCEAN BILLS OF LADING MADE OUT TO THE ORDER OF KOREA BANK MARKED FREIGHT PREPAID AND NOTIFY APPLICANT
  - CLEAN ON BOARD OCEAN BL을 요구하지만 BL에 CLEAN이라고 표기하지 않고 ON BOARD라는 표현만 해도 된다. CONSIGNEE에 TO THE ORDER OF KOREA BANK를 넣고 FREIGHT PREPAID 그리고 NOTIFY에는 BUYER 이름을 넣는다. FULL SET는 ORIGINAL 3부와 COPY 몇 부 정도로 보면 되는데 은행에 발행된 전체 OBL을 제시해야 한다.

▸ INSURANCE POLICY FOR 110 PERCENT OF INVOICE VALUE STATING CLAIMS PAYABLE IN GERMANY FOR CURRENCY OF THE DRAFTS, BLANK ENDORSED COVERING INSTITUTE CARGO CLAUSES (A), INDICATING NAME WITH FULL ADDRESS AND TELEPHONE NUMBER OF INSURANCE AGENCY IN GERMANY IN DUPLICATE
  - INVOICE VALUE의 110%로 ICC A로 보험을 가입해달라는 내용이다. LC 사본을 보험사에 넣어주면 조건에 맞춰 발행해준다.

48 : PERIOD FOR PRESENTATION : DOCUMENTS TO BE PRESENTED WITHIN 21DAYS AFTER THE DATE OF SHIPMENT BUT WITHIN THE VALIDITY OF THE CREDIT
  - ONBOARD로부터 21일 이내에 은행에 서류를 제출해야 한다.

앞의 LC대로 BL을 발행하면 다음과 같다.

SHIPPER : DEF COMPANY KOREA
CONSIGNEE : TO THE ORDER OF KOREA BANK
NOTIFY : ABC COMPANY GERMANY

LOADING PORT : BUSAN SEAPORT, KOREA
DISCHARGING PORT : HAMBURG SEAPORT, GERMANY

DESCRIPTION : LC NO. M06LC1802ES00000
              10 SET OF MACHINE
              CIF GERMAN SEAPORT

              FREIGHT PREPAID

※ LC에서 CONSIGNEE를 'TO ORDER OF SHIPPER'로 발행하도록 되어 있고 FULL SET OF ON BOARD OBL을 요구하는 경우 은행은 BL을 담보로 생각하고 있다고 볼 수 있다. 만약 FULL SET가 아닌 2/3 OF ON BOARD OBL을 요구하는 경우에는 은행에 제시되지 않은 1/3 OF ON BOARD OBL을 가지고 은행의 동의 없이 화물을 찾아갈 수 있다. 포워더 입장에서는 BL만 보고 은행의 배서 없이 화물을 인도해줘도 되는지 판단하기 쉽지 않다. 선의의 소지인인지 확인이 필요하다.

11. 수출신고필증, BL, CO 및 환급과의 관계

수출신고필증 → CO 발행 → 기적·선적 확인(BL) → 환급 신청

수출화물을 운송하는 데 관련된 업체는 세관의 UNI-PASS(unipass.customs.go.kr)라는 전자통관 시스템으로 신고하도록 돼 있다. 수출의 경우 가장 먼저 UNI-PASS에 신고되는 내용이 관세사를 통한 수출신고로 수출신고필증을 발급받는다. 수출신고 수리 일자로부터 한 달 안에 선적해야 한다. 포워더 BL을 발급할 때는 선사와 포워더가 수출신고필증 신고번호를 가지고 UNI-PASS에 선적 신고를 하는데, 이를 기적 확인(항공)/선적 확인(해상)이라고 한다. 기적·선적 확인이 완료되려면 수출신고필증상 총중량과 총 포장 개수 등이 BL과 일치해야 한다. 포워더가 BL을 발급하지 않는 경우 선사에서만 선적 신고를 한다.

CO는 수출신고필증이 발급된 뒤 신청할 수 있다. 제조자, HS코드, 총중량, 총 포장 개수 등이 수출신고필증과 일치해야 한다. 수출신고필증이 선적된 것으로 완료돼야지만 환급을 신청할 수 있다. 간이정액환급일 때는 수출신고필증의 제조자, HS코드, FOB 신고 가격이 중요하다. 개별환급일 때는 제조사가 정확해야 한다.

선적 이후 과정을 서류의 흐름으로 이해해보자.

Seller로부터 화물을 받고 포워더는 BL을 발행해준다. Seller는 BL과 선적서류를 Buyer에게 보내고 대금을 받는다. 선적지 포워더는 도착지 포워더에게 BL 등 관련 서류를 전달한다.

목적항에 물품이 도착하기 전에 도착지 포워더는 적하목록을 전송하고 Buyer에게 Arrival Notice를 보낸다. 하선 신고를 하고 나서 물품을 하역한다. 도착된 물품은 외국 물품으로 수입통관 절차를 거친 뒤 Buyer에게 인도될 수 있다.

Buyer는 도착지 포워더에게 BL 등을 제시하고 물품을 찾는다.

CHAPTER 03

수입절차와 수입통관

수입절차와 수입통관

1. 선적 뒤 서류 흐름/서류·물품·대금의 교환

[그림 3-1] 무역의 흐름(T/T거래)

1) Seller/Shipper

물품을 포워더에게 인도하고 포워더로부터 BL을 받는다. BL을 Buyer에게 전달하고 물품 대금을 받는다. Buyer에게 도착지 수입통관을 위해 Packing List/Commercial Invoice를 전자우편 등을 통해 보내준다. 일부 국가에선 원본을 요구하지만 대부분 사본으로도 가능하다. 처음 하는 거래라면 Buyer가 요구하는 서류를 미리 확인해야 한다. 중동에서 수입할 때 Commercial Invoice와 Certificate of Origin에 상공회의소 인증과 대사관 인증을 받은 원본을 요구하는 경우도 있으니 사전에 확인이 필요하다.

항공으로 선적하는 경우 원본 서류를 포워더에게 전달하면 화물과 같이 보내줄 수 있다. 해상의 경우 원본은 특송(Courier)을 통해 발송해야 한다.

2) 선적지 포워더

선적 후 MBL과 HBL 등 선적 정보, 특히 Original로 발행됐는지, 선임 지급이 Prepaid인지 Collect인지 등의 내용을 도착지 포워더에게 통지한다.

3) 도착지 포워더

Consignee/Buyer에게 화물 도착 통지(AN : Arrival Notice)를 한다. OBL인 경우 OBL을 회수하고 대금을 받고 DO를 발행해주거나, Seaway Bill이나 Surrender BL인 경우 BL상의 Consignee를 확인하고 대금을 받고 DO를 발행해준다. 도착지 포워더가 통관이나 운송을 의뢰받은 경우 관세사·운송사와 협조해 통관과 배송을 대행하기도 한다.

4) Buyer/Consignee

Seller/Shipper로부터 받은 Packing List와 Commercial Invoice를 가지고 관세사를 통해 수입통관을 의뢰한다. Seller에게 대금을 지급하고 BL을 전달받아 도착지 포워더에게 제시하고 DO을 받아 물품을 찾는다.

5) 물품 = 서류 = 대금(LG)

물품(Cargo), 서류(BL), 대금(Money)은 같은 가치를 가진다. 물품을 주고 선하증권을 받고 선하증권을 주고 대금을 받는 교환을 통해 대금과 물품 교환이 이뤄진다.

포워더는 OBL이 발행된 경우 반드시 OBL을 회수하고 물품을 인도해야 한다. LC 건인 경우 수출지에서 네고된 OBL이 수입지 개설은행까지 전달되는 데 통상 선적 뒤 20일 정도 소요된다.(물론 선적하자마자 네고하면 10일 정도 소요되기도 하지만, 해상화물 LC의 경우 네고하도록 한 서류 제시 기한이 보통 선적 뒤 21일로 Seller가 바로 네고하지 않는다면 시간이 많이 걸릴 수 있다)

신용장 개설은행(Opening Bank)에 OBL이 도달하는 기간보다 화물이 먼저 도착한 경우 Buyer는 개설은행에 Commercial Invoice와 BL을 가지고 LG(은행의 보증서류 : Letter of

Guarantee) 발행을 의뢰한다. 개설은행은 Buyer로부터 수입물품 대금을 결제받거나 지급확약을 받은 뒤 포워더에게 OBL 없이 물품 인도를 요청하는 LG를 발급해준다.

Buyer는 LG를 포워더에게 제시하고 물품을 찾을 수 있다. LG는 개설은행(BL의 Consignee가 "TO THE ORDER OF BANK"로 된 경우)이 포워더에게 OBL 회수 없이 물품을 인도하더라도 책임은 묻지 않겠다는 내용의 서류이다.

아주 드물지만 LC가 BL의 Consignee를 "TO ORDER"(TO ORDER OF SHIPPER와 동일한 의미)로 작성하도록 된 경우에는 포워더 입장에서는 고민할 수밖에 없다. 개설은행에서는 BL을 담보로 사용하지 않겠다는 의도로 대금 회수에 문제없다고 생각할 만큼 Buyer와 은행의 특수관계를 예상해볼 수 있겠지만 내막은 알 수 없다. 포워더는 OBL에 Shipper의 배서만 있는 경우 화물을 인도해야 할지 어려운 결정을 해야 한다. 여기에서도 '선의의 소지인'을 생각해야 한다. Consignee가 선의의 소지인인지는 배서된 OBL로는 알 수 없다. 수출자와 개설은행이 서면으로 확인하고 인도하는 것이 좋다.

6) 포워더 BL과 선사 BL의 차이

기본 구성은 동일하다. 현재는 포워더도 NVOCC(Non Vessel Operating Common Carrier)로 선박회사의 지위를 가지고 BL을 발행하는 회사도 있어 구분하기 어렵지만, 일반적인 차이는 있다.

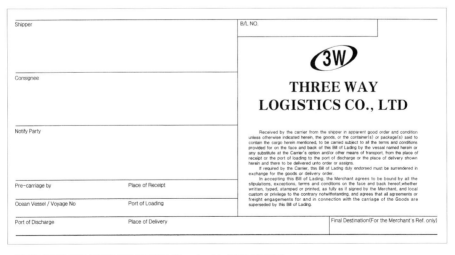

▸ 오른쪽 상단의 작은 글씨가 전면 약관으로 "Received by"라고 시작한다.

선사 BL은 전면 약관에 "Shipped"라고 시작하고, 포워더 BL은 "Received"라고 시작한다. 현재는 구분의 실익이 없지만, 과거에는 선사는 선적을 하고 BL을 발행하고 포워더는 화물을 수취하고 BL을 발행하기도 했다. 물론 포워더도 지금은 Onboard BL을 발행한다.

서명(Sign)하는 사람이 선사는 As Carrier나 As Agent Of Carrier로 BL을 발행하지만, 포워더는 Acting As Carrier로 BL을 발행한다. 물론 포워더도 As Carrier로 BL을 발행하는 경우도 있다. 보통 BL의 오른쪽 하단에 BL 발행인의 지위를 선사나 선사의 에이전트로 하는 경우 선사 BL, 선사를 대행해서 발행하는 경우 포워더 BL로 구분한다.

LC 거래인 경우 Marine BL을 요청하거나 포워더 BL이 안 된다고 할 때에는 BL의 서명 주체가 누구인지가 중요하다. 선사 BL을 요구할 때는 서명권자가 As Carrier나 As Agent Of Carrier로서 BL을 발급해야 한다.

법원 판례에서는 자기 계산서와 자기 BL을 발행하는 포워더는 운송사이고 운송사(NVOCC)라면 As Carrier로 BL을 발행할 수도 있겠지만 논란은 있다.

2. 포워더(적하목록), 관세사(수입신고필증), 보세운송사(보세운송)와 보세창고의 관계

> • UNI-PASS : 포워더 / 적하목록(MANIFEST)
> 　　　　　　관세사 / 수입신고필증
> 　　　　　　보세운송사 / 보세운송
> 　　　　　　보세창고 / 보세화물 반출입

1) 적하목록

수입화물은 입항하기 전에 포워더가 세관 UNI-PASS에 적하목록(Manifest)을 전송해야 한다. 적하목록은 항공기·선박 정보가 있고 누가 누구에게 어떤 화물을 보내는지의 내용을 정리한 목록으로 BL이나 AWB과 내용이 동일하다. 항공은 선적지 포워더와 항공사에서 전송하고(포워더가 AWB을 발급하지 않는 경우 항공사에서만 전송한다), 해상은 도착지 포워더와 선사에서 전송한다.(포워더가 BL을 발급하지 않을 때는 선사에서만 전송한다)

UNI-PASS에 조회되는 시점은 포워더와 선사가 적하목록을 제출한 뒤 취합이 완료되는 때이다. 전송된 적하목록을 기반으로 UNI-PASS에서 화물관리번호가 생성된다. 화물관리번호는 HBL이나 HAWB이 있을 때는 HBL이나 HAWB 단위로 생성되고, HBL이나 HAWB이 없을 때는 선사 BL이나 항공사 AWB 단위로 생성된다.

화물관리번호는 MRN + MSN + HSN으로 구성돼 있다.

① MRN : 선사가 작성한 적하목록에 부여하는 번호
② MSN : 선사가 발행한 Master BL의 일련번호
③ HSN : 포워더가 발행한 House BL의 일련번호

관세사는 화물관리번호별로, 즉 HBL이나 HAWB별로 수입신고를 할 수 있다. 물론 세관에 HBL이나 HAWB을 분할해 여러 건으로 신고할 수도 있다.

2) 수입화물 진행 정보

관세청 홈페이지 '수입화물 진행 정보'에 들어가면 BL 번호나 화물관리번호로 화물 진행 상황을 확인할 수 있다. 수입화물이 수입신고 수리 뒤 출고될 때까지 선사, 하역사, 운송사, 창고, 관세사 등 관련 업체가 UNI-PASS에 들어가 입력하는 내용이 수입화물 진행 정보에 보인다.

화물관리번호를 중심으로 하선이나 하기 신고를 선사나 항공사가 하고 보세운송과 보세창고 입출고, 통관 관련 내용이 보세운송사, 보세창고 그리고 관세사를 통해 UNI-PASS에 입력하게 된다. 입력 내용으로 수입화물 진행 상황을 한눈에 볼 수 있다.

[그림 3-2] 수입화물 진행 현황

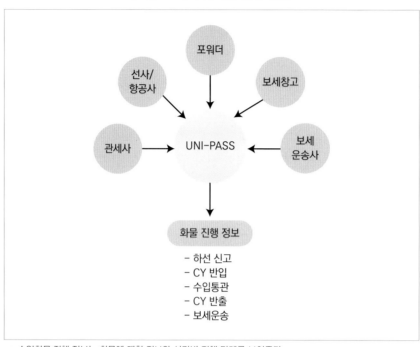

포워더

선사/항공사

보세창고

관세사 → UNI-PASS ← 보세운송사

화물 진행 정보

- 하선 신고
- CY 반입
- 수입통관
- CY 반출
- 보세운송

▶ 수입화물 진행 정보는 화물에 대한 정보와 시간별 진행 단계를 보여준다.

3) 세관 검사

세관 검사는 수입화물 진행 정보에서 확인할 수 있는 관리대상 지정(적하목록 제출 시 확인)과 수입신고필증에서 확인할 수 있는 C/S 선별 검사(수입신고 시 확인)로 나눌 수 있다.

(1) 관리대상 지정 여부

수입화물 진행 정보에 하선 신고 수리가 뜨며 'N or Y'로 표시된다.

Y가 뜨면 엑스레이(X-ray) 또는 세관 지정 추적 컨테이너 선별, N이 뜨면 관리대상으로 지정되지는 않았으나 C/S 시스템에서 검사로 선별될 수 있다.

(2) 엑스레이 검사

관리대상 지정 여부에 Y(검색기)라고 표시되며, 검사가 끝나면 '투시 해제'로 바뀐다.

① 부산의 경우, 운송사와 터미널 두 곳에서 각각 비용 청구

② 인천의 경우, 운송사에서만 비용 청구

③ LCL의 경우, 콘솔사에서 CBM에 따라 비용 청구

(3) 세관 지정 추적 컨테이너

하선 신고 수리 뒤 관리대상에 Y라고 표시되며, 세관 관할 창고로 하선 신고가 된다. 세관이 지정한 추적 컨테이너로 선별되면, 세관 지정 창고에 도착한 뒤 세관 직원의 입회 아래 물품을 적출하고 검사 완료 뒤 창고에 반입한다.

(4) 수입물품 선별검사 시스템(C/S : Cargo Selectivity System)

수입신고 시 검사 생략, 서류 제출, 현품 검사 등으로 선별된다. 수입신고필증에 Y 검사, S 생략으로 표시(Y 검사 : 세관 현품 검사/S 생략 : 검사 생략 또는 서류 제출)된다.

3. 수입화물 부대비용

- 해상·항공 수입 부대비용
- 해상 LCL과 항공 보관료

1) 해상 수입화물 부대비용

수출 부대비용과 대부분 유사하기 때문에 설명이 추가로 필요한 DOC, DO, Container Cleaning Charge, LCL 창고료를 알아보자.

(1) DOC(Document Fee)

수출은 선하증권 발급료로 이해하지만, 수입은 선하증권을 발급하지 않는데 DOC는 어떤 항목으로 보면 될까? 선하증권을 발급하지는 않지만 시스템에 관련 내용을 입력하고 서류 업무를 처리하는 비용으로 보면 된다.

〈표 3-1〉 해상 수입화물 부대비용

지역	CONT	THC	C.F.S	WHARFAGE +PFS	DOCUMENT FEE	B.A.F	C.A.F	C.R.S	E.B.S	C. CLEANING CHG	DELIVERY ORDER CHG	TRUCKING CHG
일본	20′	₩130,000	×	₩4,506		$125	×	×	×	₩25,000	₩80/BL	(인천) 0~3RTON : ₩53,000 0~5RTON : ₩65,000 5~7RTON : ₩75,000 7~10RTON : ₩90,000 10~13RTON : ₩105,000 15RTON 이상 : ₩8,000/RTON
	40′	₩180,000		₩9,012		$250	×	×		₩40,000		
	20′FR	₩160,000		₩4,506		$125	×	×		₩25,000		
	40′FR	₩220,000		₩9,012		$250	×	×		₩40,000		
	LCL	₩8,000/RTON	₩6,000/RTON	₩350/RTON		$9/RTON	$2/RTON	×		₩2,500/RTON		
중국	20′	₩130,000	×	₩4,506		$190	$30	$40	×	₩25,000		
	40′	₩180,000		₩9,012		$380	$60	$80		₩40,000		
	20′FR	₩160,000		₩4,506		$190	$30	$40		₩25,000		
	40′FR	₩220,000		₩9,012		$380	$60	$80		₩40,000		
	LCL	₩7,500/RTON	₩6,500/RTON	₩350/RTON		$16/RTON	$2/RTON	$4/RTON		₩2,500/RTON		
동남아	20′	₩130,000	×	₩4,506	₩50,000/BL	×	×	$40	$150	₩25,000		
	40′	₩180,000		₩9,012		×	×	$80	$300	₩40,000		
	20′FR	₩160,000		₩4,506		×	×	$40	$150	₩25,000		
	40′FR	₩220,000		₩9,012		×	×	$80	$300	₩40,000		
	LCL	₩7,500/RTON	₩6,500/RTON	₩350/RTON		×	×	$4/RTON	$15/RTON	₩2,500/RTON		
유럽	20′	₩135,000	×	₩4,506		×	×		×	₩35,000		
	40′	₩180,000		₩9,012						₩50,000		
	20′FR	₩160,000		₩4,506		×	×		×	₩35,000		
	40′FR	₩220,000		₩9,012						₩50,000		
	LCL	₩6,300/RTON	₩5,500/RTON	₩350/RTON						₩2,500/RTON		
미국	20′	₩130,000	×	₩4,506						₩25,000		(부산) ₩10,500/RTON
	40′	₩180,000		₩9,012						₩40,000		
	20′FR	₩160,000		₩4,506		×	×		×	₩25,000		
	40′FR	₩220,000		₩9,012						₩40,000		
	LCL	₩6,000/RTON	₩6,165/RTON	₩350/RTON						₩2,500/RTON		

(2) DO

Delivery Order Charge로 CY나 CFS에 화물 인도를 지시하는 절차 비용이다.

(3) Container Cleaning Charge

수입된 컨테이너에서 물품 적출 뒤 내부를 확인하고 필요 시 간단히 청소하는 데 들어가는 비용이다.

(4) Surcharge

해상수입도 수출과 마찬가지로 USD로 지급하는 유가(Oil Price)나 컨테이너 부족 등에 연동해서 청구하는 추가요금(Surcharge)이 있다. 예를 들어 CRS는 Container Recovery Surcharge로 중국이나 동남아에서 수입하는 경우 발생하는 운임할증료로 선사 운임 손실을 줄이기 위해 청구하는 비용이다.

(5) LCL 창고료

종량세, 종가세, 작업료를 더하면 금액이 만만치 않다. 선임 인하에 과당경쟁을 하다보니 손실을 보전하기 위해 창고료를 정상 가격보다 한참 높게 받는 실정이다. FCL은 7~14일 정도 프리타임(Free Time) 이후 보관료 등이 발생하지만, LCL은 창고에 입고되는 당일부터 창고료가 발생한다. 어느 정도 물량(보통 10CBM)이 되면 창고료를 고려해서 FCL로 할지 LCL로 할지 고민해야 한다. LCL로 진행하는 경우 창고료 할인을 요청할 필요가 있다.

(6) Demurrage, Storage and Detention Charge

컨테이너 사용료는 Demurrage라고 하여 선사에서 청구하는 비용이고, CY Storage는 CY에서 컨테이너를 보관하는 비용으로 선사와 계약된 CY 운영 운송사에서 청구한다. CY가 선사 소유인 때는 CY Storage가 발생하지 않는 경우도 있다. 프리타임(보통 7~14일)은 선사에 따라 다르고 Demurrage와 CY Storage도 각각 확인이 필요하다.

수입 컨테이너를 Buyer가 찾아가지 않고 장기간 보관하는 경우 1년에 컨테이너 한 개의 사용료와 보관료가 수백만 원이 된다. Buyer가 지급 능력이 없다면 선사는 운송 계약자에게 비용을 청구하게 된다. 선사 입장에서 운송 계약자는 MBL이 Prepaid면 Shipper가 되고 Collect면 Consignee가 된다. Prepaid라고 하더라도 도착지에서 Consignee가 DO를 받았다면 Consignee가 운송계약 담당자로 책임을 져야 한다.

수입 컨테이너를 CY에서 가져간 다음 다시 돌려줘야 하는 프리타임을 보통 출고 후 3일 정도로 준다. 만약 프리타임을 경과하여 돌려줄 때는 Demurrage와 유사한 성격, 즉 컨테이너 사용료로 반환지연료(Detention Charge)를 청구받게 된다.

특수 컨테이너(오픈탑, 플랫랙)는 Demurrage, Storage, Detention Charge의 비용이 일반 컨테이너보다 높다. 선사 입장에서 컨테이너 회전율이 좋지 않을 경우, 특히 특수 컨테이너는 수량이 부족하기 때문에 프리타임이 일반 컨테이너 보다 짧고 사용료가 비싸다.

2) 항공 수입화물 부대비용

(1) DOC(Document Fee)

별도 AWB을 발급하지는 않지만 시스템에 관련 내용을 입력하는 비용으로 보면 된다.

(2) THC(Terminal Handling Charge)

항공기에서 항공사 창고까지 이동하는 비용이다. 항공사마다 다소 차이가 있지만 보통 'KRW2,900+(80원×G.WEIGHT)'이다.

(3) 창고료

창고 입고 뒤 24시간까지는 보관료가 발생하지 않는다. 이후 종가와 종량료를 계산해 창고료가 발생한다.

3) 해상 LCL 수입 창고료

(1) 창고료 계산식 및 요율

창고(Warehouse)에 입고되는 날부터 1일 보관료가 발생한다. 프리타임이 없다.

보관료 = 종가료 + 종량료 + 작업료 (KRW10,000/RT)

▶ 종가료 : (신고가격+관세) × 〈(보관일수 × 할증요율) + 기본요율〉 / 1,000
▶ 종량료 : 〈기본요율 + (할증요율 × 보관일수)〉 × R/T 중량

▶ 종가요율

	기본요율	할증요율
입고 당일부터	1.68	0.27

▶ 종량요율

	기본요율	할증요율
입고 당일부터	1,610원	240원

※ 해상은 최저 중량을 1톤/CBM으로 보고 R/T 적용

※ 상기는 예시를 위한 부산 지역 보세창고 요율이다. 인천에선 작업료가 부산보다 높은 경우가 많다.

(2) 해상 창고료 예시

예를 들어 1.2톤의 KRW10,000,000의 Invoice Value에 관세가 없는 물건이 창고 반입 뒤 3일 보관했을 때 보관료를 계산해보자.

종가료	KRW10,000,000 × ⟨(3 × 0.27) + 1.68⟩ / 1000	KRW24,900
종량료	⟨1610 +(240 × 3)⟩ × 1.2톤	KRW2,796
작업료	KRW10,000 × 1.2톤	KRW12,000
TOTAL		KRW39,696

※ 최저 창고료를 받는 창고도 있고 여러 종류의 할증을 추가 청구하는 창고도 있다.
　실제는 창고마다 다를 수 있다.

4) 항공 수입 창고료

(1) 창고료 계산식 및 요율

항공 수입창고료는 창고 반입 뒤 24시간까지는 프리타임이고, 이후 창고료가 발생한다. 24시간 이내 출고하는 경우 THC만 발생한다.

보관료 = 종가료 + 종량료 + 작업료(THC : KRW2,900 + (80원 × G.WEIGHT))

▶ 종가료 : (신고가격 + 관세) × ⟨(보관일수 × 할증요율) + 기본요율⟩ / 1,000
▶ 종량료 : ⟨기본요율 + (할증요율 × 보관일수)⟩ × 중량

▶ 종가요율

	기본요율	할증요율
1~9일	1.2	0.3
10일 이상	1.25	0.35

▶ 종량요율

	기본요율	할증요율
1~9일	35원	30월
10일 이상	40원	40원

※ 항공 부대비용 계산은 Chargable Weight가 아닌 Gross Weight로 계산

(2) 항공 창고료 예시

예를 들어 100kg의 KRW1,000,000의 Invoice Value에 관세가 없는 물건이 창고 반입 뒤 3일 보관했을 때 보관료를 계산해보자.(창고 반입 뒤 24시간은 프리타임)

종가료	KRW1,000,000 × ⟨(2 × 0.3) + 1.2⟩ / 1000	KRW1,800
종량료	⟨35 + (30 × 2)⟩ × 100kg	KRW9,500
작업료	KRW2,900 +(KRW80 × 100)	KRW10,900
TOTAL		KRW22,200

해상이든 항공이든 장기간 보관 뒤 통관 예정이라고 하면 저렴한 보세창고를 수배해 옮겨 놓는 것도 비용을 줄일 수 있는 방법이다. 이 경우 통관 전이기 때문에 보세운송을 해야 하고, 보세창고에 보관해야 한다.

4. 통관 시기와 세관 검사

- 입항 전 신고
- 보세구역 반입 전 신고
- 보세구역 장치 후 신고

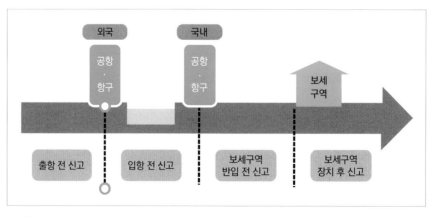

▶ 출항 전 신고는 참고만 하면 되고 실제로는 입항 전, 보세구역 반입 전, 보세구역 장치 후 신고를 할 수 있다.

1) 통관 시기

수입통관은 보세구역에 반입된 뒤 이뤄진다. FCL의 경우 CY, LCL의 경우 CFS·보세창고에 반입된다. 항공으로 입항하는 경우 항공 보세창고에 반입된 뒤 통관 신청을 할 수 있다. 다만 긴급한 경우 입항 전에 수입신고를 할 수 있다. 입항 전 수입신고를 하고 세관 검사가 없는 경우 CY나 보세창고에 반입되면 바로 출고할 수 있다. 입항 전 신고하는 경우 세관 검사가 없으면 통관 시간이 단축되고, 출고 가능 시간을 예상해 화물을 긴급 출고할 수 있다. 입항 전 수입통관이라 하더라도 검사로 지정되는 경우 보세창고에 반입된 뒤 검사가 완료돼야 수입통관이 완료된다. 즉, 보세창고 반입 뒤 통관과 동일하게 진행된다.(항공도 입항 전 신고가 가능하다)

LCL 화물은 입항 전 수입신고를 할 수 없다. 긴급한 LCL은 보세창고 반입 전 수입신고를 할 수 있다.

2) 수입신고필증상 통관 계획 구분

통관 시점은 수입신고필증의 통관 계획에 A, B, C, D, E, F, G, H, Z로 구분해서 입력한다.

① B 입항 전 신고 : FCL 화물일 경우 UNI-PASS에 조회되지 않는 시점에서 하선 신고 수리가 뜨기 전에 수입신고를 진행하는 경우

② C 보세구역 도착 전 신고 : LCL 화물일 경우, 보세운송 수리가 뜬 후 반입 전 수입신고

③ D 보세구역 장치 후 신고 : LCL 화물의 경우, CFS 창고 반입 후 수입신고

④ E 부두 내 보세구역 도착 전 신고 : FCL 화물일 경우, 하선 신고 수리 이후부터 수입신고 진행하는 경우, 입항 전 신고를 하지 못한 경우에 사용하며 F 진행보다 시간을 절약할 수 있음

⑤ F 부두 내 보세구역 도착 후 신고 : FCL 화물일 경우, CY 반입 후 수입신고

3) 수입신고 검사

수입신고의 경우 특별한 문제 없이 반복해서 수입하는 Buyer에 대해서는 검사가 많지 않으나, 처음 수입하거나 기존에 수입하던 물품과 다른 품목을 수입하거나 이전에 원산지 미표기 등이 적발된 적이 있을 때는 검사받을 확률이 높아진다.

세관 검사도 선택과 집중을 해서, 문제가 없는 쪽에는 검사 비율을 줄이고 문제가 발생할 소지가 많은 쪽에는 검사 비율을 높인다. 세관 검사는 무작위로 선택되는 것과, 세관 담당자가 지정하는 검사로 나눌 수 있다. 무작위 검사는 입력된 검사 비율에 따라 자동으로 검사를 지정한다. 보통 수입신고를 하면 검사 여부가 확인되며, 검사가 지정되지 않는 경우 세금을 납부하면 신고 수리가 된다.

검사 방법은 엑스레이 검사와 실물 검사로 나눌 수 있다. 실물 검사는 주로 원산지 표기를 본다. 검사가 지정되는 경우 세관 검사를 대비해 물품 용도설명서에 사진을 첨부해서 작성해 놓으면 도움이 된다.

예를 들어 중고가구는 수입신고를 할 때마다 세관 검사 대상이 되는 일이 많다. 원산지 확인뿐만 아니라, 중고가구에 그릇이나 전등 등 요건 확인이 필요한 제품이 수입되는 경우가 있어 집중 관리를 한다. 세관 검사원이 수입신고 물품 가운데 일부 물품을 지정해 보여달라고 하는데, 물품을 구분할 수 없으면 세관 검사를 할 수 없다.

가능하면 물품 포장 단위에 Shipping Mark(보통 숫자를 적어 구분)를 붙여서 서류상 물품과 현품을 구분할 수 있도록 해야 한다. 컨테이너에 서류상 제품이 어디에 적재됐는지 구분할 수 있으면 더 좋다. 예를 들어 번호 순서대로 안쪽부터 적재했다고 하면 물품을 찾기 좋다. 물품 목록에 제품 사진과 Shipping Mark를 같이 넣고 제품설명서를 작성해놓으면 순조롭게 검사를 진행할 수 있다.

세관 검사는 예외적인 일이다. 일반적으로 수입신고할 때 세관에서는 신고 내용이 맞다는 가정 아래 검사 없이 수입신고 수리를 해주고 사후에 심사하는 제도를 운영하고 있다. 반입 뒤 수입신고 기준으로 보면 수입신고 수리에 소요되는 시간은 세관 검사만 없다면 2~4시간 정도 든다. 보통 입항일 당일이나 다음 날까지는 통관 후 출고가 가능하다.

세관 검사를 했더라도 사후에 심사가 있을 수 있다. 세관 검사에서 확인할 수 있는 내용(원산지·수량·HS코드·요건 등에서 필요한 내용 일부)이 제한되다보니, 세관 검사를 한 뒤 별도로 심사할 수 있다.

TIP 세관검사장 검사 비용 지원

2020년 7월 1일부터 중소기업에 대해서는 컨테이너 화물을 세관검사장에서 검사할 때 문제가 발견되지 않으면 검사 비용을 세관에서 지원하도록 개정됐다. 다만 검사에서 문제가 발견되면 Buyer가 검사 비용을 부담해야 한다. 세관검사장 검사 비용에는 검사장까지 왕복 운송료, 컨테이너 적출입료 등이 있다.
※ 세관검사장은 통관하려는 물품을 검사하기 위한 장소로서 세관장이 지정하는 지역을 말한다.

5. 수입신고필증

납세의무자	-	HS코드	-	세관장 확인 요건	-	과세가격

수입신고 수리 전에는 외국 물품으로 수입통관이 완료돼야 비로소 내국 물품으로 사용할 수 있다. 수입신고필증의 주요 내용을 살펴보자.

1) 수입자와 납세의무자

Consignee와 납세의무자는 일반적으로 동일한 회사인 경우가 많다. 다르다면 실제 물품의 소유권자를 납세의무자라고 보아야 한다. 적하목록상 Consignee(BL의 Consignee와 동일)를 통상 수입자로 보고 수입자를 납세의무자라고 세관에서 판단한다. 만약 Consignee가 납세의무자와 다를 때는 사유를 설명하는 합당한 서류를 제출해야 한다. 예를 들어 수입자가 납세의무자의 수입대행자라면 수입자와 납세의무자가 다를 수 있다.

BL의 Consignee에서 다른 회사로 소유권이 변경되는 경우 적하목록 전송 뒤에는 양도·양수 계약서를 세관에 제출해야 수입자·납세의무자를 변경할 수 있으나, 물품이 해외에서 이동 중일 때(적하목록 전송 전)는 포워더에게 요청해 변경하면 세관에 변경 신고 없이 처리할 수 있다. 즉, 포워더에게 변경된 회사를 Consignee로 해서 적하목록을 전송하면 된다.

2) 해외 거래처

해외 거래처는 Shipper보다는 Seller 개념으로 봐야 한다. 유상 수입이고 수입신고필증에 A가 해외 거래처이고 결제금액이 USD100인 경우 납세의무자는 해외 거래처 A인 Seller에게 USD100을 송금해야만 물품과 대금의 흐름이 일치한다.

3) 징수 형태

징수 형태는 보통 '11'이다. 즉, 관세와 부가가치세를 내야 수입통관이 수리된다. 수리가 되어야 수입통관이 완료돼 화물을 찾아갈 수 있다.

납세의무자가 세관의 승인을 받는 경우 사후에 관세와 부가가치세를 납부할 수 있도록 하

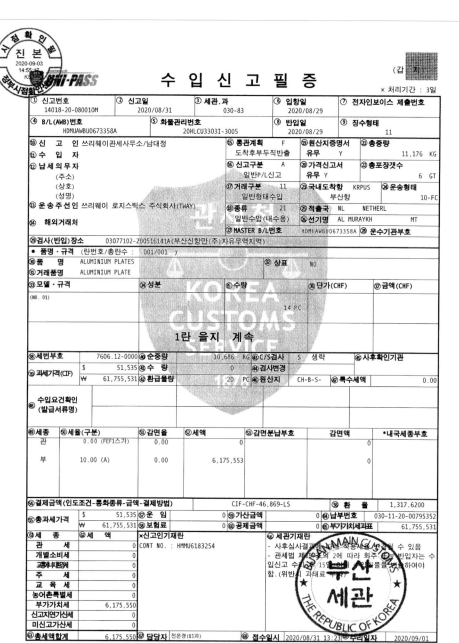

는 제도도 있다. 수입신고 수리일로부터 15일 이내에 납부하거나 납부 기일이 동일한 달의 것을 그달 말일에 같이 납부하는 제도도 있다. 세관에 신청해서 사후 납부 업체로 승인받으면 신용으로 사후 납부 제도를 이용할 수 있다.

4) 거래 구분

거래 구분 '11'은 일반 유상 수입, 즉 대금을 지급하고 물품을 사서 수입했다는 것이다. 무상 수입되는 경우 거래 구분을 정확히 해주어야 한다. 거래 구분으로 무상 수입하는 사유를 보여주게 된다. 예를 들어 87은 외국에서 무상 반입하는 상품이 견품과 광고 용품이다. 무상 수입일 때는 수입신고필증이 매입 서류로 쓰이지도 않고, 무상이라서 Seller에게 대금을 지급할 필요도 없다.

〈표 3-2〉 수입신고필증상 거래 구분

수입	
11	일반 수입
15	전자상거래에 의한 수입
83	외국에서 검사, 수리 목적으로 반출했던 물품의 수입(선, 기 제외)
84	외국 물품을 국내에서 수리, 검사 뒤 다시 반출하기 위해 수입(선, 기 제외)
87	무상으로 반입하는 상품의 견품 및 광고 용품
88	우리나라에서 수출했던 물품을 수리 후 재반출하기 위해 수입하는 경우
89	우리나라에서 수출했던 물품을 클레임 등의 사유로 반입하는 경우
90	수출물품의 성능 보장 기간 내 수리와 검사를 위해 반출했던 물품의 수입, 해외에 검사 의뢰한 물품과 검사 장비 수입 등
93	수입물품이 계약 조건과 상이하거나, 하자 보증 이행 또는 용도변경 등의 부득이한 사유로 대체하기 위해 반입하는 물품 또는 수입된 물품의 누락이나 부족품을 보충하기 위해 반입하는 물품

HS코드에 따른 과세, 요건, 감면 등의 내용은 항목별로 알아보자.

6. 수입관세 계산

> • 과세가격 × 관세율 = 관세
> • (과세가격 + 관세) × 부가가치세율 = 부가가치세

1) 신고납부 방식과 부과고지 방식

수입할 때 기본적으로 내야 하는 세금은 관세와 부가가치세이다. 관세는 수입신고할 때 물품의 성질과 수량에 따라 가격 또는 수량에 대해 부과하고, 부가가치세는 가격에 대해 부과한다.

수입자가 스스로 관세와 부가가치세를 계산하는 신고납부 방식과 세관에서 부과하는 부과고지 방식으로 구분된다. 원칙적으로 신고납부 방식을 하고, 신고가 없거나 신고는 했지만 그 내용에 오류·탈루가 있을 때 세관에서 부가고지를 할 수도 있다.

2) 과세가격

기본 관세는 보통 CIF Invoice Value의 8%이고 부가가치세(CIF Invoice Value + 관세)의 10%이다. 수입관세는 과세가격에 관세율을 곱해 계산한다.

과세가격은 이름은 가격이라고 되어 있지만 수입물품의 가치를 말한다. CIF 거래가격을 기준으로 한다. 즉, FOB로 계약된 화물은 적하보험료와 선임을 합해 CIF 가격으로 환산해 과세가격으로 한다. 적하보험을 들지 않은 경우 수입항까지 선임만 가산한다.

수입항까지 선임이라고 함은, 해당 수입물품이 수입항에 도착해 본선 하역 준비가 완료될 때까지를 규정한다. 컨테이너로 운송할 때는 하역항까지의 해상 운송료를 과세가격에 포함하면 된다. 벌크의 경우 BT/BT 조건의 가격이 아닌 FI/FO Ocean Freight까지라고 볼 수 있다. BT/BT Ocean Freight의 경우 하역 준비가 완료될 때까지의 비용을 명확히 구분하기 어렵다면 BT/BT Ocean Freight까지 과세가격에 포함해야 한다.

일반적으로 과세가격은 CIF 거래가격을 사용한다. 거래가격은 높은 가격으로 팔고 싶은 Seller와 낮은 가격으로 사고 싶은 Buyer 사이에 합의된 가격이라고 정의할 수 있겠다.

Seller와 Buyer의 특수관계로 인해 상식적인 거래가격이 형성되지 않거나 가격이 왜곡될 때는 상식적인 거래가격, 즉 가치로 환산해서 과세가격으로 만들어야 한다. 거래가격을 과세가격으로 사용할 수 없을 때는 동종·유사 물품의 비교 가격을 쓰거나, 판매가에서 업계 통상 영업이익 등을

제하거나 제조원가에서 업계 통상 영업이익 등을 가산해서 과세가격을 산출하는 방법도 있다.

3) 관세율

일반 물품은 기본세율, 세계무역기구(WTO) 세율, 협정세율을 비교해서 낮은 세율을 사용하면 된다. 관세율은 관세청 홈페이지에서 HS코드로 확인할 수 있다.

참고로 HS 3923.50에 대한 관세율을 알아보자. 기본관세나 WTO 협정관세나 FTA 협정관세 중 수입자에게 유리한 관세를 적용하면 된다. 다만 FTA 협정관세를 적용하려면 원산지 증빙(원산지증명서나 원산지신고서)이 있어야 한다. FTA 원산지 증빙이 없다면 WTO 협정관세와 기본관세 중 낮은 것을 택하면 된다.

〈표 3-3〉 관세율 예

품목번호	3923.50-0000
품명	뚜껑·마개·캡과 이와 유사한 물품
Discription	Stoppers, lids, caps and other closures
원산지	원산지표시대상(Y)
관세	기본관세(A) : 8% WTO협정관세(C) : 6.5%
FTA	칠레(FCL1) : 0% 싱가포르(FSG1) : 0% EFTA(FEF1) : 0% 아세안(FAS1) : 0% 인도(FIN1) : 0% EU(FEU1) : 0% 영국(FGB1) : 0% 페루(FPE1) : 0% 미국(FUS1) : 0% 터키(FTR1) : 0% 호주(FAU1) : 0% 캐나다(FCA1) : 0% 콜롬비아(FCO1) : 0% 중국(FCN1) : 0% 베트남(FVN1) : 0% 뉴질랜드(FNZ1) : 0% 코스타리카(FCECR1) : 2.1% 엘살바도르(FCESV1) : 4.3% 온두라스(FCEHN1) : 2.1% 니카라과(FCENI1) : 2.1% 파나마(FCEPA1) : 4.3%

FTA 원산지증명서가 없다면 WTO 협정관세 6.5%를 적용할 수 있다. WTO 협정관세를 적용하기 위해서는 WTO 회원국에서 수입하면 된다.

4) 부가가치세

한국은 부가가치세(VAT)가 10%이지만 중국은 증치세라고 해서 16%(품목에 따라 다소 다르다), 일본은 소비세라고 해서 10%(2019년 10월 1일 부로 8%에서 인상됐다), 유럽은 VAT가 보통 19~21% 수준이다.(더 높은 수준의 VAT를 징수하는 나라도 있다) 인도는 GST라고 해서 18%(품목에 따라 다르다)를 징수하고, 미국은 수입할 때 내는 부가가치세는 없다.

한국은 과세가격을 CIF 가격으로 하고 대부분 나라도 CIF 가격을 과세가격으로 하지만 일부 나라(미국)에선 FOB 가격을 쓰기도 한다.

5) Surcharge 논란 정리

항공 추가요금인 유류할증료(Fuel Surcharge)와 보안할증료(Security Surcharge)는 항공료를 내는 사람이 부담해 논란이 없지만, 해상 추가요금인 BAF·CAF 등은 누가 내야 하는지, 과세가격에 포함해야 하는지에 대한 논란이 있다. 정리를 해보자.

〈표 3-4〉 Surcharge 정리

Seller가 부담해야 하는가?	선임을 지급하는 사람이 부담해야 하는 비용으로 보이나, 실무에서는 지역별로 차이가 있고 협의해 누가 낼지 결정하기도 한다.
수출자가 부담할 때 영세율 대상인가? (포워더 세금계산서)	선임과 동일한 성격으로 보아 영세율을 적용한다.
CIF 수출 금액을 FOB 수출 금액으로 환산할 때 공제해야 하는가? (수출신고필증)	USD로 청구되고 영세율을 적용하는 경우 공제해야 한다.
FOB 거래가격을 CIF 과세가격으로 환산할 때 가산해야 하는가? (수입신고필증)	USD로 청구되고 영세율을 적용하는 경우 가산해야 한다.

※ 새로운 Surcharge가 계속 나오기 때문에 단정해서 규정할 수는 없지만 현재 USD로 청구되는 Surcharge 내용을 참고하기 바란다.

7. HS코드

무역으로 거래되는 물품에 번호를 부여해서 구분하도록 고안한 것이 HS코드(Code)이다. 세계가 통일된 HS코드 6자리(소호)를 사용하고 있으며, 한국은 4자리를 더 붙여 10자리를 사용하고 어떤 나라는 2자리, 어떤 나라는 3자리를 더 붙여 자국만의 HS코드를 사용한다. 한국의 10자리 HS코드를 HSK라고 한다.

무역·물류·관세 분야에서 HS코드를 확인하는 것이 가장 기본적이고 중요한 일이다. 관세사의 전문성 있는 업무 중 하나이다.

1) HS코드로 확인할 수 있는 일

HS코드로 확인할 수 있는 다음의 여러 일을 보면 HS코드의 정확한 분류가 얼마나 중요한지 알 수 있다.

> ① 관세율 : HS코드 10자리로 확인
>
> ② 요건/세관장 확인 대상 : HS코드 10자리로 확인
>
> ③ 정액환급액 : HS코드 10자리로 확인
>
> ④ 원산지 표시 대상 여부 : HS코드 10자리로 확인
>
> ⑤ 물품 원산지 판정 : HS코드 6단위
>
> ⑥ FTA 원산지 결정 기준 : HS코드 6단위
>
> ⑥ 세번 변경 기준 : HS코드 2자리, 4자리 혹은 6자리
>
> ⑦ 관세 감면 : HS코드 10자리
>
> ⑨ 해외 임가공 감세 대상 : 85류, 9006 그리고 HS 10단위가 변경되지 않을 것
>
> ⑩ 보험요율 : HS코드 10자리

2) HS코드 분류

HS코드는 원재료부터 가공품 순으로 01류에서 97류까지 분류한다.(〈표 3-5〉 참고)

〈표 3-5〉 HS코드

	1	2	3	4	5	6	7	8	9
	산동물	육	어패류	낙농품	동물성생산품	산수목·꽃	채소	과실·견과류	커피·향신료
10	11	12	13	14	15	16	17	18	19
곡물	밀가루·곡분	종자·인삼	식물성 엑스	식물성생산품	동식물성유지	육·어류 제품	당류설탕과자	코코아	곡물곡분제품
20	21	22	23	24	25	26	27	28	29
채소과실제품	조제식료품	음료주류	사료	연초	토석류·소금	광·슬랙·회	광물성연료	무기화학품	유기화학품
30	31	32	33	34	35	36	37	38	39
의료용품	비료	염료·페인트	향료·화장품	비누·왁스	단백질·전분	화약류·성냥	필름·인화지	화학공업제품	플라스틱
40	41	42	43	44	45	46	47	48	49
고무	가죽	가죽제품	모피제품	목재	코르크	조물제품	펄프	지·판지	서적·신문
50	51	52	53	54	55	56	57	58	59
견	양모·수모	면	식물성섬유	인조필라멘트	인조스테이플	워딩·부직포	양탄자	특수직물	도포직물
60	61	62	63	64	65	66	67	68	69
편물	편물제의류	비편물제의류	기타섬유제품	신발	모자	우산·지팡이	우모·인모제품	석·시멘트	도자제품
70	71	72	73	74	75	76	77	78	79
유리	귀석·귀금속	철강	철강제품	동	니켈	알루미늄	(유보)	납	아연
80	81	82	83	84	85	86	87	88	89
주석	기타금속	금속공구	금속제품	기계류	전기제품	철도차량	일반차량	항공기	선박
90	91	92	93	94	95	96	97		
광·정밀기기	시계	악기	무기	가구	완구운동용구	잡품	예술·골동품		

▶ 77류는 사용하고 있지 않다.

HS코드는 통일상품명 및 부호체계에 관한 국제협약(International Convention On The Harmonized Commodity Description And Coding Systeme), 즉 HS협약에 의해 분류한다. HS코드는 무역 거래량의 증가와 감소, 신상품 또는 신기술과 관련한 무역환경 변화를 반영해 통상 5년을 주기로 개정된다.

현재 2017년 개정 내용이 사용되며, 2022년 7차 개정(안)이 각국의 수용 절차에 따라 사용될 예정이다.

품목 분류 간소화를 위해 국제 거래량이 줄어든 물품의 호와 소호를 삭제하는데 연간 국제 거래량이 일정 수준에 미치지 못하는 경우 중요도가 높지 않다고 판단되면 삭제된다.

유통되는 제품은 약 40만 종류이고 부분품까지 더하면 약 100만 종류이다. 이것을 HS코드 호 약 1,200여 개, 소호 약 5,300여 개, 그리고 10자리 12,000여 개를 가지고 분류하는 것은 쉬운 일이 아니다. 부분품은 더욱 어려울 수밖에 없다. 기본적으로 더 이상 분해되지 않은 상태의 부분품이 있고 일부 조립된 부분품(모듈)도 있어 경우의 수를 더하면 100만 종류 이상 될 것이다.

[그림 3-3] HS코드 분류

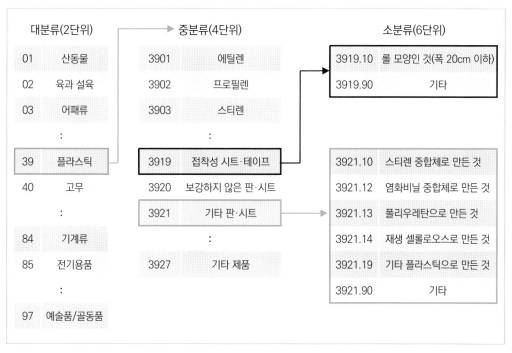

▶ HS코드는 2단위(류), 4단위(호) 그리고 6단위(소호)로 분류된다.

  HS코드에서는 미완성품도 완성품의 본질적인 특성이 있는 경우 완성품으로 분류하도록 하고 있다. ROBOT가 A 머리, B·C 팔, D 몸통, E·F 다리로 구성됐다고 하면 HS코드에서 말하는 미완성품이지만 완성품의 본질적인 특성이 있는 경우 완성품으로 분류하려면 최소한의 조합은 어떻게 해야 할까? 머리가 가장 중요하다면 머리만 들어오면 ROBOT 완제품으로 HS코드를 분류하고, 팔·몸통·다리만 수입된다면 부분품 세번으로 하나로 분류하면 될까 아니면 각각 분류해야 할까? ROBOT 완제품을 분해해서 두 번에 나눠 수입된다고 하면 한번은 완제품으로 반드시 분류해야 할까? 즉답하기 쉽지 않다.

3) HS 분류는 제시된 물품만 가지고 판단

품목 분류는 수입신고 때 제시된 물품만을 가지고 판단한다. 예를 들어 Shipper는 하나의 완성품 타워크레인을 사정상 하부 철강 구조물(Mast)과 Mast를 제외한 부분을 각각 선적했다고 가정해보자. 5월 1일 타워크레인 기둥의 Mast를 제외하고 HS코드 8426 완제품으로 관세 0% 신고수리를 하고 5월 2일 Mast가 수입됐을 때, 세관에 5월 1일 수입된 물품에 전용으로 쓰이는 물품이라고 주장해도 타워크레인이나 타워크레인 부분품으로 신고할 수 없다. 5월 2일 수입신고 시 제시된 물품만으로 판단해서 철강 구조물 HS 7308로 신고해야 한다. (Mast의 품목 분류는 현재 소송 중이다)

수입신고 수리 전 반출을 이용해서 다른 날 수입하는 물품을 최종 물품이 수입됐을 때 기준으로 결합한 상태를 가지고 HS코드를 분류해서 신고하는 방법도 있으나 조건이 까다롭다. 다음 조건을 충족한다면 5월 1일 수입신고 수리 전 반출 신고를 하고 5월 2일 수입신고 시 2건을 합쳐서 하나의 완제품으로 신고할 수 있다.

(1) 수리 전 반출 대상

다음 각 호의 조건을 모두 충족해야 한다.

① 완성품 세번으로 분류될 수 있는 물품[HS 관세율표해설서 통칙 2(가)]

② 포장, 운송 등의 편의를 위해 분할해서 수입되는 물품

③ 수입통관 후 단순조립(연결, 리벳, 용접 등) 이상의 추가 가공이 필요 없는 물품

④ 단일 계약에 의해 1개국에서 동일 수출자로부터 수입되는 물품

(단일 계약에 의하더라도 2개 이상 국가 또는 회사에서 각각 수입되는 경우 제외)

(2) 수리 전 반출 승인 신청 시 요건 확인

① 수출국에서 선적 전에 완성품의 특성을 갖추고 있는지 확인할 수 있는 자료

(수출국 성능시험성적서, 제조증명서 등)

② 수입통관 후 추가 가공이 필요하지 않음을 증빙할 수 있는 서류 징구

(제품명세서, 카탈로그, 설치시공서 등)

③ 포장, 운송상 편의를 위해 분할 선적됨을 증빙할 수 있는 서류

4) 품목 분류 규칙(통칙)

품목 분류는 명확한 규칙이 있기 때문에 하나의 물품이 절대 2개로 분류될 수 없다. 완성품의 경우 우선 통칙 1원칙과 2원칙 가에 의해 분류된다. 미완성품이더라도 완성품의 특성이 있으면 호나 해설에 의해 표현된 완성품 HS코드로 분류하면 된다.

하지만 혼합돼 있거나 복합 기능이 있을 때는 2원칙 나와 3원칙 가·나·다에 의해 분류할 수 있다. 즉, 호나 해설에 어떤 완성품이라고 표현돼 있더라도 부수적으로 다른 물품이 섞이거나 부착될 수도 있다. 어떤 것이 본질적이고 부수적인지 판단하기 어렵다면 구체적으로 표현되어 있거나 본질적인 특징이 있는 것으로 분류하고 이런 방법으로도 분류되지 않으면 HS코드 최종호에 분류하면 된다. 최종호 분류 규정 때문에 절대 2개의 HS코드가 분류될 수 없다.

품목 분류는 어렵다. 특히 부분품은 더 어렵다. 책에서 설명하는 것은 품목 분류의 중요성과 어려움을 이해하는 것으로 족하다. 다행히도 업무에서 자주 접하는 HS코드 4단위는 100개를 넘지 않기 때문에 전체 구성을 간략히 살펴보고 자주 쓰는 HS코드는 좀 더 자세히 알아보려 한다.

HS코드를 분류하는 원칙인 통칙과 부분품 분류는 다음에서 설명하고, 업무상 많이 접하는 HS코드는 4장에서 다루겠다.

통칙은 품목 분류 전체를 규정하는 기본 원칙으로 보면 된다. 통칙은 1원칙부터 순차적으로 적용하는데 사례를 들어 설명해보겠다.

(1) 1원칙

주나 호의 용어 및 해설에 제품이 명확히 표현돼 있으면 우선 분류를 한다.

▶ **물품** : 서커스 호랑이
▶ **분류** : 01류 주에는 산 동물 중 제9508호의 동물은 제외하도록 되어 있고 제9508호의 용어에 서커스용 물품을 분류하도록 되어 있어 류 주와 호의 용어에 따라 HS 9508에 분류한다.

(2) 2원칙 가

1원칙으로 분류되지 않는 사유가 미완성품이거나 분해 상태의 물품인 경우 완성품의 본질
적인 특징이 있으면 완성품 세번으로 간다.

▸ **물품** : 자전거 바퀴를 갖추지 아니한 미조립
자전거
▸ **분류** : 본 물품은 자전거의 본질적인 특성을
부여하는 차체부, 조타 장치, 페달/체인,
구동 장치, 제동 및 변속 장치 등 주요 특성
을 갖춘 미조립 자전거로 통칙 2원칙 가의
규정에 의거해 HS 8712.00 자전거 완성품
세번으로 분류한다.

(3) 2원칙 나

1원칙으로 분류되지 않는 사유가 혼합·복합 물품 때문인 경우, 즉 호나 해설에 명기된 물
품에 다른 물품이 일부 혼합되거나 복합된 물품일 수 있다.

사례) 바나나맛 우유(우유 98%, 바나나농축액 1% + 기타) : HS 0401
가죽벨트(가죽벨트와 스틸버클) : HS 4203

우유에 바나나 농축액이 일부 포함돼 있더라도 우유로 보고, 가죽벨트에 스틸버클이 일부
포함돼 있더라도 가죽벨트로 분류한다.

(4) 3원칙 가

2원칙 나로 분류하기 어려운 물품인 경우, 즉 둘 이상의 호로 분류되는 경우 호 중에 가장 상세하게 표현하는 호로 분류한다. 다만 둘 이상의 호가 혼합물이나 복합물에 포함된 재료나 물질의 일부에 대해서만 각각 규정할 때는 그중 하나의 호가 다른 호보다 그 물품에 대해 더 완전하거나 상세하게 표현하고 있다 할지라도 각각의 호를 그 물품에 대해 동일하게 구체적으로 표현된 호로 본다.

▸ **물품** : 철제 식탁용 포크
▸ **분류** : HS 7323 식탁용 제품과 HS 8215 포크로 분류가 가능하며 포크가 좀 더 구체적으로 표현된 호로 3원칙 가를 적용해 HS 8215로 분류한다.

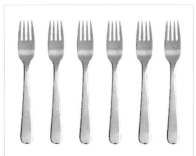

▸ 철제 식탁용 포크

동일하게 협의로 표현된 것은 "상세하게 표현하는" 의 기준으로는 구분할 수 없다. 컨베이어용 벨트의 경우 HS 3926 플라스틱제 기타 제품, HS 4010 고무제의 컨베이어용 벨트 그리고 HS 5910 방직용 섬유제의 전동용의 벨트로 분류할 수 있다. 그러나 각각 다른 물품을 표현하는 것으로, 다른 물품을 표현하는 것을 비교하여 상세하게 표현하는 호로 분류할 수 없다. 같은 물품을 표현하는 것 중 상세하게 표현하는 것을 구분

▸ 컨베이어용 벨트

하는 거지, 다른 물품을 표현하는 것을 비교하라는 게 아니다.

동일하게 협의로 표현된 경우에는 3원칙 나의 본질적인 특징으로 구분하거나 플라스틱·고무·섬유가 동일한 본질적인 특징인 경우에는 3원칙 다를 적용해 최종호인 HS 5910으로 분류해야 한다.

(5) 3원칙 나

3원칙 가로 분류하기 어려운 경우 구성 요소 중 본질적인 특징의 물품으로 분류한다. 본질적인 특징을 판단하는 것은 수량·부피·가격 등 객관적 요소와 기능·역할·용도 등 주관적 요소를 가지고 판단해야 한다. 제조사의 의도, 즉 광고할 때 어떤 것을 강조하는지도 중요하다.

▸ **물품** : 나무 의자에 플라스틱 변기를 넣어 만든 변기 의자
▸ **분류** : 일반 가정에서 사용하는 의자 형태이나 거동이 불편한 사람이 신속히 용변을 볼 수 있도록 변좌와 오물받이가 설치되고 품명이 이동변기인 점을 보아 본질적인 특징은 변기에 있다.
본 물품은 플라스틱으로 만든 위생용품에 해당하므로, 통칙 3원칙 나에 따라 HS 3924.90으로 분류한다.

(6) 3원칙 다

3원칙 나로 분류하기 어려운 경우 경합 HS코드 중 최종 세번으로 간다.

▸ **물품** : 크래들에 끼우거나 분리하여 탁상용 또는 휴대용으로 사용 가능하며 풍속을 조절할 수 있는 플라스틱제의 선풍기
▸ **분류** : 관세율표 제8414호에는 팬이 분류되고, 테이블용 팬은 HS 8414.51로, 휴대용 팬은 HS 8414.59로 분류된다. 두 분류 중 어느 하나에 주요 특성이 있다고 볼 수 없으므로 통칙 3원칙 다의 규정에 의거해 최종 세번인 HS 8414.59로 분류한다.

5) 부분품 분류

하나의 기능이 있는 완제품은 분류하기 쉽다. 두 개 이상 기능이 있더라도 본질적인 기능으로 구분하면 되기에 그리 어려운 일이 아니다.

HS코드 분류에서 가장 어려운 것은 기계·전자제품 부분품을 분류하는 일이다. 제시된 사진이나 이름만 가지고 제품 분류를 하기란 쉽지 않다. 특히 부분품의 경우 완제품에서 어떤 기능을 하는지 구체적으로 알아야 품목 분류가 가능하다. 단순 부분품이 아니라 여러 부분품이 결합된 형태(모듈)라면 더욱 어렵다.

부분품을 분류하려면 미완성 완제품이 아닌지 먼저 확인해야 하고, 완제품으로 품목 분류를 할 수 없는 경우 다음 방법을 따라 분류할 수 있다.

첫째, 제시된 부분품에 일반적으로 불리는 이름이 있는가?(범용성 부분품) 엔진, 펌프, 호이스트, 금형, 베어링, 밸브, 모터, 볼트, 기어, 전선, 변압기, 스피커, 전지, 스프링, 연결구, 체인 등 별도로 불리는 이름이 있다면 개별 HS코드(범용성 부분품)가 부여될 가능성이 크다. 범용성 부분품은 완제품의 부분품이나 재질로 분류하지 않고 주로 HS 73, 82, 83, 84, 85, 및 90류의 제품으로 분류한다.

별도로 불리는 이름이 없다면 재질과 기능을 생각해보고 완성품 용도에 기여하는 기능이 있다면 완성품의 부분품으로(대부분 완성품에는 별도의 부분품 HS코드를 가지고 있다) 분류하고, 기여하는 바가 없다면 재질로 분류하면 된다.

상기는 복잡한 부분품 분류를 쉽게 설명하기 위한 방법으로 실제 분류할 때는 더 많은 고민을 해야 한다. 보통은 수입업체가 생각하기에 수입물품은 완성품의 전용 부분품으로 생산된 제품이어서 완성품의 부분품이라고 말할 수 있지만, 품목 분류는 이와는 분류 방법이 다르다.

범용성 부분품이든 완제품의 부분품이든 재질로 분류하든 어떻게 분류해도 관세율이 같고 별다른 요건이 없다면 자체 검토해서 품목을 분류할 수 있겠지만, 관세율이 달라지거나 요건이 달라지면 관세사에게 의뢰하거나 세관에 질의하여 품목 분류 회신을 받는 것이 좋다.

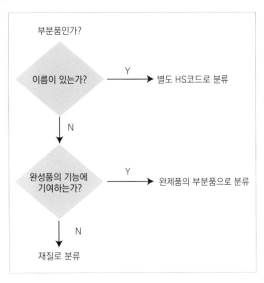

6) 부분품 분류 사례

수입업체 A는 타워크레인 HS 8426.20을 수입하는 무역업체이다. 타워크레인은 수입관세가 WTO 협정관세를 적용하면 0%이다.

완제품을 수입하는 경우 관세 문제가 없으나 부분품을 수입할 때는 별도 HS코드로 분류해야 하는지(부분품을 부르는 이름이 있는지, 즉 범용성 부분품), 아니면 타워크레인의 부분품 HS 8431로 분류해야 하는지, 재질인 철강 제품(HS 73류)으로 분류해야 하는지 고려해야 한다.

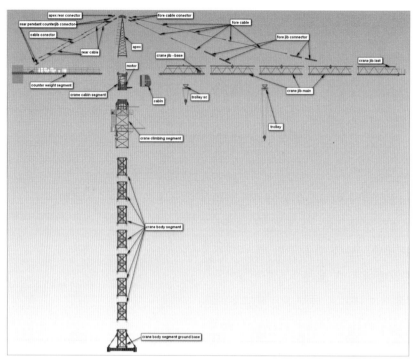

▶ 타워크레인의 하단 기둥을 Mast라고 한다.

타워크레인 기둥의 철강 제품인 경우(Mast) 과거 수입업체에서 HS 8431(타워크레인 부분품)로 0% 수입신고했으나 세관에서 HS 7308(철강 제품)로 분류하고 관세 8%를 추징한 사례가 있다. 현재 민사소송 중이다. Mast가 완제품 크레인의 기능에 기여하는지가 소송에서 다투는 핵심 쟁점인데 판단하기 쉽지 않다.

범용성 부분품이나 재질로 분류하는 경우 보통 기본세율이 8%이고 타워크레인 부분품 HS 8431로 수입할 때는 0%를 적용받을 수 있다.

물론 FTA 체결 국가인 경우에는 수출자에게 원산지증명서를 요청해서 협정세율을 적용받을 수 있으나, 완제품 생산업체에서 부분품에 대한 FTA CO 발급이 쉽지 않다. 왜냐하면 수출자도 보통은 부분품을 구매해서 보내주기 때문이다.

(1) 부분품 호이스트 수입

제시된 제품은 타워크레인에 설치해 물품을 올리거나 내릴 때 사용하는 호이스트로, 감속기에 문제가 있어 일정 속도 이상으로 케이블이 풀리면 유압펌프에서 유압을 보내 유압브레

[그림 3-4] 호이스트

▶ 호이스트(Hoist)는 모터, 감속기, 와이어나 케이블을 감는 드럼 등이 일체로 되어 있는 감아올리는 기계를 말한다. 사진의 제품은 타워크레인에 설치해 사용하는 호이스트로 모터, 감속기, 철케이블, 철케이블을 감는 드럼, 보조 유압브레이크와 브레이크에 유압을 공급하는 유압펌프로 구성됐다. 감속기는 기어(Gear Box) 형태이다. 유압펌프와 유압브레이크는 유압호수로 연결됐고, 유압펌프를 제외한 나머지 부품은 사진과 같이 프레임에 하나로 결합됐다.

이크가 드럼을 잡아서 멈추도록 구조가 되어 있다. 각각 별도로 수입한다면 HS코드는 다음과 같이 구분할 수 있다.

〈표 3-6〉 호이스트 구성품

ITEM	HS CODE	REMARK		ITEM	HS CODE	REMARK	
STEEL CABLE	7312	8%		MOTOR	8501	8%	
STEEL DRUM	7326	8%		PUMP	8413	8%	
GEAR BOX (REDUCER)	8483	8%		BRAKE	8431	0%	

▶ HS 7312, 8483, 8501, 8413은 범용성 부분품이고 HS 8431은 완제품의 부분품, 그리고 HS 7326은 재질로 분류했다.
▶ 브레이크(Brake)는 보통 완제품의 부분품 세번으로 분류한다. 패드가 브레이크와 결합해 같이 수입되는 경우 완제품의 부분품으로 분류할 수 있지만, 패드만 별도로 수입하는 경우 재질로 분류해야 한다.

[그림 3-4]와 같이 결합된 완제품이 수입된다면 호이스트로 HS 8425(8%)로 분류할 수 있다. 펌프는 호이스트와 유압호수로 연결됐고 하나의 프레임에 결합돼 있지 않더라도 호이스트의 기능에 같이 사용되는 물품으로 보아 HS 8425로 같이 분류할 수 있다.

중국에서 수입한다고 하면 HS 8425는 원산지 결정 기준이 호변경(CTH)으로 원재료 HS 코드와 완제품 HS코드 4자리가 변경됐기 때문에 중국산으로 원산지증명서를 발급할 수 있고, 한국으로 수입할 때 관세는 협정세율을 적용하면 0%가 된다. 한-중 FTA 원산지증명서가 제공되지 않는다면 8%로 수입신고를 해야 한다.

(2) 조립되지 않은 기계 분류

만약 부분품들이 프레임에 결합돼 있지 않고 브레이크와 펌프도 유압호수로 연결돼 있지 않아도 완성품 호이스트 HS코드 8425로 분류할 수 있을까?

프레임과 유압호수가 없이 부분품만 제시될 때는 통칙 2가를 주에 구체적으로 표현한 16 부 주의 조립되지 않은 기계의 정의에 해당되면 HS코드 8425의 완성품으로 분류할 수도 있고, 각각의 물품으로 수입신고를 해야 할 수도 있다. 완성품으로 수입신고를 하려면 수입되는 부분품이 미조립 상태나 미완성품이라고 주장할 근거가 필요하다.

> **🔧 16부 주 (V) 조립되지 않은 기계(Unassembled Machines) (통칙 제2호 가목 참조)**
>
> 수송의 편의상 많은 기계는 조립되지 않은 상태로 운송된다. 이 물품들은 실제로 부분품의 집합이지만 부분품으로서 별개 호에 분류하지 않고 조립된 하나의 기계로 분류한다. 이와 동일한 분류 방식이 완전한 기계의 특성을 갖는 불완전한 기계가 조립되지 않은 상태로 제시된 경우에도 적용된다. 그러나 완전한 기계용이나 완전한 기계의 특성을 갖는 불완전한 기계용에 필요한 수량을 초과한 조립되지 않은 구성 부품은 각 해당 호에 분류한다.

(3) 통칙 3 나의 본질적인 특성 & 기능단위기계

수입할 때 다음과 같이 제시됐다고 가정해보자.

ITEM	HS CODE	수입 수량(개)
GEAR BOX (REDUCER) WITH MOTOR	8483	1
PUMP	8413	2
BRAKE	8431	1

기어박스(Gear Box)에 모터(Motor)가 결합된 경우, 기어박스로 봐야 하는지 모터로 봐야 하는지는 통칙 3 나의 본질적인 특성으로 분류하든가, 아니면 다음 16부 주의 기능단위기계의 분류 방법에 따라 분류할 수 있다. 모터가 결합돼 기어박스의 기능을 돕는 역할을 하기에 기어박스로 분류할 수 있고, 기어박스가 모터보다 본질적인 특성을 가진다고도 볼 수 있어 모터가 결합된 기어박스는 기어박스로 분류할 수 있다.

✤ 16부 주 (VII) 기능단위기계(Functional Units) (부의 주 제4호)

- 이 주는 하나의 기계[여러 종류의 기계가 조합된 것(Combination of Machines)을 포함한다]가 제84류나 제85류(제85류에 더 많다)의 어느 한 호에 해당하는, 명백히 한정된 단일 기능을 함께 수행하도록 고안된 개개의 구성부품으로 형성되는 경우에 적용한다. 여러 구성 부품(편의상, 그 밖의 사유로)이 분리돼 있거나, 배관(공기·압축가스·기름 등을 운송하는)·전동장치·전력케이블이나 그 밖의 장치로 서로 연결돼 있는지에 상관없이 전체로서 그 기능에 따라 적정한 호에 분류한다.
- 이 주에서 "명백히 한정된 단일 기능을 함께 수행하도록 고안된 것"(intended to contribute together to a clearly defined function)이란 전체로서 기능단위기계에 특유한 기능 수행에 필수적인 기계와 기계의 조합만을 포함한다. 그러므로 보조 기능을 수행하는 기계와 전체 기능을 수행하지 않는 기계나 장치는 제외한다.
- 이 부의 주 제4호에서 의미하는 이런 형태의 기능단위기계를 예로 들면, 다음과 같다.
  예) 하이드롤릭 시스템(Hydraulic System) : 유압동력장치(주로 유압펌프·전동기·컨트롤밸브와 오일탱크로 구성된다), 유압실린더와 실린더를 유압동력장치에 연결하는 데 필요한 파이프나 호스로 구성된다(제8412호).

(4) 부분품 품목 분류를 이용해 CI 작성

브레이크와 펌프도 기능단위기계의 분류 방법으로 유압호수로 연결해 보조 브레이크 시스템을 구성하기 때문에, 브레이크 시스템으로 해서 펌프와 브레이크를 HS 8431로 수입신고하는 것을 고려할 수 있다.

이러한 내용을 정리하면 다음과 같이 Commercial Invoice를 작성해 수입신고를 할 수도 있다.

ITEM	HS CODE	수입 수량(개)
GEAR BOX (REDUCER) WITH MOTOR	8483	1
PUMP	8413	1
BRAKE SYSTEM	8431	1

펌프와 브레이크는 브레이크 시스템으로 타워크레인의 부분품인 HS 8431로 분류하고 관세는 0%를 적용할 수도 있다. 브레이크에는 펌프가 하나만 사용되기 때문에 여분의 펌프 하나는 HS 8413으로 신고해야 한다.

앞의 내용은 이해를 돕기 위해 사례를 들어 설명한 것으로 참고만 해주기 바란다. 제시된 물품의 상태나 상황에 따라 여러 가지를 고려해야 하고, HS코드는 달라질 수 있다.

> **TIP** HS 품목 분류에서 부분품과 부속품
>
> - 품목 분류에서 부분품과 부속품을 특별히 정의하고 있지 않다.
> - 부분품은 품목 분류의 여러 맥락에서 보면 다른 기계에 부착하거나 결합해 사용하는 물품으로 그 물품이 수행하는 기능이 해당 기계 본연의 기능과 연관됐거나 일부 기능을 수행하거나, 그 기계의 기능에 필수적인 부분으로 작용하는 것으로 정의할 수 있다.
> - 부속품은 장치를 형성하는 물품을 대상으로 하지만 기계의 필수 불가결한 부분을 구성하지 않는다.
> - 부속품은 부분품과 마찬가지로 독립적으로 사용하기보다는 다른 기계에 부착하거나 결합해 사용하는데 기계의 작동에 반드시 필요한 요소는 아니나, 기계를 특정 조작에 적합하거나 작동 범위를 늘리는 장치 정도를 의미한다. 즉, 편의성을 늘려주는 장치로 볼 수 있다.

호의 용어, 해설, 주를 찾아서 HS코드를 분류하는 일은 쉽지 않다. 기존 분류 사례를 검색해서 유사한 물품이라면 참고하는 것도 좋은 방법이다. 관세청 홈페이지 세계 HS코드는 (https://unipass.customs.go.kr/clip/index.do) 국내와 전세계의 분류 사례를 찾아볼 수 있고, 물품명으로 HS코드를 검색할 수도 있다.

8. 관세 감면

기본적으로 관세를 받아도 실익이 없는 품목은 면제해준다. 외교관 관련 물품, 종교·자선·장애인 물품, 정부 물품과 소액 물품, 여행자 휴대품 등은 관세를 면제받을 수 있다. 완제품과 부분품의 세율 불균형 해소, 공장 자동화 그리고 학술연구 물품 등 기업 지원을 위한 감면 규정도 있다.

이외에 소유권 이전 없이 해외로 보냈다가 사용·소비되지 않거나, 사용·소비됐더라도 허용된 용도로 쓰인 뒤 다시 수입되는 물품은 감면받을 수 있다. 반대로 국내에 수입되고 허용

<표 3-7> 관세 감면 법령

근거법령	관세 감면	관련 사항
관세법	제88조 외교관용물품 등의 면세	
	제89조 세율불균형물품의 면세	
	제90조 학술연구용품의 감면세	산업기술 연구개발용 물품에 관한 관세 감면
	제91조 종교용품·자선용품·장애인용품 등의 면세	장애인용 물품 등의 관세 감면
	제92조 정부용품 등의 면세	
	제93조 특정물품의 면세	
	제94조 소액물품 등의 면세	자가사용 인정 기준
	제95조 환경오염방지물품 등에 대한 감면세	공장자동화물품에 대한 관세 감면
	제96조 여행자휴대품·이사물품 등의 감면세	이사물품의 수입통관
	제97조 재수출면세	
	제98조 재수출감면세	
	제99조 재수입면세	
	제100조 손상감세	
	제101조 해외임가공물품 등의 감세	
조세특례제한법	조세특례제한법에 따른 관세 감면	· 태양열에너지 생산용 기자재 및 이용기자재 · 태양광에너지 생산용 기자재 및 이용기자재 · 풍력에너지 생산용 기자재 및 이용기자재 · 수소 또는 연료전지 생산용 기자재 및 이용기자재 · 세계수영선수권대회 시설의 제작·건설, 경기운영 물품
FTA관세법	자유무역협정 이행을 위한 관세법의 특례에 관한 법률에 따른 관세 감면	
조약·협정	조약·협정에 따른 관세 감면	

▶ Ciel HS 사이트 인용

된 용도로 사용·소비된 뒤 다시 수출되는 물품도 감면받을 수 있다.

감세는 관세의 일부를 경감하는 것이고, 면세는 전부를 면제하는 것이다. 감면제도는 감세와 면세를 말한다.

관세 감면은 반드시 수입신고 수리 전에 신청해야 한다. 수입 주체, 수입물품 요건 등을 충족해야 한다. 일부 감면은 사후관리도 필요하다. 감면 조건이 이행되는지를 확인하는 사후관리가 필요한 감면제도는 세율 불균형물의 면세, 학술연구 용품의 감면세, 종교·자선·장애인 용품 등의 면세, 특정 물품의 면세와 환경오염 방지 물품 등에 대한 감면세가 있다. 감면받은 물품은 수입신고 수리일로부터 3년 범위에서 정하는 기간 안에 그 감면받은 용도 외의 다른 용도로 쓰거나 양도 또는 임대를 할 수 없다. 감면받은 자는 수입신고 수리일로부터 1개월 이내에 설치·사용 장소에 반입하고 사후관리 표지를 부착하고 세관장에게 신고해야 한다. 변경할 때도 신고하고 용도 외 사용, 양도 또는 임대를 할 때는 세관장의 승인을 받아야 한다.

관세 감면은 관세법상 감면제도와 조세특례제한법상 감면, 그리고 남북 교역과 SOFA(한-미 군사협정)에 따른 감면 등이 있다. 관세 감면을 받으려면 반드시 수입신고 수리 전까지 신청해야 한다. 아니면 늦어도 수입신고 수리일로부터 15일 이내에 해당 물품이 보세구역에 있을 때 신청이 가능하다.

FTA 협정세율 적용 신청은 수입신고 수리 뒤 1년 이내에 사후 신청도 가능하지만, 아시아·태평양무역협정(APTA)은 수입신고 수리 전까지 신청해야 한다.

FTA 협정세율은 감면이라기보다는 협정에서 규정한 세율을 적용하는 것으로 성격이 다르다. 감면은 HS코드에 해당하는 관세에서 면제하거나 감면하는 것이고, 협정세율은 협정에서 정한 세율을 적용하는 것이다. 따라서 협정세율을 적용하면서 감세를 이중으로 적용할 수도 있다.

협정세율이 0%이고 면세가 가능한 물품에 대해 어떤 것을 적용할지는 판단의 문제다. 사후관리가 있을 때는 협정세율을 적용하는 게 유리할 수도 있고, 사후관리가 없다면 제출 서류의 편의성 등을 고려해 선택하면 될 것이다.

부가고지의 경우 납부고지를 받은 날부터 5일 이내도 감면 신청을 할 수 있다. 감면받기 위해 대상이 되는 수입자가 정해진 경우도 있다.(외교관, 정부 용품, 세율 불균형, 학술연구 용품 등) 수입자가 정해진 경우는 지정된 수입자만 관세 감면 주체가 될 수 있다. 수입자와 납세의무자가 다른 경우 납세의무자가 감면 대상자여야 한다.

관세법의 감면 규정에 대한 대상자, 대상 물품 등을 요약하면 다음과 같다.

1) 외교관용 물품 등의 면세

① **대상자** : 대사관, 영사관, 공사관 등
② **대상 물품** : 외교관이나 그의 가족이 사용하는 업무용이나 가정용 물품

수입 뒤 임의 처분할 수 있다. 즉, 면세자가 수입한 뒤 사용에 대한 사후관리를 하지 않는

다. 다만 처분 제한 물품으로 자동차, 선박, 피아노, 엽총, 전자오르간 및 파이프오르간이 있다. 이 물품을 처분할 때는 사는 사람이 면제된 관세를 납부해야 한다.

2) 세율 불균형 물품의 면세

① 대상자 : 항공기나 반도체 제조용 장비를 제조 또는 수리하는 업체로 지정된 중소기업
② 대상 물품 : 항공기나 반도체 제조용 장비의 제조 또는 수리에 사용하는 부분품과 원재료

항공기와 반도체 생산 장비는 수입관세가 0%이다. 부품이 수입되는 경우 관세가 발생한다면 역차별이 되기 때문에, 항공기 제작 수리나 반도체 생산 장비의 제작 수리용 부분품에 대해 관세를 면제해주는 제도다. 사용 용도가 제한됐고 용도대로 사용되는지 사후관리를 한다. 세율 불균형 물품의 면세 금액에 대해서는 농어촌특별세 20%가 부가된다. 즉, 관세 8%를 면제받았다면 농어촌특별세는 1.6% 부가된다.

3) 학술연구 용품의 감면세

① 대상자 : 국가기관, 지방자치단체, 공공기관, 학교, 공공 의료기관, 박물관, 연구소가 설치된 기업 등 지정된 기관
② 대상 물품 : 지정된 기관에서 사용할 학술연구·교육·실험실습 용품

박물관은 비영리 공공기관을 말하며, 사설 박물관은 해당되지 않는다. 특히 기업부설연구소와 연구개발 전담부서가 있는 기업은 연구개발 대상 물품을 제조 또는 수리하기 위해 사용하는 부분품과 원재료는 감면받을 수 있다. 여기서 대상 물품은 기업부설연구소의 연구 목적이나 범위를 고려해서 판단해야 한다. 연구소가 있는 기업이 생산하는 물품에 한정한다.

4) 종교·자선·장애인 용품 등의 면세

① 대상자 : 교회·사원 등 종교단체, 자선시설, 구호시설, 국제봉사기구
② 대상 물품 : 종교에 직접 사용되는 물품, 자선·구호 목적으로 기증되는 물품, 장애인용으로 특수 제작된 물품

5) 정부 용품 등의 면세

① **대상자** : 국가나 지방자치단체 등
② **대상 물품** : 기증된 물품으로 공용으로 쓰는 물품, 군수품, 환경오염·상수도 수질 측정 분석기기

6) 특정 물품 면세

면세되는 특정 물품을 정리하면 다음과 같다.

① 동식물의 번식용 물품
② 박람회 등 국제행사에 사용하는 물품
③ 우리나라 선박이 외국 선박과 협력해 채집하거나 포획한 수산물 등
④ 수출물품에 부착할 증표(공인검사기관 발행 증표로 인정되는 것이 있다)
⑤ 올림픽, 아시안게임 등에 쓰일 물품이나 간접 훈련 물품
⑥ 중소기업이 해외 구매자의 주문에 따라 제작한 기계·기구가 해외 구매자의 요구와 일치하는지 확인하기 위한 시험생산에 소요되는 원재료

7) 소액 물품 등의 면세

① **상용 견품 또는 광고 물품**
견품으로 쓰일 것으로 인정되는 물품(본래 용도로 쓰일 수 없어야 함)으로 과세가격이 USD250 이하인 물품
② **우리나라 거주자가 받는 소액 물품**
물품 가격이 USD150 이하의 물품으로 자가 사용이 인정되는 것과 박람회 등 행사에 참가하는 자에게 무상으로 제공하기 위해 수입하는 물품으로, 1인당 제공이 과세가격으로 USD5 이하인 것은 면세받을 수 있다.

※ 견품으로 본래 용도로 쓰일 수 없어야 한다는 뜻은, 예를 들어 컴프레서가 제거된 냉장고에 '견품'이란 문구가 부착된 정도로 볼 수 있다.

8) 환경오염 방지 물품 등에 대한 감면세

① **대상 물품** : 오염물질의 배출 방지 시설과 정보처리 기술을 응용한 공장 자동화 기계·기구·설비로 지정된 물품

② **농어촌특별세** : 공장 자동화 물품의 감세에 해당하는 관세율에 농어촌특별세 20%가 부가된다. 즉, 관세 8%를 감세받았다면 농어촌특별세는 1.6% 부가된다.

9) 여행자 휴대품, 이사 물품 등의 감면세

① 여행자 휴대품, 이사 물품, 승무원 휴대품은 관세를 면제받을 수 있다.

② 여행자 휴대품과 이사 화물은 입국 사유, 체류 기간 등 기타 사정 등을 고려한다.

10) 재수출 면세

① **대상 물품**

- 포장 용품, 일시 입국자 개인 사용 물품과 직업 용품

- 박람회, 전시회, 이에 준하는 행사에 사용되는 물품(주최자 또는 행사에 참가하는 자가 수입하는 물품 중 행사의 성격과 규모 등을 고려해 타당하다고 인정되는 물품)

- 수리를 위한 물품(수입한 물품과 수리 후 수출한 물품의 HS코드 10단위가 일치)

- 이외 재수출 면세 대상으로 규정된 물품

② **면세 기간** : 전시회와 수리·가공 대상 물품 등을 1년 내에 재수출할 목적으로 반입하는 물품은 면세받을 수 있다. 재수출 면세 기간은 연장 신청이 가능하다.

③ **담보 및 용도변경** : 수입할 때 담보를 제공하고 재수출 후 담보를 해제하거나 재수출하지 않을 때 용도변경 신청을 해서 수입할 수 있다.

※ 재수출 면세나 재수출 감면세의 경우 감면세액이 50만 원 미만일 때는 담보가 제외된다.

※ 재수출 면세, 재수출 감면세, 재수입 면세의 경우 수입물품과 수출물품이 동일한 물품이라는 것이 확인돼야 한다. 기본적으로 선적서류상 수량·무게·품명 등이 동일해야 하고, 제품에 시리얼 넘버(Serial No.)가 있다면 반드시 표기해야 한다.

11) 재수출 감면세

① 장기간 사용 뒤 재수출할 물품으로, 임대차나 도급계약으로 일시적으로 수입하는 물품은 감

면받을 수 있다.

② 수입신고일부터 2년 이내(부득이한 경우 4년) 재수출해야 한다. 사후 2년에서 연장되는 것이 아니라 처음부터 결정해야 한다.

12) 재수입 면세

① **대상 물품**(재수입되는 하기 물품)
- 우리나라에서 수출된 물품으로 해외에서 제조·가공·수리 또는 사용되지 아니한 물품
- 우리나라에서 수출된 물품으로 해외에서 사용됐더라도 장기간에 걸쳐 사용할 수 있는 물품으로 임대차계약 또는 도급계약 등에 따라 해외에서 일시적으로 사용하기 위해 수출된 물품
- 우리나라에서 수출된 물품으로 해외에서 사용됐더라도 박람회, 전시회, 품평회, 국제경기대회, 그 밖의 이에 준하는 행사에 출품 또는 사용된 물품
- 수출물품을 해외에서 설치·조립 또는 하역하기 위해 사용하는 장비와 용구
- 수출물품을 운송하는 과정에서 품질을 유지하거나 상태를 측정·기록하기 위해 해당 물품에 부착하는 기기
- 수입물품을 적재하기 위해 수출하는 용기로서 반복 사용되는 물품

② **재수입 면세 허용 기간**
- 수출신고 수리일로부터 2년 내에 재수입되는 물품

※ 수출된 물품으로 처음 수출자와 다른 수입자가 수입해도 재수입 면세가 가능하다.

〈표 3-8〉 재수출 면세와 재수입 면세 비교

구분	재수출 면세	재수입 면세
사용·소비하지 않는 경우	재수출 면세 대상 아님	관세 면제 가능
수리	관세 면제 가능	재수입 면세 대신 해외 임가공품 감세 가능
사용됐더라도 박람회, 전시회, 국제경기대회는 인정	국제경기대회는 대상 아님, 특정 물품 면세로 별도 지정	모두 대상
소유권	처음 수출국에 있음	한국에 있음
ATA CARNET	재수출 면세와 재수입 면세 대신 사용 가능	

소유권이 이전되지 않는 거래에 대해 제한된 용도로 쓰이는 물품에 대해서는 재수출과 재수입을 할 때 면세해준다. 법에 지정된 대상에게만 한정해 면세해주기 때문에 정확한 용도 확인이 필요하다.

공연화물인 경우 재수출·재수입 면세가 되는지는 사용에 해당하는지, 도급계약인지 등 여러 가지를 고려해야 한다.

수출한 물품이 사용되지 않고 하자로 수리하기 위해 재수입되는 경우 재수입 면세를 받고 수출할 때 기타 무상으로 하는 방법과, 수입할 때 담보를 제공하고 재수출 면세를 받고 재수출로 수출하고 이행완료 담보 해제를 하는 방법도 있다. 상황에 맞춰 선택해서 쓸 수 있다.

재수출·재수입 면세 대신 '통관 카르네'(ATA Carnet)를 사용하는 경우도 있다.

ATA Carnet은 협정 가입국 사이에 일시적으로 물품을 수출입할 때 사용되는 통관 서류다. 보증보험회사에 수입국 관세와 부가가치세에 대한 보증보험을 가입해야 ATA Carnet를 발급받을 수 있기 때문에 ATA Carnet는 수입할 때 관·부가세 담보 서류로 쓰인다. 한국에서는 상공회의소에서 발급해준다. 수입국에서 재수출이 되지 않을 때 상공회의소와 보험회사

🚏 **TIP** 운송 시 온도 유지 목적으로 사용된 아이스팩은 재수입 면세 사용에 해당하는가?

• 관세법 제99조 재수입 면세 대상 물품은 소유권 이전 없이 수출된 물품을 사용하지 않고 재수입하거나 일정 범위 내에서 사용 후 재수입하는 경우 적용할 수 있다. 재수입물품은 수출물품을 운송할 때 온도를 유지할 목적으로 쓰는 아이스팩으로 반복 사용이 가능하다. 재사용을 위해 재수입됐을 때 얼려서 온도 유지에 사용하는 것이 재수입 면세의 사용에 해당하는지 검토해보자.
  – '사용'은 일정한 목적이나 기능에 맞게 씀.(국립국어원 참조)
• 아이스팩은 얼려 온도를 유지하는 기능을 하는 제품으로, 일정한 목적이나 기능에 맞게 쓰는 것이다. 수출물품과 같이 얼린 아이스팩이 온도 유지 목적으로 이용됐다고 볼 수 있다. 따라서 재수입 면세 예외인 사용에 해당돼, 재수입 면세 대상이 되기는 어렵다고 본다. 다만 재수입 면세는 사용되더라도 허용된 용도로 쓰이는 경우 재수입 면세 대상으로 본다. "수출물품을 운송하는 과정에서 해당 물품의 품질을 유지하거나 상태를 측정 및 기록하기 위해 해당 물품에 부착하는 기기"는 재수입 면세 대상으로 본다.
• 재사용을 위해 재수입됐을 때, 얼려서 온도 유지에 쓰이는 아이스팩이 재수입 면세 대상 '기기'인지를 검토해보자.
  – "기계에는 기계(器械)와 기계(機械)가 있다. 기계(器械)는 연장, 연모, 그릇, 기구 따위를 통틀어 이르거나 구조가 간단하며 제조나 생산을 목적으로 하지 아니하고 사용하는 도구를 통틀어 이르는 말이다. 기계(機械)는 동력을 써서 움직이거나 일하는 장치를 이르는 말이다. 또 기기(機器/器機)는 앞서 말한 기계(機械)와 기계(器械), 기구 따위를 통틀어 이르는 말로 쓰인다. 이러한 뜻풀이를 살펴볼 때, '기기'는 '기계'와 '기구'를 포함하므로 기계보다 포괄적인 개념이라고 할 수 있다."(국립국어원 참조)
• 아이스팩의 목적은 얼려 온도를 유지하는 것인데, 기기에는 도구나 기구 따위를 통틀어 이르는 용어로 재수입 면세 대상인 운송 과정에서 품질을 유지하기 위한 기기에 해당한다고 볼 수 있다. 다만 재수입한 물품이 수출한 물품과 동일하다는 것이 확인돼야 한다.

에서 관세와 부가가치세를 책임지는 구조다. 직업 용구와 전시회 등 지정된 물품에 대해 가입국(78개국)에서만 사용된다. 일부 국가에서는 사용 용도를 제한하기 때문에 사전에 확인이 필요하다.(인도와 중국)

13) 손상 감세

수입신고 수리 전 손상된 물품은 감세받을 수 있다. 다만 수입신고 수리 전에 손상을 확인하기 쉽지 않고, 확인했더라도 손상액을 확인하려면 공인기관에 감정 등을 받아야 하기에 적용이 쉽지 않다.

14) 해외 임가공물품 등의 감세

원재료를 수출해 제조·가공 후 85류나 9006호로 수입되는 경우 감세받을 수 있다. 반제품이나 완제품을 수출해 가공·수리해 수입하는 물품이 수출 HS코드와 HS코드 10자리가 일치하거나, 수율 성능 등이 저하돼 폐기된 물품을 수출해 용융 과정 등을 거쳐 재생한 뒤 다시 수입하는 경우 감세받을 수 있다.

제품의 제작 일련번호 또는 제품의 특성으로 보아 수입물품이 우리나라에서 수출된 물품임을 세관장이 확인할 수 있는 물품이어야 감세받을 수 있다.(나갔다 들어오는 물품이 특혜를 받기 위해서는 신청인이 나간 물건과 들어온 물건이 동일한 물품임을 증명해야 한다)

(1) 제조·가공·수리 구분

제조·가공·수리에 따라 임가공 감세 대상 물품이 달라지기 때문에 구분해야 한다.

① **제조** : 원재료에 노력을 가해 원재료와는 전혀 동일성을 인식할 수 없을 정도로 변경된 새로운 물건을 만들어내는 것

② **가공** : 원재료에 노력을 가해 원재료와 동일성을 유지할 정도의 변경을 가하는 것

③ **수리** : 물품의 용도에 따라 기능이 불완전할 경우 그 기능을 회복해주는 것

(2) 해외 임가공품 등의 감세 사례

해외 임가공품의 경우 수출 원재료가 수입 완제품에 쓰인 수량을 확인하기 위해 BOM이

소요부품(자재) 명세서 (Bill of Materials)

완제품명 : 하네스
완제품 HS CODE : 8544.30

◎ 원재료 사용내역 :

원재료품번	품명 (재료명)	세번부호 (HS NO)	원산지	소요량	단가(원)	가격(원)	구매처	입증서류
1	WIRE	8544.49	미상	0.100m	10	1	A	거래내역서
2	절연테이프	3919.10	미상	0.100m	10	1	B	수입면장
3	CONNECTOR	853890	미상	1ea	30	30	C	분증
4	TERMINAL	853890	미상	2ea	5	10	D	기납증
	TOTAL			역내산				
				역외산		42원		

사용된다. 원재료를 보내서 하네스 완제품을 만드는 것은 제조의 정의에 해당한다고 볼 수 있고, 완제품이 HS 85류로 해외 임가공품의 감세 대상이다. 해외 임가공 감세에는 잔량 관리가 필요하다. 감세는 수출된 원재료에 해당하는 가격에만 적용되기 때문에 과세가격을 확인하기 위해서도 BOM이 필요하다.

하네스가 수입될 때 Commercial Invoice에 보통 물품 가격과 가공비가 다음과 같이 작성된다.

HARNESS UNIT PRICE	KRW42 × 100EA	KRW4,200
PROCESSING FEE	KRW5 × 100EA	KRW500
TOTAL : FOB SHANGHAI		KRW4,700

모든 자재는 한국에서 보냈고 해외에서 가공 뒤 수입됐을 때, 과세가격은 '한국에서 보내준 원자재(BOM으로 산출할 수 있다) 가격 + 가공비 + 왕복 운송료'이다. 합산된 과세가격에서 한국에서 보내준 원자재 가격은 해외 임가공 감세 적용을 하고, 가공비와 왕복 운송료를 합한 가격에 대해 과세한다. 만약 수출국과 FTA 협정이 되어 있고 FTA 원산지증명서를 제공해준다면, 가공비와 왕복 운송료에 대해서도 협정세율을 적용받을 수 있다.

9. 세관장 확인 대상 : 수입 요건

1) 세관장 확인 대상

대외무역법 규정에 따른 산업통상자원부 통합공고를 통해 수출입 요건을 확인하기 위해 개별 법령 등이 정한 요건과 절차에 관한 사항을 통합해서 고시하고 있다. 개별 법령 등에서 정한 요건을 통관 단계에서 세관장이 확인하는 것을 '세관장 확인 대상'이라고 한다.

세관장 확인 대상 요건은 통합공고에 HS코드별로 구체적으로 적혀 있다. 다만 HS코드가 특정 물품을 지칭하기보다는 분류 기준에 따르는 일반 물품을 다루기 때문에, 요건 대상 물품 인지는 추가 확인이 필요하다.

다음과 같이 자동차 시가잭에 삽입해 사용하는 휴대전화 충전기(HS 8504.40)를 수입하는 경우, 세관장 확인 요건은 전기용품 및 생활용품 안전관리법과 전파법이 있다. 자동차 배터리에서 12~24V의 직류전류를 12V 이하의 직류전류로 변환하는 충전기로, 전기용품 및 생활용품 안전관리법상 직류전류를 사용하는 경우 대상 물품이 아니고 전파법에 대해서는 전기충전기는 모두 해당되기 때문에 세관장 요건 확인 뒤 수입할 수 있다.

세관장 확인	▶ 전기용품및생활용품안전관리법
	정격전압이 30V 초과 1,000V 이하의 교류전원 또는 42V 초과 1,000V 이하의 직류전원에 사용하는 다음의 안전인증 대상 전용품을 수입하고자 하는 자는 안전인증을 받은 전기용품을 수입하여야 하며 당해 전기용품은 안전인증기관의 확인을 받아 수입할 수 있음(다만, 정격입력이 10kW 이하인 것에 한함) • 전기충전기(교류전원 250V 이하에서 사용하는 제품에 한정한다)
	▶ 전파법
	다음의 것은 국립전파연구원장의 방송통신기자재 등의 적합성평가확인서 또는 사전통관확인서, 적합성평가면제확인서(단, 면제 확인이 생략된 경우는 제외한다)를 받고 수입할 수 있음 • 전기충전기

2) 요건 확인

요건 확인이란 소비자가 사용하는 완제품이거나 완제품에 사용되는 원재료에 대해 국가가 안전 등에 관한 일정 기준을 정하고 확인하는 것을 말한다. 개별 법령 등에서 정한 요건이 모두 세관장 확인 대상이 아니기 때문에 수입할 때 요건 확인이 없더라도 유통할 때 개별 법령 등에서 정한 요건이 있는지 확인해야 한다.

예를 들어 전류가 1암페어 이하인 정격입력이 1,000W 이하인 방전등용 전자식안전기(HS 8504.10)를 수입하는 경우 세관장 확인 대상 물품은 아니지만 전기용품 및 생활용품 안전관리법 대상 물품으로 소비자에게 판매하기 전에 요건을 확인해야 한다.

통합공고	▶ 전기용품및생활용품안전관리법
	정격전압이 교류 30V 초과, 직류 42V 초과 1,000V 이하의 교류 및 직류전원에 사용하는 다음의 안전인증 대상 전기용품을 수입하고자 하는 자는 안전인증을 받은 전기용품을 수입하여야 하며, 당해 전기용품은 안전인증기관의 확인을 받아 수입할 수 있음
	• 안정기 및 램프제어장치[램프용 자기식안정기(정격입력이 1,000W 이하인 것을 말함), 램프용 전자식안정기(정격입력이 1,000W 이하인 것을 말함), 네온변압기, 조명기구용 컨버터(LED 전원 공급장치 포함)]

세관장 확인 대상으로 규정되지 않은 물품이라 하더라도 개별 법령 등에서 요건을 정하고, 국민 건강과 사회 안전에 직결된 물품일 때는 세관에서 검사할 때, 해당 법령 전문가를 검사에 입회시켜 수입 전에 요건을 갖춰야 하는 물품인지 확인한 뒤, 요건을 갖춰야 하는 물품이라면 요건이 충족될 때까지 통관을 허용하지 않을 수 있다.

특히 마약류, 유해 식품류, 음란물, 문화재, 군용물자, 농약, 화학물질, 흙이나 흙이 묻어 있는 물품, 멸종위기종 등은 수입 요건이 없더라도 각 법령 등에서 정한 요건을 충족해야 수입이 가능하다.

페인트 등 일부 화학물질은 세관장 확인 대상 요건에 없을지라도 수입신고 전에 화학물질 확인명세서를 한국화학물질관리협회에 제출해야 한다. 수입신고 수리 뒤 제출하면 과태료를 내야 할 수도 있으니 주의해야 한다.

가습기살균제 사건을 기억할 것이다. 일반 소비자는 사용 물품의 위해 여부를 판단할 수 없기에, 관리가 필요한 물품은 국가가 일정 요건을 정해 그것을 충족하는 물품만 유통되도록 하고 있다. 개별 소비자에게 유통되기 전 국가가 제품에 대해 적절성 여부를 확인해주는 물품으로 의약품, 의료기기, 마약, 화장품, 식품, 식품용기, 화학물질, 양곡, 비료, 농약, 사료, 가축, 식물, 종자, 전기용품, 생활용품, 석유, 원자력, 전파, 폐기물, 자동차, 건설기계, 방위산업물품, 어린이제품, 목재 등이 있다.

수입할 때 자주 보는 대표 물품의 요건을 대략 살펴보자.

3) 대표 물품 요건

(1) 의약품, 의료기기, 화장품

화장품은 다소 억울할 수 있지만 의약품이나 의료기기와 같은 수준으로 까다롭게 관리된다.

수입자가 일정 시설과 내부 관리자 요건을 충족하고 식품의약품안전처에 허가, 신고, 승인 또는 심사를 받아야 한다.

수입하는 물품도 품목별 적합성을 충족하는지 확인받아야 한다.

등록업체가 품목별 적합 물품을 수입하는 경우 요건 확인 기관에 표준통관예정보고를 한 뒤 수입신고 통관이 가능하다.

(2) 식품, 식품첨가물, 식품용기 등

수입자는 일정 교육을 받고 식품의약품안전처에 영업등록을 해야 한다. 식품 등은 기준과 규격에 적합하고 식품 위생상 제조·가공·소분·판매·조리를 금지하고 있지 않은 제품인 경우에 한해 수입할 수 있다.

식품에 쓸 수 있는 원재료를 사용해야 하고, 식품 유형을 구분해(식품공전) 수입식품 등의 수입신고서를 식품의약품안전처에 신고해야 한다.

신고할 때 같이 제출해야 하는 서류는 한글표시사항, 정밀검사 시험성적서 등이 있다. 처음 수입하는 경우 정밀검사를 받아야 하고, 이후 수입 건부터는 서류 검사로 진행될 수 있다.

정밀검사의 실적을 인정받으려면 100kg 이상 수입된 물품이어야 한다. 최소 100kg 이상 되어야 샘플 채취한 검체가 전체를 대표할 수 있기 때문이다. 정밀 실적 인정 기준은 100kg 이상 수입할 때는 추후 수입량과 관계없이 실적을 인정하지만, 100kg 이하 수입할 때는 추후 수입량이 100kg 미만인 경우만 실적이 인정된다.

가공되지 않은 식물 원재료가 식품으로 수입될 때는 식물검역(상대국 검역증 원본 필요) 뒤 식품 검사를 해야 한다. 일본에서 수입하는 경우 산지증명서, 방사능검사성적서 등 증빙서류가 있어야 하고 수입할 때마다 정밀·실적 여부와 관계없이 방사능 검사를 해야 한다.

콩, 옥수수, 면화, 카놀라, 사탕무, 알팔파 등 유전자변형 농산물(성분)이 포함된 식품의 경우 유전자변형 식품이 아니라고 표시하려면 구분유통증명서, 정부증명서, 시험·검사 성적서 등의 서류로 증빙해야 한다.

(3) 화학물질

모든 화학물질을 수입하는 자는 수입신고 전 확인명세서를 한국화학물질관리협회에 제출해야 한다. 확인명세서는 화학물질 수입자가 수입 전에 규제 대상 화학물질 해당 여부를 스스로 확인해 제출해야 하는 서류이다.

화학물질이란 원소, 화합물, 그에 인위적으로 반응해 얻어진 물질과 자연 상태에서 존재하는 물질을 추출 또는 정제한 것을 말한다.

동일 제품인 경우 최초 1회만 제출하면 된다. 화학물질은 유독물질, 금지물질, 허가물질. 제한물질, 유해화학물질 등으로 구분하며 유역(지방) 환경청에 신고나 허가를 받고 등록해야 한다. 기존 화학물질은 1년에 1톤 미만 수입하는 경우 등록이 면제된다. 등록이 면제되더라도 확인명세서는 제출해야 한다.

(4) 목재 제품

상대국 검역증 없이 식물검역 뒤 수입통관이 가능하다.(식물검역의 경우 예외가 많기 때문에 건건이 확인이 필요하다)

방부 처리되거나 볶거나 굽거나 찌거나 또는 기름에 튀기는 등 가공된 식물과 가공한 목재 제품은 식물검역 대상 HS코드라면 상대국 검역증 원본 없이 식물검역을 신청하면 식물검역관이 현물을 확인해 가공품목을 확인하는 것으로 식물검역을 한다. 가공품목이라고 하면 병해충이 서식 또는 잠복할 수 없을 정도로 가공한 제품을 말한다. 현물로 가공 정도를 판단하기 어려울 때는 가공공정도 등 관련 서류 제출을 요구받을 수 있다.

(5) 안전관리대상 공산품 전기용품과 생활용품

전기용품과 일반 생활용품이 대상이다. 생활용품은 세관장 확인 대상이 아니더라도 판매 이전에 요건을 충족해야 하는 품목이 많다.

안전관리대상에서 위해도가 높은 제품부터 낮은 수준의 제품으로 분류해 다음과 같이 네 단계로 관리한다.

① **안전인증대상** : KC마크 필수, 제품 시험 + 공장 심사 + 인증
② **안전확인대상** : KC마크 필수, 제품 시험 + 신고
③ **공급자적합성 확인대상** : KC마크 필수, 제품 시험

④ 안전기준준수대상 생활용품 : KC마크 필수 아님, 제품 시험 의무 없음

전기용품 안전관리법의 대상 물품은 주로 일반 소비자가 전기코드를 꽂아 사용하는 가정용 제품이라고 보면 된다. 소형 배터리를 넣어 쓰는 제품이나 전문가가 산업용으로 쓰는 제품은 대상이 아닌 경우가 많다.

TIP 수입통관 시 어린이제품

어린이제품 안전 특별법에서 "어린이제품이란 만 13살 이하의 어린이가 사용하거나 만 13살 이하의 어린이를 위해 사용되는 물품 또는 그 부분품이나 부속품을 말한다"고 정의하고 있다. 또한 국가기술표준원에서 어린이제품 안전 특별법에 따른 안전관리대상 어린이제품을 정의하고, 어린이제품의 해석 지침과 관리 범위에 대한 가이드라인을 제시하고 있다.

어린이제품이란 주로 만 13살 이하 어린이를 대상으로 설계돼 주로 만 13살 이하 어린이를 사용 대상으로 하는 제품을 말한다. 여기서 '사용'이란 일반적·합리적으로 예견할 수 있는 제품의 정상적인 사용과 오용을 통해 어린이가 물리적으로 해당 제품과 상호 접촉하는 것을 뜻한다.

어린이제품으로 오용할 가능성이 있는 제품으로서 어린이제품이 아닌 경우에는 어린이제품이 아님을 명확히 표시(성인을 위한 것, 어린이용이 아님, 14살 이상 사용 가능 등)하는 것을 원칙으로 한다. 표시가 없는 경우는 원칙적으로 어린이제품으로 간주한다.

(6) 전파법

무선 전파를 사용하는 제품뿐만 아니라 전파를 발생시키는 제품은 모두 대상이다 특히 모터를 사용하는 제품이나 전기를 사용하는 대부분 물품이 대상인 경우가 많다.

TIP 소방차에 부착해 사용하던 무선 조정기의 고장으로 수입 시 전파법 대상 여부

• 소방차는 HS 8705.30에 분류된다. 수입 시 별도의 요건이 없다.

• 소방차에는 보통 방수포를 무선으로 조정해 화재를 진압하는 무선 조정 장치가 부착돼 있다. 소방차에 사용하도록 부착·비치돼 수입된 무선 원격조정기가 단독 수입될 경우 HS 8526.92로 분류할 수 있고, 전파법 대상 물품이다.

• 소방차에 사용하도록 부착돼 수입되고 소방차로 수입하는 경우 전파법 대상이 아니나, 비치돼 수입되는 경우 무선 원격조정기를 별도로 전파법 요건을 받아야 하는지는 고민해야 한다.

• 무선 원격조정기가 소방차에 구성품으로서 역할을 하도록 제작됐다면 전파법을 받지 않아도 될 것 같으나, 단순히 비치해서 들어오는 것은 별도로 HS코드를 분류해 신고하고 전파법 요건을 받아야 한다.

• 일단 전파법을 받지 않고 수입해 소방차에서 사용하다 무선 조정기가 고장 나는 경우 무선 조정기를 별도로 수입해야 한다. 이 경우 전파법 대상이 된다. 하나를 수입하기 위해 몇 백만 원을 써서 전파법 요건을 받을 수는 없으므로, 요건 면제 내용을 잘 검토해서 적절한 방법을 강구해야 한다.

4) 요건 면제

요건 대상 물품이라고 하더라도 개별법에서 정한 요건 면제 사유, 즉 수출 원재료 물품, 시장조사용 물품, 개인 자가 사용 물품, 상행위 이외의 목적으로 수입하는 물품 등일 때는 세관에서 요건 확인 절차를 거치지 않고 요건 비대상 물품으로 수입할 수도 있다. 소량을 요건 없이 수입하려는 경우 사전 확인이 필요하다. 다만 마약, 식물, 총포, 도검, 폐기물, 가축, 의약품, 화학물질, 식품, 전기용품, 어린이제품 등은 개별 법령 등에서 정한 기관에서 요건 면제 절차를 받아야 수입이 가능하다.

물품은 수입신고가 수리된 뒤 Buyer에게 배송할 수 있다. 수입통관이 완료된 물품은 육상 운송으로 배송된다. 이 내용은 '제2장 수출 선적'의 국내 운송을 참고하면 된다.

CHAPTER 04

무역 관련 법률

CHAPTER 04

무역 관련 법률

1. 관세법

관세법에서는 관세의 부과, 징수, 세율, 품목 분류, 과세가격, 감면. 환급, 분할납부, 보세 등 유체물 수출입에 대한 전반적인 내용을 다룬다.

관세법은 가치 있는 유체물이 관세선(국경선과 다소 다른데, 국경선에서 보세구역을 제외한 구간)을 기준으로 물품 이동을 규정하고 있다. 따라서 관세선을 지나지 않거나 가치가 없거나 무체물이라면 관세법 대상이 아니다. 예를 들어 해외에서 이동하는 물품이나 소프트웨어의 인터넷 다운로드를 통한 수입은 관세법 대상이 아니다.

관세법은 전반적으로 수출보다는 수입에 대한 규정이다. 수출과 수입통관은 앞서 다뤘지만, 추가적으로 보세와 관세 심사에 대해 설명이 필요할 것 같다.

1) 보세

(1) 보세구역의 종류

보세는 "관세 징수를 유예한"이라는 뜻으로 보세운송, 보세창고, 보세판매장, 보세공장으로 나눌 수 있다. 수입통관이 완료되기 전에는 보세창고에 보관하고 보세운송을 해야 한다.

보세운송은 수출에도 적용할 수 있지만, 대부분 수입에 대한 개념으로 수입신고 수리가 되지 않은(물론 수입신고 수리 전 반출 화물도 있다) 화물을 국내 운송을 할 때 세관에 신고하거나 허가를 받은 뒤 보세운송 업체를 통해 보세구역으로 운송하는 것을 말한다.

보세창고는 영업용 보세창고와 자가용 보세창고로 나눌 수 있다. 우리가 아는 누구나 돈을 내고 사용할 수 있는 곳이 영업용 보세창고이고, 내 화물만 사용하는 보세창고는 자가용 보세창고이다.

보세판매장은 우리가 아는 말로 하면 면세점이고, 보세공장은 외국 화물을 수입신고 수리 없이 반입해 원재료로 쓸 수 있는 공장이다. 물론 생산된 물품을 국내로 반입하려면 수입신고 수리를 받아야 한다.

(2) 보세창고

CY와 CFS는 보세창고다. 보세창고에는 외국물품뿐만 아니라 내국물품도 보관할 수 있다. 관세청장이 지정한 일부 CY는 반입일로부터 30일 이내에 수입신고를 해야 하고 수입신고 수리일로부터 15일 이내에 보세창고로부터 반출하여야 한다.

보세창고에 장치된 물품은 그 현상을 유지하는 데 필요한 보수 작업과 그 성질을 변하지 아니하게 하는 범위에서 포장을 바꾸거나 구분, 분할, 합병을 하거나 그 밖의 비슷한 보수 작업을 할 수 있다.

수출은 보세창고에 물품을 반입하고 수출 신고할 의무는 없으나 부정한 수출이 우려되는 중고자동차, 건설중장비, 핸드폰, 플라스틱 웨이스트, 스크랩, 컨테이너에 적입해 수출하는 생활폐기물 같은 제품의 경우 반드시 보세창고에 반입한 이후에만 수출신고를 하도록 규정해 수출신고 수리 후 적재 전 물품을 바꿔치기하는 불법행위 등을 방지하고 있다.

2) 관세 심사

수입업체가 신고한 HS코드, 관세율, 과세가격, 요건, 원산지 등을 성실하고 정확하게 신고한다는 가정하에 수입신고 시점에서는 세관에서 접수를 받아주고 대부분 신고 내용 그대로 처리해준다.

한국은 사후 심사 제도로 수입통관 때 신고 내용의 적절성에 대해서는 수입신고일로부터 5년 안에 심사해 잘못 신고된 부분은 자진 신고를 유도하거나 추징할 수도 있다. 세관에서 인력을 운용하는 데 한계가 있기 때문에 모든 수입 건을 다 심사할 수는 없고, 물품별이나 업체별로 묶어서 같이 조사하는 경우가 많다. 조사 대상도 사전에 문제가 있을 것으로 추정되는 부분을 어느 정도 확인하고 시작한다.

(1) 관세 심사 방법과 절차

특별한 경우가 아니면 보통은 자율 서면 점검을 통지해, 수입자가 자체적으로 검토하고 자발적으로 정정할 수 있는 기회를 준다. 자율 점검에서 세관의 합리적 의심이 해소되지 않으면 서류 심사 등을 하고 추징하는 절차를 밟는다.

자율 점검에서 자발적으로 정정할 때는 관세와 부가가치세 그리고 가산세와 이자를 납부하면 되고 부가가치세 세금계산서가 발행되기 때문에 수입업체 입장에서는 부가가치세를 환급받을 수 있다. 하지만 세관에서 추징하는 경우 부가가치세 세금계산서가 발행되지 않기 때문에 부가가치세를 환급받을 수 없다.

보통 세관에서 추징하기 전에 사전 통지를 하고 이의가 있으면 과세전적부심사를 청구할 수 있는 제도가 있다. 쉽게 말하면 자동차 과속 위반 고지서를 받으면 소명 기회를 주는 것과 같다고 보면 된다.

과세전적부심사에서 받아들여지지 않아 세관에서 부가고지를 하는 경우(자진신고가 아니고 세관에서 직접 세액을 계산해서 징수하는 것) 이를 처분으로 보고 이의신청을 할 수 있다. 이의신청은 처분 세관에 다시 한 번 검토해달라고 요청하는 것으로, 이의신청으로 해소되지 않는 경우 관세청에 심사청구나 조세심판원에게 심판청구를 할 수 있다. 심사·심판 청구로 해소되지 않을 때는 민사재판으로 다툴 수 있다.

자율 서면 점검이나 과세전적부심사에서 적극적으로 해명하는 것이 중요하다. 세관에서 한번 처분이 내려지면 사후에 정정하는 것이 쉽지 않다.

(2) 관세 심사 대상

심사는 대부분 수입업체에 대한 내용이고 FTA 원산지증명서 발급과 환급 정도가 수출업체와 관련 있다. 세관에서 심사 매뉴얼을 만들어 항목별로 자세한 내용을 제시하고 있지만 내용이 복잡하고 어렵다. 특히 수출업체와 수입업체가 특수관계자가 아닌 경우 해당 사항이 없는 질문도 많아 쉽게 이해하기 어렵다. 세관에서 심사하는 대상을 요약하면 다음과 같다.

① **과세가격**
　　ㄱ. 물품의 가격이 아니라 가치를 제대로 표현하고 있는가
　　ㄴ. 물품의 흐름과 대금의 흐름이 어긋나지 않는가(외환거래법 동시 검토)
　　ㄷ. 과세가격은 CIF 가격 기준으로 잘하고 있는가

② **품목 분류**
　　ㄱ. 품목 분류의 적절성, 특히 부분품을 분류

ㄴ. 품목 분류에 따라 세율·감면 요건(세관장 확인 대상) 재검토

③ FTA 협정세율 적용의 적절성

ㄱ. 원산지증명서 확인(원산지 결정 기준 충족 여부)

ㄴ. 직접운송 충족

ㄷ. 원산지 표시, 지식재산권

④ 환급

ㄱ. 간이정액·개별에 따른 환급액 산정

ㄴ. 간이정액의 경우 HS코드와 FOB 금액 확인

ㄷ. 개별의 경우 소요량 산정법 검토(환급 대상 원재료 포함)

3) 보정, 수정, 경정신고

(1) 보정

수입신고 수리 뒤 납부 세액이 부족하다고 판단한 경우 6개월 이내 자진 신고하는 것을 보정이라고 한다. 이 경우에는 가산세(10%) 없이 이자만 내면 된다. 예를 들어 관세 1,000,000원을 추가로 수입신고 수리하고 60일 뒤 납부한다면 비용은 대략 다음과 같다.

※ 이자는 2020년 3월 13일 기준으로 하면 연 1.8%(일로 환산하면 50/1,000,000)
　(이자는 기간별로 개별 이자율이 정해져 있다. 다음 표에선 계산의 편의를 위해 연 1.8%로 한다.)

관세	1,000,000	1,000,000
부가가치세(10%)	1,000,000 × 10%	100,000
이자	1,100,000 × 50/1,000,000 × 60	3,300
가산세	0	0
총합계(원)		1,103,300

※ 부가가치세에 대한 세금계산서가 발급되기 때문에 환급이 가능하다.

(2) 수정·경정

수입신고 수리 뒤 납부 세액이 부족하다고 판단한 경우 6개월 이후 자진 신고하는 것이 수정신고다. 과세 관청이 부족을 발견해 직권으로 정정하는 것은 경정이다. 수정과 경정은 최초 납세신고한 날로부터 5년 이내에 신고한 내용에 대해 가능하다. 5년이 경과하면 설사 명

확히 납부 관세가 적었더라도 세관에서 추징할 수 없다. 수정·경정의 경우 이자와 가산세 (10%)가 추가된다.

예를 들어 관세 1,000,000원을 추가 수입신고 수리하고 365일 뒤 납부한다면 비용은 대략 다음과 같다.

※ 이자는 2019년 2월 12일 기준으로 하면 1일당 25/100,000이다.
(이자는 기간별로 개별 이자율이 정해져 있다. 다음 표에선 계산의 편의를 위해 25/100,000으로 한다.)

관세	1,000,000	1,000,000
부가가치세(10%)	1,000,000 × 10%	100,000
이자	1,100,000 × 25/100,000 × 365	100,375
가산세	1,100,000 × 10%	110,000
총합계(원)		1,310,375

※ 수정일 때는 부가가치세에 대한 세금계산서가 발급되기 때문에 환급이 가능하지만, 경정일 때는 부가가치세에 대한 세금계산서가 발급되지 않는다.

(3) 가산세와 수정수입세금계산서

가산세는 과세권의 행사와 조세채권의 실현을 용이하게 하기 위해 납세자가 정당한 이유 없이 법에 규정된 신고·납세 등 각종 의무를 위반한 경우 개별 세법이 정하는 바에 따라 부과되는 행정상의 제재이다. 납세자의 고의와 과실은 고려되지 않는다. 다만 납세의무자가 그 의무를 알지 못한 것이 무리가 아니었다거나 그 의무의 이행을 당사자에게 기대하는 것이 무리라고 볼 만한 사정이 있을 때 등 그 의무의 해태를 탓할 수 없는 정당한 사유가 있는 때는 가산세를 부과할 수 없다.

수입자가 잘못 신고한 것이 적발돼 세관장이 수입부가가치세를 추징한 경우, 수입자에게 수정수입세금계산서를 발급하면 추징당한 수입부가가치세를 모두 매입세액으로 공제받게 돼 부가가치세 추징액이 상쇄되는 문제가 있다. 이를 막고 수입자의 성실 신고를 유도하기 위해 세관에서 추징할 때 수정수입세금계산서를 발급해주지 않고 있다. 다만 경정의 원인이 수입자의 단순 착오나 수입자가 자신의 귀책사유 없음을 증명한 경우에는 수정수입세금계산서를 발급해준다. 여기서 단순 착오는 단순한 계산상 착오나 글자의 오기, 부속서류에 기재된 내용과 다르게 수입신고서를 잘못 작성하는 등 명백한 착오에 한정된다.

4) 사전심사제도

업무를 진행하다 의문 사항이 있으면 국민신문고 등에 질의하면 회신을 받을 수 있다. 하지만 회신 내용은 참고할 뿐이지 과세 관청의 공적 표명으로 신의성실원칙을 주장할 수는 없다.

수입업체 입장에서는 과세 관청에 신고하는 내용이 예측 가능하고 변동성이 없기를 바란다. 예를 들어 HS 1234라고 생각하고 관세를 5%로 수입신고하고 판매를 완료한 물품에 대해(이미 관세 5%를 원가로 계산해서 판매) 과세 관청이 HS 5678로 품목분류(관세가 8%)을 해서 추가 3%에 대해 추징한다면 업체로서는 큰 손실이 아닐 수 없다.

신의성실원칙을 주장하기 위해서는 과세 관청의 공적 표명이 있어야 하는데 이를 위한 제도가 사전심사제도다.

🐝 TIP 신의성실원칙

관세법 제5조에는 "이 법을 해석하고 적용할 때에는 과세의 형평과 해당 조항의 합목적성에 비추어 납세자의 재산권을 부당하게 침해하지 아니하도록 하여야 한다. 이 법의 해석이나 관세행정의 관행이 일반적으로 납세자에게 받아들여진 후에는 그 해석이나 관행에 따른 행위 또는 계산은 정당한 것으로 보며, 새로운 해석이나 관행에 따라 소급하여 과세되지 아니한다."라고 규정돼 있다. 같은 법 제6조에는 "납세자가 그 의무를 이행할 때에는 신의에 따라 성실하게 하여야 한다. 세관공무원이 그 직무를 수행할 때에도 또한 같다."라고 규정돼 있다.

대법원은 "일반적으로 조세법률 관계에서 과세 관청의 행위에 대하여 신의성실원칙이 적용되는 요건으로서는, 첫째 과세관청이 납세자에게 신뢰의 대상이 되는 공적인 견해 표명을 하여야 하고, 둘째 과세 관청의 견해 표명이 정당하다고 신뢰한 데 대하여 납세자에게 귀책사유가 없어야 하며, 셋째 납세자가 그 견해 표명을 신뢰하고 이에 따라 무엇인가 행위를 하여야 하고, 넷째 과세 관청이 위 견해 표명에 반하는 처분을 함으로써 납세자의 이익이 침해되는 결과가 초래되어야 한다."고 판시했다.(대법원 1990.10.10. 선고 88누5280 판결)

대표적인 사전심사제도 몇 가지를 알아보자.

(1) 품목 분류 사전심사제도

HS코드의 분류가 중요하다고 강조한 바 있다. 관세평가분류원에 물품설명서, 샘플을 가지고 UNI-PASS에서 신청할 수 있다. 샘플 제공이 어려운 경우 사유서와 자세한 사진으로 대체할 수 있다. 제품 기능, 구조, 용도, 성분, 제조 공정 등 자세한 내용을 제공해야 한다. 쉽게 말하면 제품의 각 부분이 왜 필요한지 설명이 필요하다. 품목 분류사전심사를 신청하려면 많은 노력이 필요하다. 자료가 불충분하면 회신을 받을 수 없다.

(2) 환급 신청 전 소요량 사전심사제도

개별환급에서 자율 소요량 산정 오류로 사후 추징 위험에 대비해 환급을 신청하기 전, 환급액 산정 기준이 되는 수출물품을 생산하는 데 드는 소요량을 적정하게 산정했는지 등에 대해 심사를 청구해 확인받는 제도다.

(3) 과세가격 사전심사제도

특수관계자 사이 거래 물품의 과세가격 결정방법 사전심사와 독립당사자 사이 거래 물품의 과세가격 결정방법 사전심사로 나뉜다. 거래가격을 과세가격으로 볼 수 있는지와 가산액과 공제액을 확인할 수 있다.

(4) 원산지 사전심사제도

FTA 협정의 원산지 결정 기준의 충족 여부 등에 대해 해당 물품의 수입신고 전에 심사를 요청하는 제도이다. 협정에 사전심사 규정이 있는 국가(칠레·싱가포르·인도·유럽연합·미국·페루·터키·오스트레일리아·콜롬비아)에 한해 사전심사제도를 이용할 수 있다.

2. 외국환거래법

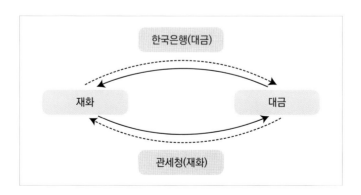

1) 재화와 대금 이동의 일치

국가에서는 대금과 재화가 해외로 이동하는 것을 관리한다. 물론 해외에서 한국으로 들어오는 것도 같이 관리하지만, 주요 관심사는 해외로 나가는 것이다.

관리하는 방법은 간단하다. 재화의 이동과 대금의 이동이 일대일 대응해서 진행하는지를 확인한다. 즉, 재화가 나가면 대금이 들어와야 하고 재화가 들어오면 대금이 나가야 하는 것이다. 재화의 이동은 반드시 관세청에 신고하도록 하여, 수출신고필증이나 수입신고필증을 발급하고 재화를 수출입할 수 있다.

대금은 은행을 통해 송금하도록 한다. 개인이 들고 나가는 등 은행을 통하지 않는 송금은 신고하도록 돼 있다.

국가는 관세청에서 재화 이동 내용을 받고 은행에선 대금 이동 내용을 받아 일대일로 대응되는지를 확인한다. 대금이 나갔는데 재화가 들어오지 않거나 재화가 나갔는데 대금이 들어오지 않으면 관세청이나 국세청에서 심사할 수도 있다.

2) 신고가 필요한 결제

외국환거래법에서는 재화와 대금의 이동이 일대일 대응이 되지 않는 거래는 사전에 신고하도록 규정하고 있다. 신고가 필요한 결제는 다음과 같다.

① 상계 방법에 의한 결제

② 수출입 대금의 법정 기간을 넘기는 결제 : 5만 달러가 넘는 수출거래로 선적 1년을 초과해 송금받은 경우와, 2만 달러가 넘는 수입거래로 물품이나 선적서류의 수령 전 1년을 초과해 지급하는 경우에 신고가 필요하다.

③ 당사자가 아닌 제3자 지급 : 당사자가 아닌 제3자로부터 대금을 수령하는 것은 신고 예외 사항이다. 국가에서는 한국으로 돈이 들어오는 것보다는 나가는 것을 집중 관리한다는 의미로 이해하면 된다.

④ 은행을 통하지 않은 지급과 수령(현금 지급 등)

3. 대외무역법

대외무역법은 수출입 제한·금지 물품과 전략물자, 원산지를 관리한다. 실제 업무에서 알아둬야 하는 제한·금지 물품, 전략물자와 원산지를 알아보자.

1) 수출입 제한·금지 물품

대외무역법에서 지정·고시하는 물품 등의 수출 또는 수입을 제한하거나 금지하고 있다. 산업통상자원부고시(수출입공고)는 물품 등의 수출 또는 수입의 제한·금지, 승인, 신고, 그 절차 등에 관한 사항을 규정한다. 현재 고시된 대상 물품은 다음과 같다.

> ① **수출금지품목** : 고래고기, 자연석, 개의 모피 등
> ② **수출제한물품** : 천연모래, 자갈, 쇄석, 철강제품 등
> ③ **수입제한품목** : 항공기 및 부분품 관련 품목

금지 품목을 제외한 제한 품목은 승인받은 경우 수출입을 할 수 있다. 다만 예외적으로 긴급히 처리해야 하는 물품 등과 그 밖의 수출입 절차를 간소화하기 위한 물품은 수출입 승인을 면제할 수 있다.

2) 전략물자

(1) 전략물자

전략물자란 무기로 사용되거나 무기의 개발·사용·보관 등에 이용될 수 있는 물품 등을 말한다. 전략물자는 크게 군용물자와 이중용도품목으로 나눌 수 있다. 군용물자는 말 그대로 무기로 사용할 수 있는 것을 이른다. 군용물자는 생산과 유통을 허가받은 업체만이 할 수 있어, 전략물자 관리는 잘하고 있다.

(2) 이중 용도 품목과 상황허가

문제는 이중 용도 품목이다. 이 물품은 원래 일반 물품을 생산하는 자재나 장비인데 무기를 만들 때도 사용될 수 있어 전략물자고시에 물품을 열거하고 있다.

수출하는 물품이 전략물자인지 잘 모르면 전략물자관리원에서 자가 판정을 하거나 전략물자 판정을 의뢰할 수 있다. 전략물자가 아니면 별도 허가 없이 수출할 수 있지만, 전략물자인 경우 허가를 받아야 한다. 전략물자를 수출하려는 개인 또는 업체는 수출 전에 반드시 관련 허가 기관에서 수출허가를 받아야 한다. 전략물자가 아니더라도 우려되는 용도로 전용될 위험이 있다면 관련 기관의 상황허가를 받아야 수출이 가능하다. 우려가 되는 나라나 회사와 거래하는 경우 일반 컴퓨터라고 하더라도 상황허가를 받아야 한다.

3) 원산지

원산지 규정은 크게 원산지 판정과 원산지 표시로 나눌 수 있다. 원산지 규정은 나라별로 다소 다르게 규정돼 있지만 개념은 유사하다. 수입물품의 원산지 규정은 수입국 원칙을 따라야 한다.

(1) 원산지 판정

원산지 판정은 수입물품의 원산지 판정과 수입 원료를 사용한 국내 생산 물품 등의 원산지 판정으로 나눌 수 있다.

① 수입물품의 원산지 판정

ㄱ. 1차 상품인 경우(농수산물 등) 생산국을 원산지로 한다.

ㄴ. 가공·생산된 물품의 경우 실질적인 변형이 이루어진 나라를 원산지국으로 한다.

ㄷ. 단순 가공이 아닌 경우 HS코드 6자리가 변형되는 것을 실질적인 변형으로 본다. 실질적 변형이라고 하면 원재료의 HS와 완제품의 HS 6자리가 변하는 것을 말한다. 본질적인 특성을 부여하는 활동을 하더라도 세번이 변경되지 않을 때는 제조 과정이나 부가가치 형성 등 종합적인 특성을 고려해서 판단해야 한다.

② 수입 원료를 사용한 국내 생산 물품 등의 원산지 판정 기준

ㄱ. 판정 대상

단순 가공 물품과 1류~24류(농수산물·식품), 30류(의료용품), 33류(향료·화장품), 48류(지와 판지), 49류(서적·신문·인쇄물), 50류~58류(섬유), 70류(유리), 72류(철강), 87류(8701~8708의 일반차량), 89류(선박)에 해당하지 않은 물품에 대해 원산지 판정 대상 물품으로 한다.

ㄴ. HS 6단위 변경 시 RVC 51% 이상

우리나라에서 제조·가공 과정을 통해 수입 원료의 세번과 상이한 세번(HS 6단위 기준)의 물품(세번 HS 4단위에 해당하는 물품의 세번이 HS 6단위에서 전혀 분류되지 아니한 물품을 포함한다)을 생산하고, 해당 물품의 총 제조원가 중 수입 원료의 수입가격(CIF 가격 기준)을 공제한 금액이 총 제조원가의 51% 이상일 때는 한국산으로 판정한다.

ㄷ. HS 6단위 미변경 시 RVC 85% 이상

우리나라에서 단순한 가공 활동이 아닌 제조·가공 과정을 통해 세번 변경(HS 6 단위 기준)이 안 된 물품을 최종적으로 생산하고, 해당 물품의 총 제조원가 중 수입 원료의 수입가격(CIF 가격 기준)을 공제한 금액이 총 제조원가의 85% 이상일 때는 한국산으로 판정한다.

ㄹ. 국내 생산물품 원산지 판정

수입물품의 원산지 판정 기준은 CTSH이고 수입 원료를 사용한 국내 생산 물품 등의 원산지 판정 기준은 'CTSH + RVC 51%' 또는 RVC 85%로 다르다. 수입 물품의 경우 수출국과 현품의 원산지 표시된 나라가 일치하는 정도만 확인이 가능하고 실제로 원산지 국가를 판단하는 것은 쉽지 않다. 비특혜원산지증명서를 제출한다고 하더라도, 보통 증빙자료 없이 비특혜원산지증명서가 발행되기 때문에 수입물품의 원산지를 정확히 확인해준다고 보기도 어렵다. 수입 원료를 사용한 국내 생산 물품의 원산지 판정 기준이 수입물품보다 까다로운 것은 '국산'을 엄격히 관리하겠다는 의지로 볼 수 있겠다.

다만, 실무에서 부가가치 기준을 판단할 때 국내에서 구매한 원료를 '국산'으로 확인하는 과정이 쉽지 않아 정확한 판정이 어려운 경우가 많다.

(2) 원산지 표시

① 원칙적 원산지 표시 방법

원산지 표시는 소비자가 쉽게 알아볼 수 있는 크기로 보기 용이한 장소에 쉽게 제거되지 않는 방법으로 허용된 방법으로 해야 한다. 현품과 포장에 모두 해야 하는 것이 원칙이다.

> ▶ 허용된 원산지 표시 방법
> - '원산지 : 국명' 또는 '국명 산(産)'
> - 'Made in 국명' 또는 'Product of 국명'
> - 'Made by 물품 제조자의 회사명, 주소, 국명'
> - 'Country of Origin : 국명'

② 관행상 허용된 원산지 표시 방법

국제상거래 관행상 정착된 표시 방법은 적정한 원산지 표시로 인정할 수 있다.

▶ 예) 'Manufactured by 물품 제조자 회사명·주소·국명', 'Manufactured in 국명', 'Produced in 국명', '국가명 Made', 'Assembled in 국명', 'Brewed in 국명', 'Distilled in 국명'

③ 원산지 표시 방법의 적절성

세관에서 수입물품 검사를 한다고 하면 원산지 표시는 반드시 확인한다. 표시돼 있더라도 원산지 표시로 인정되는 문구를 사용하지 않았거나, 적정 표시 방법을 사용하지 않았거나, 적정 표시 방법을 사용했더라도 오인하게 하거나 원산지를 확인하기 어려운 장소에 부착한 경우에는 보수 작업을 해야 할 수도 있다.

예를 들어 원칙적으로 물품에 제거되지 않는 방식이거나 제거하는 경우 제품이 손상되는 정도로 원산지 표시를 해야 하는데, 원산지 스티커가 쉽게 떨어진다든지 인쇄된 원산지 문구가 쉽게 지워진다면 적절한 원산지 표시로 인정받을 수 없다. 또한 원산지 표시 주변에 원산지를 오인할 만한 문구를 넣거나(예를 들어 MADE IN CHINA 인데 포장지에 USA라고 원산지 표시보다 큰 글씨로 표시) 원산지 글씨가 잘 보이지 않을 때도 적절한 원산지 표시로 인정받을 수 없다.

원산지 표시는 정확하게 되어 있으나 소비자가 원산지를 확인하기 어려운 장소에 부착하는 것도 허용하지 않는다.(예를 들어 가구 바닥에 원산지 표시)

④ 원산지 표기의 예외(최소 포장에 원산지 표기)

다만 원산지 표기를 원칙대로 하는 것이 어렵거나 불필요한 경우에는 예외를 두고 있다. 원산지는 물품과 포장용기에 모두 해야 하지만, 다음의 경우에는 최소 포장에 원산지 표기를 할 수 있다.

ㄱ. 해당 물품에 원산지를 표시하는 것이 불가능한 경우

ㄴ. 원산지 표시로 인해 해당 물품이 크게 훼손되는 경우

　　(예 : 당구공, 콘택트렌즈, 포장하지 않은 집적회로 등)

ㄷ. 원산지 표시로 인해 해당 물품의 가치가 실질적으로 저하되는 경우

ㄹ. 원산지 표시 비용이 해당 물품의 수입을 막을 정도로 과도한 경우

　　(예 : 물품 가격보다 표시 비용이 더 많이 들 때 등)

ㅁ. 상거래 관행상 최종구매자에게 포장·용기에 봉인돼 판매되는 물품, 또는 봉인되지는 않았으나 포장·용기를 뜯지 않고 판매되는 물품

　　(예 : 비누, 칫솔, 비디오테이프 등)

ㅂ. 실질적 변형을 일으키는 제조 공정에 투입되는 부품과 원재료를 수입 후 실수요
자에게 직접 공급하는 경우

ㅅ. 물품 외관상 원산지를 오인할 가능성이 적은 경우

(예 : 두리안·오렌지·바나나 같은 과일과 채소 등)

⑤ 원산지 표기 면제

다음의 경우에는 원산지 표기를 면제해준다.

ㄱ. 외화 획득용 원료와 시설 기재로 수입되는 물품

ㄴ. 개인에게 무상 송부된 탁송품, 별송품 또는 여행자 휴대품

ㄷ. 수입 후 실질적 변형을 일으키는 제조 공정에 투입되는 부품과 원재료로서 실수
요자가 직접 수입하는 경우(실수요자를 위해 수입을 대행하는 경우 포함)

ㄹ. 판매 또는 임대 목적에 제공되지 않는 물품으로서 실수요자가 직접 수입하는 경
우. 다만, 해당 물품 중 제조용 시설과 기자재(부분품과 예비용 부품 포함)는 실수
요자를 위해 수입을 대행하는 경우까지도 인정할 수 있다.

ㅁ. 연구개발 용품으로서 실수요자가 수입하는 경우(실수요자를 위해 수입을 대행하는
경우 포함)

ㅂ. 견본품(진열·판매용이 아닌 것에 한함)과 수입물품의 하자보수용 물품(수입물품의
자체 결함에 따른 하자를 보수하기 위해 직접 수입하는 경우에 한함)

ㅅ. 보세운송, 환적 등에 의해 우리나라를 단순히 경유하는 통과 화물

ㅇ. 재수출 조건부 면세 대상 물품 등 일시 수입물품

ㅈ. 우리나라에서 수출된 뒤 재수입되는 물품

ㅊ. 외교관 면세 대상 물품

ㅌ. 개인이 자가 소비용으로 수입하는 물품으로서 세관장이 타당하다고 인정하는
물품

⑥ 세관 원산지 검사

실무에서는 세관 검사 시 원산지 표시가 되어 있지 않은 경우 보수 작업을 해야 하지
만, 상기와 같이 예외 규정을 주장할 수 있는지 살펴봐야 한다. 특히 "수입 후 실질적
변형을 일으키는 제조 공정에 투입되는 부품과 원재료를 수입(수입대행 포함)"의 면
제 규정은 실무에서 많이 사용한다.

직접 수입의 경우 생산공장에서 사용하는 부품과 원재료라는 것을 제조공정도나 사

유서로 증빙한다. 수입대행의 경우 제조자에게 부품·원재료 납품 대행계약서 등을 제출해 원산지 표시 면제 사유를 설명한다. 다만 제조 공정에 투입된다고 하더라도 일부는 부품이나 원재료로 가공 없이 판매된다고 하면 원산지 표시 대상으로 보아야 한다.

세관에서 물품에 대한 내용을 파악할 때 수입자의 홈페이지나 수출자의 홈페이지를 많이 찾아본다. 제조 공정에 투입한다고 설명했는데 수입자의 홈페이지에 부품이나 원재료를 가공 없이 판매하는 글이 있으면 원산지 면제가 어려울 수 있다.

TIP 중고물품을 수입할 때 원산지 표시를 해야 하는가? 해야 한다면 어떻게 해야 하나?

중고물품이라고 하더라도 원산지 표시 대상 품목인 경우에는 원산지 표시를 해야 한다. 만약 원산지가 제품에 표시돼 있다면 표시된 원산지를 사용하면 되지만, 원산지가 표시돼 있지 않다면 원산지 판정을 하기란 거의 불가능하다. 중고물품과 같이 원산지를 특정하기 어려운 경우 'IMPORTED FROM 국명'을 적는 것이 허용된다. 또한 단순 조립의 경우 'ORGANIZED IN 국명'(부분품별 원산지 나열)으로 표기도 허용되며, 단순 혼합물의 경우 'MIXED IN 국명'(원재료별 원산지 나열)도 허용된다.
원산지 표기는 'MADE IN 국명' 등 지정된 형식으로만 표현할 수 있는데 물품의 크기가 작은 경우 국명만을 표기할 수 있다.(시계 등)
또한 제품 공정이 여러 나라에서 이루어진 경우 원산지 표시에 보조적으로 'DESIGNED IN 국명', 'FASHIONED IN 국명', 'MODED IN 국명', 'STYLED IN 국명', 'LICENSED BY 국명', 'FINISHED IN 국명' 등을 표기할 수 있다. 다만 원칙적 원산지 표시에 오인할 우려가 없어야 한다.

CHAPTER 05

무역·물류 심화

무역·물류 심화

전체 그림을 보기 위해 대략 설명했던 무역·물류 내용 중 추가 설명이 필요한 것을 제5장에서 자세히 살펴보자.

1. 인코텀스(INCOTERMS) 2020

<표 5-1> 인코텀스 유사 조건 분류

E·F·C·D GROUP	E GROUP : EXW F GROUP : FAS, FCA, FOB C GROUP : CFR, CPT, CIF, CIP D GROUP : DAP, DPU, DDP
운송 방식	해상운송 방식 : FAS, FOB, CFR, CIF 모든 운송 방식 : EXW, FCA, CPT, CIP, DAP, DPU, DDP
적하보험	SELLER : CIF, CIP, DAP, DPU, DDP BUYER : EXW, FCA, FAS, FOB, CFR, CPT
비용·위험의 이전 시점	동일 : EXW, FAS, FCA, FOB, DAP, DPU, DDP 다름 : CPT, CIP, CFR, CIF
수출통관	SELLER : FAS, FCA, FOB, CFR, CPT, CIF, CIP, DAP, DPU, DDP BUYER : EXW
수입통관	SELLER : DDP BUYER : EXW, FAS, FCA, FOB, CFR, CPT, CIF, CIP, DAP, DPU
상차 의무 하차 의무	SELLER : FCA 공장 SELLER : DPU

인코텀스 11개 조건을 Seller의 최소 의무 조건인 EXW부터 최대 의무 조건인 DDP까지 순서대로 검토해본다.

인코텀스(INCOTERMS)에서는 비용을 누가 낼지, 위험 부담은 누가 어디까지 할지에 대한 국제적 상관습을 규칙으로 만든 것이라고 보면 된다. FAS, FOB, CFR, CIF는 해상운송과 내수로 운송에 적용하고 나머지 7개 규칙은 모든 운송 방식에 적용하도록 규정하고 있지만 실무에서는 혼용해서 쓰기도 한다. 다만 처음 거래하는 경우 의무와 책임을 명확히 하려면 인코텀스에서 규정한 규칙을 따르는 게 좋다.

다시 말하지만 인코텀스는 꼭 지켜야 하는 법이 아니라 Seller와 Buyer의 합의가 있어야 효력이 발생하는 규칙이다. 계약서나 Profoma Invoice에 "FOB BUSAN CY, INCOTERMS LATEST VERSION"이라 적고 서명하거나 이행하면 효력이 발생하게 된다.

1) 인코텀스 11개 조건

(1) EXW(Ex Works) : 공장 인도 조건

비용과 위험의 이전 시점이 공장에서 인도하는 때이다. EXW 다음에 화물 인도 장소를 적어서 위험과 비용의 이전 장소를 명확히 한다. Buyer가 수배한 차량이 인도 장소에 오면 Seller가 상차 의무는 없으나 인도 장소에 장비와 인력이 있다면 상차해주는 것이 상식이다.

수출통관도 Buyer가 해야 하는데 Seller는 통관에 필요한 협력은 해줘야 한다. 어떤 게 유리하다 불리하다 말할 수는 없다. EXW 조건으로만 판매하는 회사도 있고, CIF로만 판매하는 회사도 있다. 이탈리아의 경우 대부분 EXW 조건으로 판매한다.

가장 일반적인 형태는 FOB나 CFR이다. 선임을 제외한 선적지 비용은 Seller가, 도착지 비용은 Buyer가 내는 것이 무난하다.

(2) FCA(Free Carrier) : 운송인 인도 조건

위험과 비용의 이전이 FCA 다음에 지정된 장소까지다. FCA 출고 장소인 경우 운송수단에 적재한 후에, FCA 부두인 경우 지정된 부두에 도착한 운송수단에서 위험이 이전된다. 인코텀스에서 비용 부담을 누가 하는지 가장 논란이 많은 조건이다. FCA 다음에 출고 장소를 적으면 'EXW + 수출통관 + 상차 의무'가 Seller의 의무가 되고, FCA 다음에 부두나 공항을 적으면 'EXW + 수출통관 + 부두나 공항까지 운송'이 Seller의 의무가 된다. FCA 부두나 공항일 때 도착해서 하차는 Seller의 의무가 아니다.

FCA 다음에 어느 장소를 적느냐에 따라 Seller의 의무가 달라지기 때문에 정확히 적어야 한다.

(3) FAS(Free Alongside Ship) : 선측 인도 조건

위험과 비용의 이전이 선측에 인도할 때까지이다. 선측이라고 하면 부두에 접안한 선박의 크레인이 닿는 범위를 말한다. 벌크(Bulk) 선박에 선적할 때 이용할 수 있는 조건이다. 물론 RO/RO 선박에도 적용할 수 있다

① 벌크 선박의 선임 조건(BT/BT, FI/FO)

FAS를 설명하기 전에 벌크 선박의 선임과 부대비용을 알아야 한다.

벌크 선박의 선임은 BT/BT(Berth Term/Berth Term)나 FI/FO(Free In/Free Out) 조건으로 구분된다. 물론 BT/FO나 FI/BT도 가능하다. 벌크 선박에 화물을 선적할 때 크레인을 이용하는데, 선박에 있는 크레인을 이용할 수도 있고 부두에 있는 크레인을 이용할 수도 있다. 일반적으로 선박에 있는 크레인을 이용해서 여러 화주의 화물을 선적하는 경우 BT/BT가 많이 사용된다. 부정기선(Bulk)이지만 고정적으로 서비스되는 선박의 Ocean Freight는 대부분 BT/BT가 많다.

② BT/BT와 부대비용

BT/BT의 Ocean Freight에는 '선적지 크레인 + 선내 하역비 + 선내 결박·고정료 + 선임'이 포함된 가격이다. 선사가 크레인을 이용해서 선박에 적재하고 고정한다. 선박이 도착해서 결박을 풀고 크레인에 걸어 선측에 내려 하역사가 물품을 받기 전까지 비용도 포함한다.

선적할 때 벌크 선박의 부두 비용은 'DOC + 선측 하역비'가 있다. 선측 하역비는 화물이 부두에 오면 받아주고 선박에서 크레인이 내려오면 크레인 훅(Hook)에 화물을 걸어주는 비용을 말한다. 도착항에서는 반대로 크레인에서 내려오는 화물을 받아서 부두에 장치하는 비용이다.

③ FI/FO와 부대비용

FI/FO는 선박회사 입장에서 화물이 Free In/Free Out하는 Ocean Freight이기 때문에 Ocean Freight는 순수 해상 운송료이고 '크레인 + 선내 하역비 + 선내 결박/고정료'는 포함되지 않는다.

일반적으로 FAS 계약에서는 BT/BT Ocean Freight가 적합하다. 물론 FI/FO Term Ocean Freight로 선적해도 선내 하역비부터 Buyer가 지급한다고 하면 비용의 이전은 동일하다.

FAS 부두 조건은 Seller가 수출통관 후 부두까지 운송하고 선측 하역비까지 지급하는 것으로 벌크 선적에서 FOB를 사용하면 'FOB = FAS + DOC + 선측 하역비 + 선내 하역비 + 선내 결박/고정료' 정도로 볼 수 있다. FI/FO Term Ocean Freight일 때 FOB로 하는 것이 적합할 수도 있다. FAS 다음에는 선적 부두를 적는다.

(4) FOB(Free On Board) : 본선 인도 조건

가장 오래되고 많이 사용하는 조건이다. 위험과 비용의 이전이 본선에 선적하는 것까지는 Seller에게 있다. 선박운송에 사용하도록 하지만 항공운송에도 FOB 조건을 많이 쓴다. 선적지에서 발생하는 비용은 Seller가 내고 해상 운임부터 Buyer가 내는 조건으로 이해하면 된다. FOB 다음에는 선적 부두를 적는다.

(5) CFR(Cost and Freight) : 운임 포함 인도 조건

FOB와 같이 많이 사용되는 조건이다. 위험 이전은 FOB 조건과 동일하게 본선에 선적하는 것까지이지만 비용은 'FOB + 선임'을 Seller가 부담한다. CFR 다음에는 도착 부두를 적는다.

(6) CIF(Cost Insurance and Freight) : 운임·보험료 포함 인도 조건

위험 이전은 FOB 조건과 동일하지만 비용은 'FOB + 선임 + 보험료'를 Seller가 부담한다. CIF 다음에는 도착 부두를 적는다.

FOB, CFR, CIF의 관계를 수식으로 나타내면 다음과 같다.

- FOB + Ocean Freight = CFR
- FOB + Ocean Freight + Insurance Premium= CIF
- CFR + Insurance Premium = CIF

Buyer가 Seller에게 견적을 요청할 때 FOB 가격과 CIF 가격 두 가지를 요청했다고 가정해보자. Buyer는 본인이 사용하는 포워더에 Ocean Freight와 Insurance Premium을 확인해서 'FOB 가격 + Ocean Freight + Insurance Premium'의 합계를 Seller의 CIF 가격과 비교해서 저렴한 쪽으로 인코텀스를 결정할 수도 있다. Seller의 CIF가 저렴하면 CIF로, 반대면 FOB로 조건을 설정해 진행할 수 있다.

포워더를 지정한 쪽이 아무래도 서비스를 좋게 받는 것도 인코텀스를 결정할 때 고민해야 한다. 예를 들어 FOB일 때 Buyer에게, 그리고 CIF일 때 Seller에게 포워더의 서비스를 좀 더 기대할 수 있다는 말이다.

(7) CPT(Carriage Paid to) : 운송비 지급 인도 조건

CPT 다음에 Seller가 비용을 부담하고 물품을 인도할 수입국 지정 장소를 적고 Seller가 목적 장소까지 운송해주는 조건이다. 위험 이전은 선적지에서 물품이 최초 운송인에게 인도되는 장소이고, 비용은 목적 장소까지 운송료를 Seller가 부담한다.

여기서 위험이 이전되는 선적지의 물품 인도 장소는 최초 국외로 가는 운송사에 인도하는 장소로 보면 된다. 예를 들어 서울에서 인천까지 육상운송으로 이동한 뒤, 인천에서 중국까지 항공운송을 하고, 중국에서 미국까지 해상운송을 했다고 하면, 인천 항공운송사에 인도했을 때 위험이 이전된다. 하지만 비용은 Seller가 미국 도착까지 모든 운송료를 지급해야 한다. 물론 전 구간은 하나의 포워더가 책임지고 운송했다고 하면, 서울에서 육상운송사에 인도했을 때 위험 이전이 완료된다고 볼 수도 있다.

위험 이전이 최초 운송인에게 인도됐을 때라서 조금은 모호한 조건인데, 계약서에 위험이 이전되는 장소를 명확히 해주는 것도 좋은 방법이다.

(8) CIP(Carriage and Insurance Paid to) : 운송비·보험료 지급 인도 조건

CPT는 CFR와 유사하고 CIP는 CIF와 유사하다. CIP의 위험 이전은 CPT와 동일하고, 비용은 CIP는 'CPT + Insurance Premium'을 Seller가 지급하는 조건이다.

위험 이전과 비용 이전이 다른 경우는 CFR·CIF·CPT·CIP, 네 조건이다. 위험 이전은 보험을 누가 가입하고 보험사고가 발생했을 때 누가 보상받느냐를 판단할 때 중요하다.

CIP 다음에는 Seller가 비용을 부담하고 물품을 인도할 수입국 지정 장소를 적는다.

(9) DAP(Delivered at Place) : 도착지 인도 조건

DAP 다음의 수입국 목적지까지의 위험과 비용을 Seller가 부담한다. 도착지에서 하차는 Buyer의 부담이다. 일반적으로 DHL이나 페덱스로 물품을 보낼 때 거래 조건이 DAP이다.

DAP 다음에는 수입국 목적지를 적는다.

(10) DPU(Delivered at Place Unloaded) : 도착지 양하 인도 조건

DAP의 위험 이전 시점은 목적지에서 양하 준비가 완료된 시점이지만, DPU는 양하가 완료된 시점에 위험이 Buyer에게 이전된다. 비용의 이전은 DAP에 도착지 양하 비용을 추가하면 DPU가 된다. 수식으로 하면 'DPU = DAP + Unloading' DPU 다음에는 수입국 목적지를 적는다.

(11) DDP(Delivered Duty Paid) : 관세 지급 인도 조건

일반 상거래에서는 거의 사용하지 않는 조건이다. DAP와 위험 이전은 같고 비용은 'DAP + 수입통관 +관세'를 Buyer가 부담하는 조건이다.

부가가치세는 누가 지급해야 한다는 조건은 없다. 보통 수입국에서 Buyer가 수입한 물품을 상업 목적으로 사용하는 경우 환급(?)이 가능하므로 Buyer가 지급하는 것이 일반적이다. 수출자가 관세를 지급하는 조건으로 일반 상거래를 한다면 Seller는 당연히 판매 물품 단가에 관세를 포함해서 Commercial Invoice를 작성했을 것이다. Seller가 물품에 관세를 포함해 받아서 수입국 관세사에게 줘서 세관에 관세를 납부하게 하는 건 상식적이지 않다. Buyer가 직접 세관에 납부하는 게 합리적이다.

DDP 다음에는 수입국 목적지를 적는다.

2) 인코텀스 보험 가입 의무와 통관 의무

인코텀스에서 보험 가입 의무는 CIP와 CIF의 경우만 Seller가 가입하도록 돼 있다. 다른 조건은 별도의 언급이 없다. 보험은 위험을 부담해야 하는 사람이 가입해야 한다. 인코텀스의 위험 이전에 따라 다음과 같이 보험 가입을 Seller가 하는 조건과 Buyer가 하는 조건으로 구분할 수 있다.

- Seller가 부담해야 하는 조건 : CIF, CIP, DAP, DPU, DDP
- Buyer가 부담해야 하는 조건 : EXW, FCA, FAS, FOB, CFR, CPT

EXW를 제외하고는 수출통관은 Seller의 의무이다. DDP를 제외하고는 수입통관은 Buyer의 의무이다.

3) 인코텀스 상·하차 의무

인코텀스에서 상·하차 의무 규정이 있는 것은 FCA 공장 인도 조건과 DPU 조건이다. FCA 공장 인도 조건은 Seller가 상차의 의무를, DPU 조건은 Seller가 하차의 의무가 있다. 인코텀스에 상·하차 규정이 없는 조건은 상관례를 따르면 된다.

일반적으로 상차는 EXW 조건을 제외하고는 Seller의 의무로 보면 되고, 하차는 DPU 조건을 제외하고는 Buyer의 의무로 보면 된다. 모호한 상황은 사전에 계약서에 명시해놓는 것이 좋다.

2. 적하보험

1) 보험 적용 구간

거의 모든 보험이 기간보험이지만 적하보험은 구간보험이다.

인코텀스에서 Seller가 보험에 가입해야 하는 조건인 CIF·CIP·DAP·DPU·DDP인 경우 공장 출고에서 수입국 목적지까지 구간에 대해 보장된다. 하지만 Buyer가 보험에 가입해야 하는 조건인 EXW·FCA·FAS·FOB·CFR·CPT의 경우 위험 이전이 시작되는 구간, 즉 수출지에서 인도되는 장소부터 보험 적용 구간이 시작되고 수입국 목적지까지 구간에 대해 보장된다. 따라서 수출자 공장에서 위험이 이전되는 구간까지는 보험이 보장되지 않는다(EXW 제외).

구간에 상관없이 보험료는 동일하다. 인코텀스를 결정할 때 보험도 고려해야 한다.

2) 구약관과 신약관

적하보험에 가입할 때 구약관(AR·WA·FPA)과 신약관(ICC A·B·C)을 선택할 수 있다. 보통 신약관 ICC A·B·C를 사용한다. 구약관 AR·WA·FPA는 신약관 ICC A·B·C와 유사하다. 구약관과 신약관의 차이를 이해하는 것은 실익이 없다. ICC A·B와 C 가운데 어떤 조건으로 가입할지 따지는 것도 큰 의미가 없다. 보험료에 별 차이가 없기 때문에 ICC A로 가입하면 된다. 차이가 나더라도 보험에 가입하는 목적을 달성하기 위해서라도 ICC A에 가입하는 것이 좋다.

인코텀스 2020년에서 CIF는 Seller가 ICC C 조건으로 가입해도 되지만 CIP는 ICC A 조건으로 가입하도록 의무사항이 바뀌었다. ICC A의 경우 담보가 되지 않은 것을 제외하고는 모두 보상 가능하다고 보면 되고, ICC B와 C는 담보가 된다고 명기한 손해만 보상이 가능하다. ICC A는 보험회사가 면책 손실을 증명해야만 면책되고, ICC B·C는 보험가입자가 담보 손실을 증명해야만 보상받을 수 있다. 보험가입자가 담보 손실을 증명하기란 쉽지 않다. 이러한 사유로 비용이 크게 차이 나지 않는다면 ICC B로 할지 ICC C로 할지 고민할 필요 없이 ICC A로 하면 된다.

다만 부분손을 주장하기 어렵고 ICC A와 ICC C의 보험료 차이가 많이 나는 화물은 ICC C도 고민해볼 필요가 있다. 예를 들어 철판의 경우 녹스는 것은 기본 담보가 되지 않아 보험료를 추가해야만 담보가 되고 ICC A와 ICC C의 보험료 차이도 크므로, 이 경우에는 ICC C 가입도 고려할 수 있다.

〈표 5-2〉 신약관의 보험 담보 비교

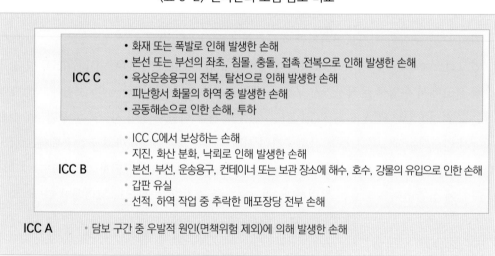

ICC C	• 화재 또는 폭발로 인해 발생한 손해 • 본선 또는 부선의 좌초, 침몰, 충돌, 접촉 전복으로 인해 발생한 손해 • 육상운송용구의 전복, 탈선으로 인해 발생한 손해 • 피난항서 화물의 하역 중 발생한 손해 • 공동해손으로 인한 손해, 투하
ICC B	• ICC C에서 보상하는 손해 • 지진, 화산 분화, 낙뢰로 인해 발생한 손해 • 본선, 부선, 운송용구, 컨테이너 또는 보관 장소에 해수, 호수, 강물의 유입으로 인한 손해 • 갑판 유실 • 선적, 하역 작업 중 추락한 매포장당 전부 손해
ICC A	• 담보 구간 중 우발적 원인(면책위험 제외)에 의해 발생한 손해

3) 보험 가입 금액, Open Policy와 보험 종료

보험 가입 금액, 즉 전손일 경우 최대 보상액은 기본적으로 Commercial Invoice Value에 희망이익 10%를 더해 110%로 한다. 희망이익은 늘려서 보통 30%까지 선택할 수 있다.

연간 보험료가 많은 경우 오픈폴리시(Open Policy)도 고려할 필요가 있다. Open Policy는 건별로 보험을 들지 않고 Seller나 Buyer가 선적하는 화물에 대해 일괄적으로 보험에 가입하는 것이다. 일반적으로 보험은 위험이 발생하는 시점 이전에 가입해야 하지만, Open

Policy로 계약하면 사후에 Invoice를 모아서 접수하기 때문에 실수로 보험 가입을 늦게 해서 보상받지 못하는 위험을 피할 수 있다는 장점이 있다. 또한 보험료도 어느 정도 인하될 수 있다.

보험은 물품이 최종 목적지에 인도될 때 종료되지만, 최종 도착항에서 하역 후 60일(수출)/30일(수입)이 경과하거나 최종 목적지에 도착하기 전 화물을 분류해 배송하는 경우 분류하는 창고에서 보험이 종료된다. 운송 종료 약관에 의해 최종 목적지 이전에 보험이 종료되는 경우가 생길 수도 있다.

4) 보험 사고

사고가 발생하면 보험회사는 누구에게 보상금을 지급할까? 보험회사에 사고 접수가 된 경우 사고 장소가 인코텀스에서 Seller가 위험을 부담하는 곳이라면 Seller에게, Buyer가 위험을 부담하는 장소라면 Buyer에게 보상해준다.

사고가 발생하면 즉시 보험회사에 사고 접수를 해야 한다. 보상금이 소액일 때는 손해사정인의 조사 없이 보상이 되기도 하는데, 이는 보험회사 입장에서 손해사정인 비용과 구상권 행사를 위한 법률대리인 비용 등을 고려하면 서류로 접수 후 처리하는 것이 유리하기 때문이다.

☒TIP 적하보험에서 구상권

화주에게 보험금을 지급한 보험회사가 화물 손상에 책임이 있는 자에게 자신이 지급한 보험금 반환을 청구하는 권리를 말한다.

포워더가 선사를 통해 운송하다 선사의 귀책사유로 화물이 손상됐다고 가정하자.

포워더는 BL을 발행하고 계산서도 직접 화주에게 발행했다. 즉, 통상 판례에 따르면 포워더는 운송인으로서 행위를 했다. 포워더는 화물을 화주가 의뢰한 목적지까지 안전하게 운송할 책임이 있기에 이를 이행하지 못하면 계약불이행에 따른 손해배상 책임이 발생한다.

보험회사는 보상 금액이 크지 않을 때는 구상권을 행사하지 않는 경우도 있다. 구상권을 행사하려면 사고 조사도 손해사정인을 통해 해야 하고 법무법인이나 법무사를 통해 해결해야 하는데 비용이 들기 때문이다. 보상 금액이 큰 경우에는 보험회사에서 구상권을 포워더, 선사를 구분하지 않고 모든 책임 있는 자에게 행사한다고 보면 된다.

보통 포워더는 화물배상책임보험을 1억 원 한도로 가입한다. 운송사고시 적하보험회사가 화주에게 보험금을 지급하고 포워더에게 구상권을 행사하면 화물배상책임보험에서 배상한다. 화물배상책임보험을 통해 배상이 됐다면 포워더에게 직접 구상권을 행사할 필요가 없다. 만약 손실액이 10억 원인데 포워더가 그것을 보상할 능력이 없다면 책임 있는 선사 쪽에도 구상권 행사를 할 것이다.

포워더가 화주를 대신해서 적하보험에 가입할 때는 구상권 포기 특약을 추가할 수도 있다.

"SUBJECT TO WAIVER OF SUBROGATION RIGHT AGAINST CARRIER(대위권 포기)"

보험금을 지급한 보험회사는 피보험자가 가지는 손해배상청구권을 피보험자를 대신해(대위해) 행사할 권리를 자동으로 얻는다. 그러나 상기 약관을 첨부할 때 보험료 할증하여 납부하고 보험회사는 그 대위권을 포기하게 되고 포워더에게 구상권을 청구할 수 없다. 하지만 상황에 따라 보험회사가 구상권 포기 특약을 거부할 수 있다

물품 손상의 원인이 차량 전복이나 충돌 등 명확하다면 현장 사진이나 증거를 확보해서 보험 접수하면 일반적으로 보험회사 보상이 쉽게 된다. 보험회사의 면책 사고가 아니라면 보험회사는 보상을 하고 귀책사유자에게 구상권을 청구하면 된다.

5) LCL과 FCL의 경우 사고 책임

대부분 사고는 어디에서 발생했는지 원인을 알기 어렵다. 수입화물의 경우 손상이 발견되는 시점은 보통 항공화물과 해상 LCL 화물이 목적항에 도착해 창고에 반입되는 때이다. 창고에서 적출할 때 물품에 이상이 발견되면 사진을 찍고 Buyer에게 통보한다. 선적지에서 별도의 손상 통보 없이 선적했다는 것은 선적 전까지 화물에 이상이 없었다고 추정할 수 있다.

선적지 공장에서 출고할 때 트럭 기사가 외형을 대략 확인하고 창고에 입고할 때도 창고에서 대략 확인한다. 만약 이상이 발견됐다면 사전에 통지하게 돼 있다. 인수인계할 때 정밀하게 물품을 검사하는 게 아니라 외형 손상을 대략 확인하는 수준이라, 화물 전달 과정에서 눈으로 확인하기 어려울 때는 손상이 발견되지 않음으로써 어디에서 어떻게 손상이 일어났는지 추적하기 어렵다. 선적 당시 이상 보고 없이 목적지에 도착해서 손상이 발견됐다는 것은 해상과 항공으로 이동 중 손상이 일어났을 가능성이 많다.(물론 적입·적출 과정에서 발생할 수도 있다)

LCL의 경우 크기와 무게가 다른 화물을 많이 선적하려다보니 운송 중에 눌리거나 찢기는 사고가 빈번하다. 적재 방법에 문제가 있었다면 포워더나 창고에 책임을 물을 수 있다.

FCL의 경우 손상 원인을 추정할 때, BL에 운송사 책임 구간이 CFS/CFS 또는 CY/CY로 돼 있는지가 중요하다. CFS/CFS인 경우 선적지에서 손상이 없는 상태로 선적했고 도착지 CFS에서 적출할 때 손상이 발견됐다면, CFS에서 CFS로 운송하는 중에 손상이 생겼을 가능성에 무게를 두고 원인을 찾아볼 수 있다. 운송사가 책임져야 할 가능성이 크다.

FCL로 CY/CY 선적한 경우 Buyer 공장에서 컨테이너를 열었을 때 물품 손상이 발견됐다면 Shipper의 귀책사유일 가능성이 많다. 통상적인 운송 과정에서, 즉 외부 사고의 영향이 없을 때는 보통 적재 불량이나 고정 불량을 손상 원인으로 볼 수 있다.

6) 사고 원인 추정

사고 원인을 잘 추정하면 보험회사에 사고 접수를 하고 보상을 받는 데 도움이 된다. 사고 물품을 잘 확인하면 사고 시기와 원인을 어느 정도 추측할 수 있다. 오래 현장을 보존하는 것은 어렵기 때문에 사진을 잘 찍어둬야 한다. 사진을 잘 찍어두면 보험회사에 사고를 접수할 때 도움이 되고, 클레임 금액이 크지 않으면 손해사정인 조사 없이 서류로 보상받는 것에도 도움이 된다. 사진 찍을 때는 손상된 물품과 주변이 같이 보이도록 찍고 손상 부위도 찍는다. 손상 부위를 찍을 때는 손상의 크기를 추정할 수 있도록 명함 같은 것을 옆에 두고 찍으면 좋다.

컨테이너 내부에서 적출하기 전에 손상을 발견했다면 적출 전에 컨테이너 내부 사진을 찍고, 꺼내놓고 보니 손상이 발견됐다면 손상 위치가 컨테이너 내부 어디에 있었고 방향은 어떻게 되는지 확인해두는 것도 중요하다. 같이 선적된 주변 화물의 정보가 있으면 손상의 원인을 추정하는 데 도움이 된다. Consolidator에 CLP(Container Loading Plan)를 받아보면 화물의 위치를 알 수 있다.

※ CLP는 LCL을 집화하는 포워더가 CFS에 화물을 적재하는 지시서로, CLP를 보면 화물이 어떻게 컨테이너에 적재됐는지를 알 수 있다.

FCL의 경우에도 선박회사에 요청하면 컨테이너 위치(Bay Plan) 정보를 알 수 있다. 특히 플랫랙이나 오픈탑 컨테이너에서 사고가 난 경우 보험회사 손해사정인이 가장 먼저 확인하는 게 컨테이너 위치이다. Ondeck에 선적됐다면 조건이 ICC A에서 ICC C로 변경 적용되기 때문이다.

물에 젖은 손상이 발생했다면 컨테이너 일부분만 젖었는지 전체가 균일하게 젖었는지 확인해야 한다. 보통 일부분이 젖었다면 컨테이너에 구멍이 났거나 젖어 있는 화물을 컨테이너에 넣었을 가능성이 있고, 컨테이너 전체가 젖었다면 운송 중에 내부 습기로 인해 젖었을 수도 있다. 외부에서 젖은 화물을 컨테이너에 적입하고 목적지에 도착해서 발견했다면 이미 다 말랐을 가능성이 많다. 해수라면 소금이 하얗게 보일 수도 있어, 해수에 의한 손상인지 민물에 의한 손상인지 구분할 수 있다.

대부분 운송 중에 눌리거나 찢긴 사고가 많다. 눌린 사고는 이단 적재됐을 때 아래 화물에서 발생할 가능성이 많다. 해상운송 중에 온도 차이로 내부 습기가 카톤을 약하게 하고 카톤 위에 올려진 화물에 눌리게 된다. 특히 카톤 내부가 비어 있으면 눌리는 손상이 많이 일어난다. 찢긴 사고는 지게차 발이나 물품을 상·하차할 때 부딪쳐서 많이 발생한다. 찢기거나 부딪친 사고이면 포장지나 종이상자가 찢긴 방향과 모양을 주의해서 보아야 한다. 손상이 상차나 하차 어느 때 일어났는지, 손상 부위 모양으로 손상을 가한 물체를 추정할 수도 있다. 사진을 찍을 때는, 손상 모양 그대로 찍은 뒤 포장을 벗겨 내부를 찍어야 한다.

손해사정인이 조사할 수 있는 사고라면 사고 물품을 그대로 잘 보관하는 게 좋다. 원인을 파악하는 것은 사고 처리뿐만 아니라 손상 방지 대책을 세우는 데도 중요하다. 사고 원인이 포장이나 적재 불량 등 개선이 필요한 것이라면, 선적 방법을 고려해 물품에 따라 적절한 포장·적재 방법을 강구해야 한다.

7) 보상

보험회사는 예측 가능한 사고는 보상해주지 않는다. 부실한 포장이나 불량한 적재 방법으로 사고를 예상할 수 있다면 보상해주지 않는다는 뜻이다.

보험사고에 대한 보상은 가입 조건에 따라 다르겠지만, 기본적으로 원래 상태로 복원하는 정도로 보상이 된다. 사고가 우발적이고 예상할 수 없는 사유로 일어났다면 보험회사에서 보상하겠지만, 보상액이 피보험자의 손실액을 초과해 이익이 될 수는 없다. 보험사고는 누구도 원치 않아야 하고, 보상으로 피보험자의 손실이 완전히 치유된다고 볼 수 없다.

"원래 상태로 복원하는 정도"라는 의미는, 물품을 분실했다면 분실한 물품의 가격은 보상하지만 분실로 인한 간접손해에 대해서는 보상하지 않는 것을 말한다. 부분손으로 수리할 때도 원래 물품보다 더 좋게 하는 것이 아니라, 원래 물품과 동일한 상태로 돌려놓는 정도이다.

전손의 경우 손해액을 산정하는 것은 어렵지 않다. Commercial Invoice나 수출·수입신고필증 등 신고된 가격으로 산출할 수 있다. 다만 부분손일 때 피보험자 입장에서는 전손을 주장하는 경우가 많지만 보험회사는 수리해서 사용 가능하다면 수리비 등에 대해서만 보상하려 한다. 만약 수리비가 물품 가격을 넘어설 때는 당연히 전손 처리해서 보상받을 수 있다.

전손이 아닌 부분손 사고가 났을 때 사고 물품 손상액 산출, 즉 보험회사 지급 예상액 산출은 피보험자가 기본 자료를 제출해야 한다. 먼저 손상된 물품(수리 후 사용 가능 여부)과 사용 가능한 물품(손상이 없는 물품)을 구분해야 한다. 당연히 구분할 때 장비 사용이나 인력 비용은 보험회사에 청구할 수 있다. 손상된 물품은 수리로 사용이 가능한 물품과 수리가 불가능한 물품으로(수리했을 때 구매 단가보다 수리비가 높게 나오는 경우 포함) 다시 구분해야 한다.

보험회사는 피보험자가 제출한 손해액을 검토해 보상을 협의한다. 합리적인 증빙을 같이 제출하면 보상 협의가 순조롭게 진행될 수 있다.

3. 환급

환급은 관세법에 의한 환급과 환급특례법(환급에 관한 특례법)에 의한 환급으로 구분할 수 있다. 관세법에 의한 환급은 세율이나 물품 가격을 잘못 신고해서 관세를 돌려달라거나 계약과 다른 물품이 수입돼 반송하고 관세를 돌려달라고 하는 것으로 통상 Buyer가 환급 대상자가 된다.

환급특례법에 의한 환급은 한국에서 제조해 수출하는 물품에 대해 수출물품에 사용된 원재료가 수입됐을 때 지급했던 관세를 돌려주거나, 수출물품 HS코드에 대해 일정액을 환급해주는 제도가 있다. 전자를 개별환급, 후자를 간이정액환급이라고 한다.

구분	근거법	환급 대상자
과오납 또는 계약상 이물품 등에 대한 환급	관세법	Buyer
수출용 원재료에 대한 환급	환급에 관한 특례법	Seller 또는 제조자

1) 환급특례법상 환급 종류

	개별환급	간이정액환급
대상	완제품에 수입된 원재료(간접수입도 포함)를 사용한 모든 수출제조기업	– 중소 제조기업 – 매년 환급액 6억 원 이하인 기업 – 간이정액환급율표에 게기된 수출품목
제출 서류	1. 수출신고필증 2. 수입신고필증 　(간접수입인 경우 : 분증, 기납증) 3. 원재료 사용 증빙 서류 : 제조공정도, BOM	1. 수출신고필증 2. 중소기업 증빙 서류 3. 제조 증명 서류 : 공장등록증, 제품설명서, 제조공정도 4. 품목 분류를 위한 물품설명서
어려운 점	서류 관리가 어렵다. 수출신고필증에 품목별로 소요량 산정 방법을 결정하고 BOM에 수입관세 납부 서류 찾아 잔량 관리를 해주어야 한다.	HS코드가 명확하면 상관없으나, 특히 부분품은 세관이 품목 분류 질의하는 수준으로 물품설명서를 작성하는 것이 좋다.

① 기초원재료 납세증명제도(기납증)

외국에서 수입한 원재료를 제조·가공한 후 이를 수출물품 제조업체에 수출용 원재료로 공급할 때(완제품을 제조·가공해 공급하는 경우 포함) 공급업체의 신청으로 공급

물품에 포함된 원재료의 수입 시 납부세액의 환급 권한 양도 제도이다. 기납증은 제조자가 간이정액환급 업체인지 개별환급 업체인지에 따라 간이정액 기납증과 개별 기납증으로 나눌 수 있다.

② 분할증명제도(분증)

외국에서 수입한 원재료를 제조·가공하지 않고 수입한 상태로 수출용 원재료로 국내에 공급할 때 공급자의 신청으로 공급물품의 관세 환급 권한 양도 제도이다.

③ 물품설명서

환급을 신청할 때 자세한 물품설명서가 필요하지 않으나, 간이정액환급액을 산출하기 위해서는 정확한 품목분류가 필요하다. 제품에 대해 모든 것을 알아야 품목 분류가 가능하다. 구조와 형태를 사진과 분해도로 보여주고, 부분품이라면 완제품에 장착한 위치와 장착 형태를 첨부해 구조와 형태가 각각 어떤 기능을 하는지 상세히 설명해야 한다. 재질과 제조공정 설명도 필요하고, 추가로 작성자의 분류 의견도 넣는다. 예를 들어 제시된 제품에 구멍과 굴곡을 두었다면 왜 구멍이 있고 굴곡을 두었는지, 제품 구조에서 보이는 모든 것을 설명해야 한다. 단지 보기 좋으라고 했을 수도 있고, 기능이 있다면 품목 분류를 할 때 중요한 정보가 된다.

2) 수출 및 환급 이행 기간

개별환급 신청 시 수출신고 수리일이 속하는 달의 말일로부터 소급해 2년 이내에 수입신고 수리된 수입신고필증에 한해 개별환급을 신청할 수 있다.

개별환급과 간이정액환급 모두 수출신고 수리일로부터 2년 이내에 환급 신청해야 한다.

원상태 수출도 환급특례법상 환급으로 개별환급과 동일하게 적용된다.

　참고로 위약반송의 경우 수입신고 수리일로부터 1년 이내에 보세창고에 반입 후 수출신고를 해야 한다. 원상태 수출의 경우 수출신고 수리일로부터 2년 이내, 위약반송 환급은 수출신고 수리일로부터 5년 이내 그리고 과오납 환급의 경우 수입신고 수리일로부터(실무에서 세액을 납부해야 수리가 된다) 5년 이내에 신청해야 한다.

3) 개별환급

(1) 환급 대상으로 인정되는 원재료

　① 수출물품을 생산한 경우

　　ㄱ. 해당 수출물품에 물리적 또는 화학적으로 결합되는 물품

　　ㄴ. 수출물품 생산공정에 투입돼 소모되는 물품(간접 투입되는 물품은 제외)

　　ㄷ. 수출물품의 포장용품

　② 수입한 상태 그대로 수출한 경우 = 원상태 수출

　　(중고물품을 수입해 그대로 수출하는 것도 가능)

(2) 소요량

　수출물품을 생산(수출물품을 가공·조립·수리·재생 또는 개조하는 것을 포함)할 때 드는 원재료의 양인데, 생산과정에서 정상적으로 발생하는 손모량도 포함한다.

$$소요량 = 단위실량 + 손모량$$

▶ 단위실량 : 수출물품 1단위를 형성하는 원재료의 종류별 양
▶ 손모량 : 수출물품을 정상적으로 생산하는 과정에서 발생하는 원재료의 손실량

(3) 소요량을 산정하는 여섯 가지 방법

　단위실량 산정방법은 수출물품을 구성하는 실제 원재료량에 대해 소요량을 계산하는 방법으로 보통 부품을 사용해 제작하는 기계, 전자제품에 많이 사용된다. 손모량은 계산하지 않는다. 의류 같은 경우 재단하고 남는 부분은 버리는데 이러한 손모량을 포함해 소요량을 계산하는 단위설계 소요량 산정방법을 사용한다.

현재 자율소요량제도로 환급을 신청한 업체는 환급 신청 전에 환급 신청 세관장에게 수출 물품별로 소요량 산정방법을 선택해 신고해야 한다. 단위실량으로 소요량을 산정하다가 단위설계 소요량을 사용하려면 소요량 방법 변경 신고를 하면 된다.

다음의 소요량 산정 방법은 참고만 하면 될 것이다.

① **단위실량 소요량** : 수출물품을 구성하는 실제 원재료량인 단위실량만으로 소요량 산정

② **단위설계 소요량** : 제조사양서상 원재료의 종류별 양으로 고려해 소요량 산정

③ **수출 건별 총소요량** : 수출계약 건별 또는 수출 건별 소요량 산정

④ **일정 기간별 단위소요량** : 일정 기간 생산된 수출물품 1단위의 소요량 산정

⑤ **1회계연도 단위소요량** : 1회계연도 동안 생산된 수출물품 1단위의 소요량 산정

⑥ **위탁 건별 총소요량** : 위탁가공계약서 등에 의해 생산된 제품의 원재료 종류별 총량으로 소요량 산정

4) 간이정액환급액

관세청에서 중소기업이 생산해 수출한 물품에 대해 수출신고필증만으로 간편하게 관세 환급을 받을 수 있게 간이정액환급제도를 운영하고 있다. 해마다 간이정액환급 대상 품목과 환급률(수출금액 1만 원당 일정액)을 책정해 고시한다.

〈표 5-3〉 간이정액환급액 예

세번	품명	수출금액(FOB) 1만 원당 환급액(원)
3304.91-1000	페이스파우다	10
3304.99-1000	기초화장용 제품류	50
3304.99-2000	메이크업용 제품류	50
3304.99-3000	어린이용 제품류	10
3304.99-9000	기타	10
3401.11-9000	기타	150
3401.19-1010	세탁비누	140

▶ 환급액 예시(수출금액이란 수출신고필증에 신고된 FOB 금액을 말함)
▶ HS 3304.91-1000의 FOB 수출금액이 100,000,000원이라면 간이정액환급액은 1만 원당 10원이고 전체 환급액은 100,000원이다.

간이정액환급 업체도 관할 세관장에게 간이정액환급 비적용 승인을 받으면 개별환급을 이용할 수 있다. 비적용 승인 후 2년 이내에는 간이정액환급 방법으로 변경할 수 없다.(수시로 환급 방법을 바꿔 선택적으로 신청하면 과다 환급이 발생하기 때문) 물론 2년이 경과하지 않았더라도 부득이한 사정이 있다면 예외적으로 변경이 가능하다.

다음은 예외 사항으로, 간이정액환급 업체가 비적용 승인 없이 개별환급을 받을 수 있다.

① 수출용 원재료를 수입한 상태 그대로 수출 등에 제공하거나 내국신용장 등에 따라 공급한 물품

② 해외로부터 가공임을 받고 국내에서 가공할 목적으로 반입된 수입 원재료의 가공물품 수출

③ 수출물품이 수출 후 계약 조건과 상이(하자)해 반품된 물품의 대체 수출

④ 생산자를 알 수 없는 수출물품

　(수출신고필증에 제조자 통관 고유부호가 '제조미상 9999000'으로 기재된 것)

⑤ 단순히 소프트웨어(운영체제, 전산프로그램 또는 응용프로그램 등)만을 입력(결합)해 수출 (공급)하는 물품

⑥ 소유권이 이전되지 않는 거래에 대한 기납증을 발급하는 물품

이외에 간이정액환급 업체가 생산하는 물품 중 간이정액환급률이 없는 물품도 개별환급을 받을 수 있다. 예를 들어 A업체가 B와 C 제품을 생산·수출하는 업체이고 간이정액환급 업체라고 하자. B는 간이정액환급액이 FOB 1만 원당 100원이고 C는 간이정액환급액이 0원이라고 하면 C에 대해서는 개별환급을 신청할 수 있다.

🔖 TIP

▶ 환급특례법에서 생산의 범위

수출용 원재료에 대한 관세 등 환급에 관한 특례법에 의한 관세 환급은 원재료를 수입해 물품을 제조·가공해 수출한 경우 수입 시 납부한 관세 등을 다시 되돌려주는 제도이다.

여기서 말하는 제조·가공, 즉 생산의 범위를 정확히 이해하는 것이 중요하다. 환급특례법상 생산 범위는 가공, 조립, 수리, 재생 또는 개조하는 것이다. 이외의 검사, 배양, 채굴, 수확 등은 생산 범위에 포함되지 않는다. 동물 사육이나 식물 재배 등을 거친 물품은 본질적으로 생물의 고유능력에 의한 결과이므로 이를 환급특례법상 생산 범위에 포함하지 않는다.

단순 선별, 재포장, 세척, 검사, 테스트, 소분 포장 변경의 단순 가공일 경우 생산 범위에 포함되지 않기에 개별환급이나 간이정액환급 대상이 아니고 수입 원상태 수출로 환급을 신청할 수 있다.

생산이라는 의미가 부가가치를 반드시 창출해야 하는 것은 아니지만 관세청에서는 수입 원재료를 해체·분류해 반조립(CKD) 형태로 수출하는 것도 생산으로 인정하고 있지 않다.

TIP

▶ 단순 선별 후 소분 재포장하는 경우
수입물품을 단순·선별·재포장·세척 등을 하여 수출할 때 부가가치는 창출되지만, 환급특례법에서 생산으로 인정하고 있지 않다. 하지만 수입한 상태 그대로 수출할 때는 그 수출물품에 의한 환급 대상 원재료는 수입한 상태 그대로 수출한 것이 객관적으로 확인된 때에 한해 환급 대상 원재료로 인정한다. 문제는 어떻게 소분 재포장한 물품이 수입된 물품과 객관적으로 동일한지 확인할 수 있느냐는 것이다.

▶ 플라스틱시트(Plastic Sheet)를 일정 길이로 단순히 자른 경우
환급특례법에서 생산의 의미는 수출물품을 가공, 조립, 수리, 재생, 개조하는 것을 포함한다고 규정한다. 단순 가공을 배제하거나 부가가치 창출이 안 되는 것은 생산에 포함하지 않는다는 규정은 없다. 따라서 환급특례법상 생산에 해당해 환급이 가능할 것으로 생각한다.

4. HS코드

1) 품목 분류의 어려움

100만 종류가 넘는 제품을 HS코드 10자리 약 12,000개 품목으로 분류하는 것은 쉬운 일이 아니다. 완제품보다 부분품이 수적으로 더 많지만 HS코드에서는 완제품의 HS코드가 더 많다. 특히 기능으로 보아 완제품의 부분품으로 분류하거나 재질로 분류해야 하는 물품이 범용성 부분품보다 많아, 품목 분류 사례가 끝이 없을 정도다.

품목 분류 사례가 많다는 건 품목 분류가 어려워 질의를 많이 할 수밖에 없는 물품이라는 뜻이다. 모듈 형태의 부분품은 정확한 품목 분류를 하는 것이 더욱 어렵다. 여러 분류 주장이 충돌하는 물품은 최종 결정을 다수결로 하기도 한다. 품목 분류가 바뀌는 사례도 적지 않고, 품목 분류로 인한 심사·심판 청구와 소송도 많다.

품목 분류는 쉬운 일이 아니다. 품목 분류는 전문가인 관세사에게 의뢰하면 되지만, 무역업체가 품목 분류 방법을 이해하면 필요한 정보를 정확히 제공해줘 관세사가 정확한 품목 분류를 할 수 있다. 제품 이름만 알려주고 품목 분류를 요구하거나, 세율이 낮은 HS코드로 분류해달라거나, 기능과 용도 그리고 재질은 모르지만 기계의 부분품으로 분류해달라고 하면 안 된다.

품목 분류를 할 때 관세사가 길을 안내하면서 갈림길이 나오는 경우 어느 길로 가야 할지 판단하는 데 필요한 정보는 물품에 대해 잘 아는 무역업체에서 정확한 정보를 줘야 최종 목적지에 도착할 수 있다.

품목 분류를 하려면 완제품은 작동 방법과 용도에 대한 기본 정보가 있어야 한다. 부분품은 완제품에서 어떤 용도로 쓰이는지와 재질 등의 정보가 있어야 한다. 부분품을 설명하려면 완제품의 분해도에서 어느 부분에 쓰이는지 알려주면 도움이 된다.

[그림 5-1] 분해도 예

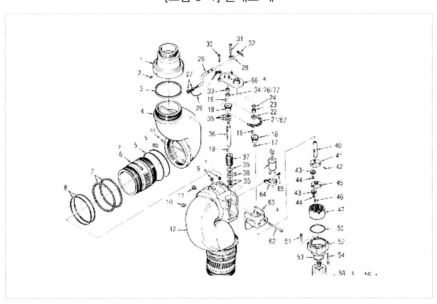

2) 통칙, 주 및 호의 해설

HS코드 분류에서 첫 번째 원칙(통칙)이 부 또는 류의 주, 호의 용어에 따라 결정하는 것이다. 이러한 통칙은 HS코드 전반에 모두 적용된다. 부의 주는 부에 속한 류와 호를 결정하는 데 적용되는 규칙이다. 그리고 류의 주는 류에 속한 호를 결정하는 데 적용되는 규칙이다.

보통 부의 주는 부에 포함된 류와 호에서 기본적으로 제외되는 물품을 규정하고(제외되는 물품은 대부분 다른 HS코드에 더 완전하고 명확하게 표현되는 경우가 많다) 류와 호에 사용되는 물품의 정의, 분류의 기준을 명확히 제시한다.

류의 주도 류에 포함된 호에서 기본적으로 제외되는 물품을 규정하고 호에 사용되는 물품의 정의, 분류 기준을 명확히 제시한다.

호의 용어는 호에 부여된 용어뿐만 아니라 호의 해설까지 같이 보아야 한다. 예를 들어 8481호의 경우 "84.81- 파이프·보일러 동체·탱크·통이나 이와 유사한 물품에 사용하는 탭·코크·밸브와 이와 유사한 장치(감압밸브와 온도제어식 밸브를 포함한다)"가 호의 용어이고 세부적으로 호의 해설이 있다.

호의 해설에서는 호의 용어에 대한 정의와 어떤 물품이 분류되고 분류되지 않는지 사례가 나와 있다.(호의 해설은 84류의 8481호 용어에 첨부된 호의 해설 221~223쪽 참고 바람)

실무에서는 제시된 물품을 정확히 이해하고 주나 호의 해설뿐만 아니라 국내외 분류 사례를 같이 검토해서 품목 분류를 한다.

3) HS코드 분류

HS코드는 크게 21부에 01류에서 97류까지 분류돼 있고, 각 류에 4단위 호로 다시 세분류가 된다. 보통 업무에서 많이 보는 39, 71, 73, 82, 83, 84, 85, 90, 96 그리고 97류에 대한 세부 호는 참고로 각 류 다음에 표로 넣었다.

제1부에서 제4부까지는 제1류에서 제24류까지를 포함하고 동식물과 이를 이용해서 만든 식료품이나 조제품이 분류된다.

(1) 제1부 : 제1류에서 제5류까지는 산 동물과 동물성 생산품을 분류한다.

살아 있는 동물부터 동물성 생산품이 분류된다. 식용이든 아니든 분류된다. 제1류는 산 동물을 분류하고, 동물의 육고기 등은 제2류에, 계란이나 우유 제품은 제4류에 분류한다.

제3류는 물에서 생활하는 어류 등에 대해 살아 있는 것과 먹을 수 있는 것을 같이 분류한다. 동물과 어류 등에서 생산된 물품 중 먹을 수 없는 것은 제5류로 분류한다.

식용 여부는 제품의 위생 상태 등으로 판단하지 않고 제품 고유의 특성으로 판단해야 한다. 즉 식용은 즉시 식용으로 섭취할 수 있는 것과, 제시된 상태에서 즉시 섭취하기 어렵지만 추가 가공해 식용으로 섭취할 수 있는 것을 포함한다.

제1부에 분류가 가능한 가공 범위는 대략 신선, 냉장, 냉동, 염장 등 본래의 성질이 남아 있는 가공이다.

01	산 동물	살아 있는 동물
02	육	육과 식용 설육(屑肉)
03	어류	어류·갑각류·연체동물과 그 밖의 수생(水生) 무척추동물

| 04 | 낙농품 | 낙농품, 새의 알, 천연꿀, 다른 류로 분류되지 않은 식용인 동물성 생산품 |
| 05 | 기타 동물성 생산품 | 다른 류로 분류되지 않은 동물성 생산품 |

(2) 제2부 : 제6류에서 제14류까지는 식물성 생산품을 분류한다.

제6류에서 제14류까지의 식물성 생산품은 가공되지 않았거나, 제한된 정도의 가공만을 거친 대부분 식물성 생산품이 분류된다. 식용이든 아니든 분류된다.

제2부는 다음 세 범주로 구분할 수 있다.

제6류는 살아 있는 식물 등으로 재배 또는 관상용에 적합한 것을 분류한다.

제7~12류는 식용 물품으로 가공하지 아니하였거나 제한된 정도의 가공만 한 것을 분류한다.

제13~14류는 비식용 물품으로서 가공하지 아니하였거나 제한된 정도의 가공만 한 것을 분류한다.

허용되는 가공 정도는 류의 주와 호에 설명되어 있다.

06	산 수목 및 절화	살아 있는 수목과 그 밖의 식물, 인경(鱗莖)·뿌리와 이와 유사한 물품, 절화(切花)와 장식용 잎
07	채소	식용의 채소·뿌리·괴경(塊莖)
08	과실·견과류	식용의 과실과 견과류, 감귤류·멜론의 껍질
09	커피·향신료	커피·차·마테(mate)·향신료
10	곡물	곡물
11	밀가루·곡분	제분공업의 생산품과 맥아, 전분, 이눌린(inulin), 밀의 글루텐(gluten)
12	채유용 종자·과실	채유(採油)에 적합한 종자와 과실, 각종 종자와 과실, 공업용·의약용 식물, 짚과 사료용 식물
13	식물성 수액	락(lac), 검·수지·그 밖의 식물성 수액과 추출물(extract)
14	기타 식물성 생산품	식물성 편조물(編組物)용 재료와 다른 류로 분류되지 않은 식물성 생산품

(3) 제3부 : 제15류에서는 동식물성 유지와 이들의 분해생산물, 조제식용지와 동식물성의 납을 분류한다.

제15류는 동식물성 지방, 기름과 왁스(납)가 분류된다.

| 15 | 동·식물성 지방 | 동물성·식물성 지방과 기름 및 이들의 분해생산물, 조제한 식용 지방과 동물성·식물성 납(蠟) |

(4) 제4부 : 제16류에서 제24류까지는 조제식료품과 음료, 알코올, 식초, 담배와 제조한 담배 대용물을 분류한다.

제16~24류는 동물성 생산물(제1부)과 식물성 생산물(제2부)을 가지고 제1부와 제2부에서 허용되는 가공 정도를 넘어서 추가 조제 가공한 물품으로, 보통 식용에 쓰이는 것을 분류한다. 이렇게 추가 가공된 물품을 조제품이라고 한다.

제16류는 제2류와 제3류의 물품을 기재로 하는 조제품을 분류한다.

제19류는 제4류의 물품과 제10류 및 제11류의 곡물을 주성분으로 제조한 조제품을 분류한다.

제20류는 주로 제7류의 채소류와 제8류의 과일류를 추가 가공한 조제품을 분류한다.

제21류는 다른 류에 분류되지 아니한 각종 조제품이 분류된다. 조제품 중 제16류, 제19류, 제20류에 분류되지 않는 식용 조제품은 제21류에 분류할 수 있다.

앞서 말했듯이 거래가 많은 제품은 HS코드 분류에서 독립적인 류·호·소호를 가지게 되는데, 제4부에서는 설탕과 코코아를 제17류와 제18류로 각각 원재료부터 조제품까지 분류한다. 식용인 물과 술, 음료는 제22류에, 담배 등은 제24류에 그리고 식품 제조 후 발생하는 찌꺼기와 사료는 제23류에 분류한다.

제4부에서도 가공도가 중요하며 각 류의 주와 호 해설에 명시되어 있다.

16	육·어류 조제품	육류·어류·갑각류·연체동물이나 그 밖의 수생(水生) 무척추동물의 조제품
17	당류·설탕과자	당류(糖類)와 설탕과자
18	코코아	코코아와 그 조제품
19	곡물·곡분의 조제품	곡물·고운 가루·전분·밀크의 조제품과 베이커리 제품
20	채소·과실의 조제품	채소·과실·견과류나 식물의 그 밖의 부분의 조제품
21	조제식료품	각종 조제식료품
22	음료·주류	음료·주류·식초
23	사료	식품공업에서 생기는 잔재물과 웨이스트(waste), 조제 사료
24	담배	담배와 제조한 담배 대용물

(5) 제5부 : 제25류에서 제27류까지는 광물성 생산품을 분류한다.

제5부에서는 암석광물과 제14부, 제15부 등에 속하는 금속 등을 채취하는 데 쓰이는 금속의 원광 그리고 각종 산업의 연료로 쓰이는 연료광물이 분류된다.

제5부에서는 기초 광물로서 가공되지 아니하였거나 간단한 공정을 거친 생산품이 분류된다.

제25류에는 암석광물이 분류되고 제26류에는 금속광물이 그리고 제27류에는 연료광물이 분류된다.

제25류 암석광물은 추가 가공해 제13부에 분류된다.

제26류 금속광물은 추가 가공해 제14부와 제15부에 분류된다.

제27류 연료광물은 기초 원재료에서 성분을 추출해 제29류 화학적 단일 물질이 되고 이를 가공해 제6부 각종 제품을 만들거나 중합 등의 화학 가공을 하여 제7부나 제11부의 제품을 만든다.

제5부에서도 가공 정도가 중요한데 기본적으로 불순물을 제거하거나 이동을 편리하게 하기 위한 절단 정도의 가공만 허용된다.

25	암석광물	소금, 황, 토석류(土石類), 석고·석회·시멘트
26	금속광물	광(鑛)·슬래그(slag)·회(灰)
27	광물성 연료	광물성 연료·광물유(鑛物油)와 이들의 증류물, 역청(瀝靑)물질, 광물성 왁스

(6) 제6부 : 제28류에서 제38류까지는 화학공업 또는 연관공업의 생산품을 분류한다.

제6부는 화학공업에서 생산되는 물품이 분류된다. 단일한 무기 또는 유기화합물은 제28류와 제29류에, 의약품·비료·염료·화장품·비누·화약·필름 등 정밀화학공업 생산품은 제30류~38류에 분류된다.

제28류와 제29류는 단일한 무기화학품과 유기화학품을 각각 분류한다. 단일한 원소 및 화합물이란 일정 불순물이 함유될 수도 있고 물에 녹아 있거나 보관 등을 위한 다른 성분이 들었을 수도 있다. 하지만 추가되는 다른 성분에 의해 단일한 원소 및 화합물이 일반적 용도보다 특정 용도에 더 적합하게 되지 않는 것에 한한다.

약품, 의료용품, 염료, 향수, 화장품, 샴푸, 치약, 살충제 등이 소매용으로 포장된 경우 각각 제30류와 제37류에 있는 호로 우선 분류한다.

제38류에는 각종 화학공업과 관련 공업제품으로 다른 류에 분류되지 않는 물품이 분류된다.

28	무기화학품	무기화학품, 귀금속·희토류(稀土類)금속·방사성원소·동위원소의 유기화합물이나 무기화합물
29	유기화학품	유기화학품
30	의료용품	의료용품
31	비료	비료
32	유연·착색제	유연용·염색용 추출물(extract), 타닌과 이들의 유도체, 염료·안료와 그 밖의 착색제, 페인트·바니시(varnish), 퍼티(putty)와 그 밖의 매스틱(mastic), 잉크
33	정유·화장품	정유(essential oil)와 레지노이드(resinoid), 조제향료와 화장품·화장용품
34	비누·왁스	비누·유기계면활성제·조제 세제·조제 윤활제·인조 왁스·조제 왁스·광택용이나 연마용 조제품·양초와 이와 유사한 물품·조형용 페이스트(paste)·치과용 왁스와 플라스터(plaster)를 기본 재료로 한 치과용 조제품
35	단백질	단백질계 물질, 변성전분, 글루(glue), 효소
36	화약·성냥	화약류, 화공품, 성냥, 발화성 합금, 특정 가연성 조제품
37	사진·영화용 재료	사진이나 영화용 재료
38	화학공업 생산품	각종 화학공업 생산품

(7) 제7부 : 제39류에서 제40류까지는 플라스틱과 그 제품, 고무와 그 제품을 분류한다.

플라스틱은 실무에서 많이 접하는 물품 중 하나다.

39	플라스틱	플라스틱과 그 제품
40	고무	고무와 그 제품

플라스틱 제품은 1차 제품 형태로 동일 성분으로만 제시될 때는 HS 3901에서 3914의 각각의 성분에 따라 분류된다. 1차 제품 형태라고 하면 부서진 가루나 액체, 블록 등을 말한다.

1차 제품 형태라도 다른 성분이 섞여 있거나 같은 성분이어도 1차 제품 형태가 아닌 것은 HS 3915의 스크랩으로 분류한다.

HS 3916부터 3921까지는 물품을 만드는 원재료 형태의 시트(Sheet), 파이프(Pipe) 등을 구분하고 HS 3922에서 3926까지는 제품을 분류한다. 시트는 접착력이 있으면 HS 3919로 분류하고, 접착력이 없으면 HS 3920으로 분류한다.

	제1절 일차제품(primary form)	
3901	에틸렌	에틸렌의 중합체 [일차제품(primary form)으로 한정한다]
3902	프로필렌	프로필렌의 중합체나 그 밖의 올레핀의 중합체 [일차제품(primary form)으로 한정한다]
3903	스티렌	스티렌의 중합체[일차제품(primary form)으로 한정한다]
3904	염화비닐	염화비닐의 중합체나 그 밖의 할로겐화 올레핀의 중합체 [일차제품(primary form)으로 한정한다]
3905	초산비닐	초산비닐의 중합체나 그 밖의 비닐에스테르의 중합체, 그 밖의 비닐중합체 [일차제품(primary form)으로 한정한다]
3906	아크릴	아크릴의 중합체[일차제품(primary form)으로 한정한다]
3907	폴리에테르·폴리에스테르	폴리아세탈수지·그 밖의 폴리에테르와 에폭시수지, 폴리카보네이트·알키드수지·폴리아릴에스테르와 그 밖의 폴리에스테르 [일차제품(primary form)으로 한정한다]
3908	폴리아미드	폴리아미드 [일차제품(primary form)으로 한정한다]
3909	아미노수지·폴리우레탄	아미노수지·페놀수지·폴리우레탄 [일차제품(primary form)으로 한정한다]
3910	실리콘수지	실리콘수지 [일차제품(primary form)으로 한정한다]
3911	기타 합성수지	석유수지·쿠마론-인덴수지·폴리테르펜·폴리술파이드·폴리술폰과 이 류의 주 제3호의 기타 물품 [일차제품(primary form)으로서 따로 분류되지 않은 것으로 한정한다]
3912	셀룰로스	셀룰로오스와 그 화학적 유도체 [일차제품(primary form)으로서 따로 분류되지 않은 것으로 한정한다]
3913	천연중합체	천연중합체(예: 알긴산)와 변성한 천연중합체(예: 경화 단백질, 천연고무의 화학적 유도체) [일차제품(primary form)으로서 따로 분류되지 않은 것으로 한정한다]

	제2절 웨이스트(waste)·페어링(paring)·스크랩(scrap)과 반제품·완제품	
3915	웨이스트	플라스틱의 웨이스트(waste)·페어링(paring)·스크랩(scrap)
3916	모노필라멘트·봉·스틱	플라스틱의 모노필라멘트(횡단면의 치수가 1밀리미터를 초과하는 것으로 한정한다)·막대(rod, stick)·형재(形材)(표면가공을 한 것인지에 상관없으며 그 밖의 가공한 것은 제외한다)
3917	관·파이프·호스	플라스틱의 관·파이프·호스와 이들의 연결구류 [예: 조인트(joint)·엘보(elbow)·플랜지(flange)]
3918	바닥깔개·벽피복재	플라스틱으로 만든 바닥깔개(접착성이 있는지에 상관없으며 롤이나 타일 모양으로 한정한다), 이 류의 주 제9호의 플라스틱으로 만든 벽 피복재나 천장 피복재
3919	접착성 시트·테이프	플라스틱으로 만든 접착성 판·시트(sheet)·필름·박(箔)·테이프·스트립과 그 밖의 평면 모양인 것(롤 모양인지에 상관없다)

3920	보강하지 않은 판·시트	플라스틱으로 만든 그 밖의 판·시트(sheet)·필름·박(箔)·스트립(셀룰러가 아닌 것으로서 그 밖의 재료로 보강·적층·지지하거나 이와 유사하게 결합하지 않은 것으로 한정한다)
3921	기타 판·시트	플라스틱으로 만든 그 밖의 판·시트(sheet)·필름·박(箔)·스트립
3922	위생용품	플라스틱으로 만든 목욕통·샤워통·설거지통·세면기·비데·화장실용 팬·변기용 시트(seat)와 커버·수세용 물탱크와 이와 유사한 위생용품
3923	포장용기·마개	플라스틱으로 만든 물품 운반·포장 용기, 플라스틱으로 만든 뚜껑·마개·캡과 이와 유사한 물품
3924	식탁·주방용품	플라스틱으로 만든 식탁용품·주방용품, 그 밖의 가정용품·위생용품·화장용품
3925	건축용품	플라스틱으로 만든 건축용품(따로 분류되지 않은 것으로 한정한다)
3926	기타 제품	플라스틱으로 만든 그 밖의 제품과 제3901호부터 제3914호까지의 기타 물품의 제품

(8) 제8부 : 제41류에서 제43류까지는 원피·가죽·모피 및 이들의 제품, 마구, 여행용구, 핸드백, 이와 유사한 용기와 동물 거트(누에 거트는 제외) 제품을 분류한다.

제41류에는 원재료 가죽을 분류하고 제42류에는 가죽으로 만든 제품을, 제43류에는 원재료 모피와 모피 제품을 분류한다.

41	원피·가죽	원피(모피는 제외한다)와 가죽
42	가죽제품	가죽제품, 마구, 여행용구·핸드백과 이와 유사한 용기, 동물 거트(gut)(누에의 거트는 제외한다)의 제품
43	모피	모피·인조모피와 이들의 제품

가죽 재질이 아니더라도 케이스와 가방은 제4202호에 분류한다. 일회용 플라스틱백(비닐봉지)은 플라스틱 제품으로 분류한다. 다만 완제품과 같이 수입되는 케이스는 완제품의 HS 코드를 따른다.

4202	케이스·가방	트렁크·슈트 케이스·화장품 케이스·이그잭큐티브 케이스(executive case)·서류가방·학생가방·안경 케이스·쌍안경 케이스·사진기 케이스·악기 케이스·총 케이스·권총 케이스와 이와 유사한 용기, 가죽·콤포지션 레더(composition leather)·플라스틱의 시트(sheet)·방직용 섬유·벌커나이즈드파이버(vulcanised fibre)·판지 또는 이러한 재료나 종이로 전부 또는 주로 피복하여 만든 여행가방·식품용이나 음료용 단열가방·화장갑·배낭·핸드백·쇼핑백·돈주머니·지갑·지도용 케이스·담배 케이스·담배쌈지·공구가방·운동용구가방, 병 케이스·신변장식용품용 상자·분갑·칼붙이집과 이와 유사한 용기

(9) 제9부 : 제44류에서 제46류까지는 목재와 그 제품, 목탄, 코르크와 그 제품, 짚, 에스
파르토(펄프 원료) 또는 기타 조물 재료의 제품, 농세공물 및 지조세공물을
분류한다.

제44류는 원재료 목재와 목재로 만든 제품을 분류한다. 목재를 분쇄해 펄프를 만들면 제
47류, 펄프를 가지고 종이를 만들면 제48류, 그리고 종이로 인쇄물을 만들면 제49류에 분류
된다.

목재로 가구를 만들면 제94류에 분류할 수 있다.

거래량이 많으면 독립된 류를 가질 수 있다. 코르크는 원재료와 제품이 제45류에 분류된다.

제46류의 조물 재료는 짚·버드나무·대나무·갈대 등의 재료, 플라스틱이나 섬유, 종이 등
으로 엮어서 만들 수 있는 상태 및 형상의 재료를 말한다. 즉, 짚신이나 대나무 바구니 같은
것을 만드는 재료를 말한다.

44	목재	목재와 그 제품, 목탄
45	코르크	코르크(cork)와 그 제품
46	조물재료의 제품	짚·에스파르토(esparto)나 그 밖의 조물 재료의 제품, 바구니 세공물(basketware)과 지조세공물(枝條細工物)

(10) 제10부 : 제47류에서 제49류까지는 목재펄프 또는 기타 섬유질 셀룰로오스 재료
의 펄프, 회수한 지 또는 판지(웨이스트와 스크랩), 지와 판지 및 이들의
제품을 분류한다.

제47류는 종이의 원재료인 펄프를 분류하고, 제48류는 종이나 판지 제품을 분류한다.

제49류는 인쇄된 물품을 분류한다. 여기서 "인쇄된"의 의미는 인쇄된 것이 물품의 중요 성
격인 것으로, 예를 들어 책이나 브로슈어 같은 것을 말하며 무늬를 인쇄하는 것은 제49류 "인
쇄된" 제품으로 보지 않는다. 인쇄가 물품의 본질적인 성격이나 용도를 결정하는 경우 종이
가 아닌 다른 재료에 인쇄한 것도 제49류에 분류한다.

47	펄프	목재나 그 밖의 섬유질, 셀룰로오스 재료의 펄프, 회수한 종이·판지[웨이스트(waste)와 스크랩(scrap)]
48	종이와 그 제품	종이와 판지, 제지용 펄프·종이·판지의 제품
49	인쇄물	인쇄서적·신문·회화·그 밖의 인쇄물, 수제(手製)문서·타자문서·도면

(11) 제11부 : 제50류에서 제63류까지는 방직용 섬유와 방직용 섬유의 제품을 분류한다.

섬유와 섬유 제품이 다른 HS코드에 구체적인 용도의 제품일 때는 해당 호에 분류해야 하고(예를 들어 모자, 신발 등) 두 가지 이상 방직용 섬유 재료로 구성된 물품은 최대 중량을 차지하는 것으로 분류하고, 최대 중량이 같은 섬유 재료가 2개 이상인 물품은 마지막 호에 분류한다.

제54류와 제55류는 류를 구분할 때는 같은 재료로 본다. 예를 들어 면이 50%이고 인조 필라멘트와 스테이플이 각각 25%로 구성된 직물인 경우 면이 50%이기 때문에 면직물로 구분해야 하지만, 인조 필라멘트와 스테이플은 같은 재료로 보기 때문에 최대 중량이 동일하여 마지막 류인 인조섬유(제54류와 제55류)로 분류할 수 있고 제54류와 제55류가 50% 대 50%이기 때문에 제55류로 분류할 수 있다.

제50류에서 제55류까지 누에, 섬유, 양모, 면, 플라스틱 등의 재료로 만든 섬유, 실, 직물을 분류한다.

직조가 아닌 워딩·펠트와 이들 재료로 만든 제품은 제56류에, 양탄자류는 제57류(말한 대로 거래가 많으면 하나의 류를 차지한다), 제58류는 제50류와 제57류에서와 다른 방법으로 만든 특수 직물과 제품이 분류되고 직물 등에 플라스틱이나 고무를 피복 등을 한 것은 제59류에 분류한다. 제59류 제품에는 직물 등이 육안으로 확인돼야 한다.

직물이 아닌 편물은 (뜨개질 제품) 제60류에 분류하고, 편물로 만든 의류는 제61류, 직물로 만든 의류는 제62류에 분류한다.

제61류와 제62류는 남성·여성·아동용 의류를 구분하고 손수건, 넥타이, 장갑류와 의류 부속품, 부분품이 같이 분류된다.

직물과 편물(제50~55류와 제60류)로 만든 제품은 제61~63류로 분류한다. 제품이라고 하면 사각형 이외의 모양으로 재단을 하거나 재단을 하고 가장자리를 마무리한 제품으로, 완제품으로 바로 사용할 수 있는 것을 말한다.

제63류는 제품으로 된 방직용 섬유의 기타 물품과 사용하던 의류, 사용하던 방직용 섬유 제품, 넝마 등을 분류한다.

제11부에서는 제품과 직물, 편물 등을 구분해 분류하기 때문에 제품의 정의를 잘 이해해야 한다. 완제품으로 쓸 수 있는 물품이거나 완제품으로 만들기 위해 재단 등 가공한 것을 제품으로 분류한다.

50	견	견
51	모	양모·동물의 부드러운 털이나 거친 털·말의 털로 만든 실과 직물
52	면	면
53	기타 식물성 섬유	그 밖의 식물성 방직용 섬유, 종이실(paper yarn)과 종이실로 만든 직물
54	인조필라멘트	인조필라멘트, 인조방직용 섬유재료의 스트립(strip)과 이와 유사한 것
55	인조스테이플섬유	인조스테이플섬유
56	워딩·펠트	워딩(wadding)·펠트(felt)·부직포, 특수사, 끈·배의 밧줄(cordage)·로프·케이블과 이들의 제품
57	양탄자류	양탄자류와 그 밖의 방직용 섬유로 만든 바닥깔개
58	특수직물	특수직물, 터프트(tuft)한 직물, 레이스, 태피스트리(tapestry), 트리밍(trimming), 자수천
59	침투·도포직물	침투·도포·피복하거나 적층한 방직용 섬유의 직물, 공업용인 방직용 섬유제품
60	편물	메리야스 편물과 뜨개질 편물
61	편물제 의류	의류와 그 부속품(메리야스 편물이나 뜨개질 편물에만 적용한다)
62	비편물제 의류	의류와 그 부속품(메리야스 편물이나 뜨개질 편물은 제외한다)
63	기타 방직용 섬유제품	제품으로 된 방직용 섬유의 그 밖의 물품, 세트, 사용하던 의류·방직용 섬유제품, 넝마

🍄 TIP

▶ "제품으로 된 것"이란 다음 각 목의 것을 말한다.

가. 정사각형이나 직사각형 외의 모양으로 재단한 물품

나. 봉제나 그 밖의 가공 없이 완제품으로 사용할 수 있는 것이나 간사를 절단함으로써 단지 분리만 하여 사용할 수 있는 것 [예: 더스터(duster)·타월·탁상보·정사각형 스카프·모포]

다. 일정한 크기로 재단한 물품으로서, 최소한 하나의 가장자리를 눈에 뜨일 정도로 끝을 가늘게 하거나 압착하여 열봉합하고, 다른 가장자리들은 이 주의 그 밖의 다른 목에서 규정한 대로 처리를 한 것(열 절단이나 그 밖의 간단한 방법으로 그 절단된 가장자리가 풀리지 않도록 된 직물은 제외한다)

라. 가장자리를 접어 감치거나 단을 댄 물품이나 가장자리에 결절술을 댄 물품(직물의 절단된 가장자리를 감치거나 그 밖의 단순한 방법으로 풀리지 않도록 한 것은 제외한다)

마. 일정한 크기로 재단한 물품으로서 드론스레드워크(drawn thread work)를 한 것

바. 봉제·풀칠·그 밖의 방법으로 이어붙인 물품[동종의 직물류를 두 가지 이상 끝과 끝을 이어붙인 천과 두 가지 이상의 직물류를 적층하여 만든 천(속을 채운 것인지에 상관없다)은 제외한다]

사. 특정 모양의 메리야스 편물이나 뜨개질 편물(분리된 부분이나 특정 길이의 여러 모양으로 제시되었는지에 상관없다)

(12) 제12부 : 제64류에서 제67류까지는 신발류, 모자류, 산류, 지팡이, 시트스틱, 채찍 및 이들의 부분품

제12부는 재질과 상관없이 용도별로 분류한다.

제67류에는 조제우모와 그 제품, 조화, 인모제품을 분류한다.

64	신발	신발류·각반과 이와 유사한 것, 이들의 부분품
65	모자	모자류와 그 부분품
66	우산·지팡이	산류(傘類)·지팡이·시트스틱(seat-stick)·채찍·승마용 채찍과 이들의 부분품
67	우모·조화·인모제품	조제 깃털·솜털과 그 제품, 조화, 사람 머리카락으로 된 제품

(13) 제13부 : 제68류에서 제70류까지는 돌, 플라스터, 시멘트, 석면, 운모 또는 이와 유사한 재료의 제품, 도자제품, 유리와 유리제품을 분류한다.

제68류는 제25류의 원재료를 주로 가공하여 만든 제품을 분류한다. 세척하거나 부순 것 등 기계적 방법이나 물리적 방법 이외에 추가 가공해 제품으로 된 것을 분류한다. 즉, 원재료의 성질보다는 형상을 변형시키는 가공법으로 만든 석제품을 분류한다.

제69류 도자제품은 성형한 뒤 800도 이상의 불에 구워 조직이 밀접하게 결합된 제품을 분류한다. 원료가 완전히 녹아서 만들어진 유리제품은 제70류에 분류한다.

68	돌·시멘트 제품	돌·플라스터(plaster)·시멘트·석면·운모나 이와 유사한 재료의 제품
69	도자제품	도자제품
70	유리	유리와 유리제품

(14) 제14부 : 제71류에서는 천연 또는 양식 진주, 귀석 또는 반귀석, 귀금속, 귀금속을 입힌 금속과 이들의 제품, 모조 신변 장식용품과 주화를 분류한다.

71	진주·귀석·귀금속	천연진주·양식진주·귀석·반귀석·귀금속·귀금속을 입힌 금속과 이들의 제품, 모조 신변장식용품, 주화

제7101호에서 제7105호까지는 진주나 귀석(다이아몬드나 사파이어 등)을 분류하고 제7106호에서 제7112호까지는 금·은 같은 귀금속, 그리고 제7103호에서 제7118호까지는 제7101호에서 제7112호까지의 재료로 만든 제품과 신변 장식용품을 분류한다.

		제1절 천연진주나 양식진주, 귀석이나 반귀석
7101	진주	천연진주나 양식진주(가공한 것인지 또는 등급을 매긴 것인지에 상관없으며 실로 꿴 것·장착되거나 세트로 된 것은 제외한다. 다만, 수송의 편의를 위하여 일시적으로 실로 꿴 것을 포함한다)
7102	다이아몬드	다이아몬드(가공한 것인지에 상관없으며 장착되거나 세트로 된 것은 제외한다)
7103	귀석과 반귀석	귀석(다이아몬드는 제외한다)과 반귀석(가공한 것인지 또는 등급을 매긴 것인지에 상관없으며 실로 꿴 것·장착되거나 세트로 된 것은 제외한다. 다만, 등급을 매기지 않은 것으로서 수송의 편의를 위하여 일시적으로 실로 꿴 것을 포함한다)
7104	합성·재생귀석	합성·재생한 귀석이나 반귀석(가공한 것인지 또는 등급을 매긴 것인지에 상관없으며 실로 꿴 것, 장착되거나 세트로 된 것은 제외한다. 다만, 등급을 매기지 않은 것으로서 수송의 편의를 위하여 일시적으로 실로 꿴 것을 포함한다)
7105	귀석의 더스트와 분	천연의 것이나 합성한 귀석·반귀석의 더스트(dust)와 가루

		제2절 귀금속과 귀금속을 입힌 금속
7106	은	은(금이나 백금을 도금한 은을 포함하며, 가공하지 않은 것·반가공한 모양이나 가루 모양인 것으로 한정한다)
7107	은을 입힌 금속	은을 입힌 비금속(卑金屬)(반가공한 것보다 더 가공하지 않은 것으로 한정한다)
7108	금	금(백금을 도금한 금을 포함하며, 가공하지 않은 것·반가공한 모양이나 가루 모양인 것으로 한정한다)
7109	금을 입힌 금속	금을 입힌 비금속(卑金屬)이나 은(반가공한 것보다 더 가공하지 않은 것으로 한정한다)
7110	백금	백금(가공하지 않은 것·반가공한 모양이나 가루 모양인 것으로 한정한다)
7111	백금을 입힌 금속	백금을 입힌 비금속(卑金屬)·은·금(반가공한 것보다 더 가공하지 않은 것으로 한정한다)
7112	귀금속의 웨이스트와 스크랩	귀금속이나 귀금속을 입힌 금속의 웨이스트(waste)와 스크랩(scrap), 귀금속이나 귀금속 화합물을 포함하고 있는 그 밖의 웨이스트(waste)와 스크랩(scrap)(주로 귀금속의 회수에 사용되는 것으로 한정한다)

		제3절 신변장식용품, 금 세공품·은 세공품과 그 밖의 제품
7113	귀금속제 신변장식용품	신변장식용품과 그 부분품(귀금속으로 만들거나 귀금속을 입힌 금속으로 만든 것으로 한정한다)
7114	금은세공품	금 세공품이나 은 세공품과 이들의 부분품(귀금속으로 만들거나 귀금속을 입힌 금속으로 만든 것으로 한정한다)
7115	귀금속제 기타 제품	귀금속이나 귀금속을 입힌 금속의 그 밖의 제품
7116	진주·귀석의 제품	천연진주나 양식진주, 귀석이나 반귀석(천연의 것, 합성·재생한 것)의 제품
7117	모조 신변장식용품	모조 신변장식용품
7118	주화	주화

(15) 제15부 : 제72류에서 제83류까지는 비금속과 그 제품을 분류한다.

여기서 비금속은 귀금속의 반대말로 일반 철강이나 비철강 제품이 분류된다.

제72류에서 제81류까지는 재료별로 원재료부터 제품을 분류하고 제82류와 제83류는 비금속제(귀금속의 반대)의 공구와 기타 제품을 분류한다.

72	철강	철강
73	철강제품	철강의 제품
74	구리	구리와 그 제품
75	니켈	니켈과 그 제품
76	알루미늄	알루미늄과 그 제품
77	유보	유보
78	납	납과 그 제품
79	아연	아연과 그 제품
80	주석	주석과 그 제품
81	기타 비금속	그 밖의 비금속(卑金屬), 서멧(cermet), 이들의 제품
82	비금속제의 공구	비금속(卑金屬)으로 만든 공구·도구·칼붙이·스푼·포크, 이들의 부분품
83	비금속제의 각종 제품	비금속(卑金屬)으로 만든 각종 제품

🐡 TIP 슬래브와 플레이트 구분법

알루미늄 수입 시 슬래브는 관세가 1%, 플레이트는 8%다보니 슬래브라고 주장하고 싶다.
슬래브와 플레이트 구분법을 알아보자.
보통 정제 후 블록(Block)·잉곳(Ingot)·빌릿(Billet)·슬래브(Slab)·와이어바(Wire-Bar) 등의 모양으로 주조된다.
슬래브는 원재료로 본다. 슬래브를 수입해서 가공을 통해 제품을 만든다. 플레이트는 가공된 제품이다.
슬래브와 플레이트는 사이즈로 구분한다.
플레이트는 두께가 폭의 10분의 1을 초과하지 않아야 한다. 즉, 플레이트는 얇고 슬래브는 두껍다는 말이다.
슬래브는 대개 압연·단조(鍛造 : forging)·인발(引拔 : drawing)·압출·해머링(hammering)하기 위한 원재료이기 때문에 이런 가공이 되었다면 플레이트로 보아야 한다. 따라서 운송을 위한 절단이나 표면 가공 처리가 되었다고 해서 슬래브를 플레이트로 분류할 수는 없다.
슬래브를 압연했는데 두께가 폭의 10분의 1을 초과한다면 이것은 슬래브인가 플레이트인가? 일선 현장에서는 슬래브로 보고 진행한다. 정확한 분류는 다시 한 번 검토가 필요하다.

제72류는 철강의 1차 재료와 판·봉·선 등을 분류하고, 제73류에서는 제72류에서 추가 가공한 철강 제품을 분류한다. 철강 제품은 제7301호에서 제7326호로 나누고 있다.

7301	널말뚝	철강으로 만든 널말뚝(sheet piling)(구멍을 뚫은 것인지 또는 조립된 것인지에 상관없다)과 용접된 형강(形鋼)
7302	철도·궤도용 건설재료	철강으로 만든 철도용이나 궤도용 선로의 건설재료[레일(rail)·첵레일(check-rail)과 랙레일(rack rail)·스위치 블레이드(switch blade)·교차구류(crossing frog)·전철봉(point rod)과 그 밖의 크로싱피스(crossing piece)·받침목(크로스타이)·이음매판(fish-plate)·좌철(座鐵)·좌철(座鐵)쐐기·밑판(sole plate)(베이스플레이트)·레일클립·받침판(bedplate)·격재(tie)와 레일의 접속이나 고착에 전용되는 그 밖의 재료로 한정한다]
7303	주철제의 관	주철로 만든 관(管)과 중공(中空)프로파일(profile)
7304	비주철제의 관	철강(주철은 제외한다)으로 만든 관(管)과 중공(中空)프로파일(profile)[무계목(無繼目)으로 한정한다]
7305	봉합한 관 (406.4mm 초과)	철강으로 만든 그 밖의 관(管)[예: 용접·리벳(rivet)이나 이와 유사한 방법으로 봉합한 것]으로서 횡단면이 원형이고, 바깥지름이 406.4mm를 초과하는 것
7306	기타 봉합한 관	철강으로 만든 그 밖의 관(管)과 중공(中空)프로파일(profile)[예: 오픈심(open seam)·용접·리벳(rivet)이나 이와 유사한 방법으로 봉합한 것]
7307	관 연결구류	철강으로 만든 관(管) 연결구류[예: 커플링(coupling)·엘보(elbow)·슬리브(sleeve)]
7308	구조물	철강으로 만든 구조물(제9406호의 조립식 건축물은 제외한다)과 구조물의 부분품[예: 다리와 교량·수문·탑·격자주(格子柱)·지붕·지붕틀·문과 창 및 이들의 틀과 문지방·셔터·난간·기둥], 구조물용으로 가공한 철강으로 만든 판·대·봉·형재(形材)·관(管)과 이와 유사한 것
7309	용기(300ℓ 초과)	철강으로 만든 각종 재료용 저장조·탱크·통과 이와 유사한 용기(압축용이나 액화가스용은 제외하고, 기계장치나 가열·냉각 장치를 갖추지 않은 것으로서 용적이 300ℓ를 초과하는 것으로 한정하며, 내장한 것인지 또는 열절연한 것인지에 상관없다)
7310	용기(300ℓ 이하)	철강으로 만든 각종 재료용 탱크·통·드럼·캔·상자와 이와 유사한 용기(압축용이나 액화가스용은 제외하고, 기계장치나 가열·냉각장치를 갖추지 않은 것으로 용적이 300ℓ 이하인 것으로 한정하며, 내장한 것인지 또는 열절연한 것인지에 상관없다)
7311	압축·액화가스용 용기	철강으로 만든 용기(압축용이나 액화가스용으로 한정한다)
7312	연선·로프·케이블	철강으로 만든 연선(stranded wire)·로프·케이블·엮은 밴드·사슬과 이와 유사한 것(전기절연한 것은 제외한다)
7313	유자선	철강으로 만든 유자선(有刺銑)·대·평선을 꼰 것[유자(有刺)의 것인지에 상관없다]과 느슨하게 꼰 2중선으로서 울타리용으로 사용하는 것
7314	클로드·그릴·망	철강선으로 만든 클로스(cloth)[엔드리스 밴드(endless band)를 포함한다]·그릴·망·울타리·익스팬디드 메탈(expanded metal)
7315	체인	철강으로 만든 체인과 그 부분품
7316	닻	철강으로 만든 닻과 그 부분품

7317	못·압정·스테이플	철강으로 만든 못·압정·제도용 핀·물결 모양 못·스테이플(제8305호의 것은 제외한다)과 이와 유사한 물품[두부(頭部)가 그 밖의 다른 재료로 만든 것인지에 상관없으나 구리를 재료로 한 것은 제외한다]
7318	스크루·볼트·너트	철강으로 만든 스크루(screw)·볼트(bolt)·너트(nut)·코치 스크루(coach screw)·스크루 훅(screw hook)·리벳(rivet)·코터(cotter)·코터핀(cotter-pin)·와셔(washer)[스프링와셔(spring washer)를 포함한다]와 이와 유사한 물품
7319	침·바늘·핀	철강으로 만든 수봉침·수편침·돗바늘·코바늘·자수용 천공수침과 이와 유사한 물품으로서 손으로 사용하는 것, 철강으로 만든 안전핀과 그 밖의 핀(따로 분류되지 않은 것으로 한정한다)
7320	스프링	철강으로 만든 스프링과 스프링판
7321	스토브·레인지	철강으로 만든 스토브(stove)·레인지(range)·화상(火床)·조리기(중앙난방용 보조보일러를 갖춘 것을 포함한다)·바비큐(barbecue)·화로·가스풍로·가열판과 이와 유사한 비전기식 가정용 기구와 이들의 부분품
7322	방열기	철강으로 만든 방열기(중앙난방용으로 한정하고, 전기가열식은 제외한다)와 이들의 부분품, 동력구동식 송풍기를 갖춘 공기가열기와 온풍배분기(냉풍이나 조절된 공기를 공급할 수 있는 배분기를 포함하고, 전기가열식은 제외한다)와 이들의 부분품
7323	식탁·주방용품	철강으로 만든 식탁용품·주방용품이나 그 밖의 가정용 물품과 이들의 부분품, 철강의 울, 철강으로 만든 용기 세정용구와 세정용이나 폴리싱(polishing)용 패드·글러브(glove)와 이와 유사한 것
7324	위생용품	철강으로 만든 위생용품과 그 부분품
7325	기타 주물제품	철강으로 만든 그 밖의 주물제품
7326	기타 제품	철강으로 만든 그 밖의 제품

제82류는 비금속으로 만든 공구, 도구, 칼날, 스푼, 포크와 부분품을 분류한다.

8201	농업·원예용의 공구	수공구에 해당하는 것 중 가래·삽·곡괭이·픽스(picks)·괭이·포크와 쇠스랑, 도끼·빌훅(bill hook)과 이와 유사한 절단용 공구, 각종 전지가위, 낫·초절기(草切機)·울타리 전단기(剪斷機)·제재(製材)용 쐐기와 그 밖의 농업용·원예용·임업용 공구
8202	톱	수동식 톱, 각종 톱날[슬리팅(slitting)·슬로팅(slotting)·이가 없는 톱날을 포함한다]
8203	줄·플라이어	줄·플라이어(plier)[절단용 플라이어(plier)를 포함한다]·집게·핀셋·금속 절단용 가위·파이프커터(pipe-cutter)·볼트크로퍼(bolt cropper)·천공펀치와 이와 유사한 수공구
8204	스패너와 렌치	수동식 스패너(spanner)와 렌치(wrench)[토크미터렌치를 포함하나 탭렌치(tap wrench)는 제외한다], 호환성 스패너소켓(spanner socket)(손잡이가 달린 것인지에 상관없다)

8205	기타 수공구	수공구(유리 가공용 다이아몬드공구를 포함하며 따로 분류되지 않은 것으로 한정한다), 블로램프(blow lamp), 공작기계 또는 워터제트 절단기의 부분품·부속품 외의 바이스(vice)·클램프(clamp)와 이와 유사한 것, 모루, 휴대용 화덕, 프레임을 갖춘 수동식이나 페달식 그라인딩휠(grinding wheel)
8206	공구세트	제8202호부터 제8205호까지에 해당하는 둘 이상의 공구가 소매용 세트로 되어 있는 것
8207	호환성공구	수공구용(동력작동식인지에 상관없다)이나 기계용 호환성 공구[예: 프레싱(pressing)용·스탬핑(stamping)용·펀칭(punching)용·태핑(tapping)용·드레딩(threading)용·드릴링(drilling)용·보링(boring)용·브로칭(broaching)용·밀링(milling)용·터닝(turning)용·스크루드라이빙(screw driving)용][금속의 인발(引拔)용이나 압출용 다이(die)와 착암용이나 굴착용 공구를 포함한다]
8208	기계·기구용의 칼	기계용이나 기구용 칼과 절단용 칼날
8209	서메트제의 판·봉·팁	공구용 판·봉·팁과 이와 유사한 것[서멧(cermet)으로 만든 것으로서 장착하지 않은 것으로 한정한다]
8210	음식물 조리용 기구	수동식 기계기구(음식물의 조리·제공에 사용되는 것으로 한 개의 중량이 10kg 이하인 것으로 한정한다)
8211	칼	칼(톱니가 있는지에 상관없으며 절단용 칼날을 갖춘 것으로 한정하고 전정용 칼을 포함하며 제8208호의 칼은 제외한다)과 그 날
8212	면도기와 면도날	면도기와 면도날[면도날의 블랭크(blank)로서 스트립 모양인 것을 포함한다]
8213	가위	가위, 재단용 가위와 이와 유사한 가위, 이들의 날
8214	칼붙이의 기타 제품	그 밖의 칼붙이 제품[예: 이발기·정육점용이나 주방용 칼붙이·토막용 칼(chopper)과 다지기(mincing)용 칼·종이용 칼], 매니큐어·페디큐어(pedicure) 세트와 용구(손톱줄을 포함한다)
8215	주방·식탁용품	스푼·포크·국자·스키머(skimmer)·케이크서버(cake-server)·생선용 칼·버터용 칼·설탕집게와 이와 유사한 주방용품이나 식탁용품

제83류는 비금속제의 각종 제품이 제8301호에서 제8311호에 분류된다.

8301	자물쇠·열쇠	비금속(卑金屬)으로 만든 자물쇠(열쇠식·다이얼식·전기작동식), 비금속(卑金屬)으로 만든 걸쇠와 걸쇠가 붙은 프레임으로 자물쇠가 결합되어 있는 것, 이들 물품에 사용되는 비금속(卑金屬)으로 만든 열쇠
8302	장착구·부착구	비금속(卑金屬)으로 만든 장착구·부착구와 이와 유사한 물품[가구·문·계단·창·블라인드·차체(coachwork)·마구·트렁크·장·함이나 이와 유사한 것에 적합한 것으로 한정한다], 비금속(卑金屬)으로 만든 모자걸이·브래킷(bracket)과 이와 유사한 부착구, 비금속(卑金屬)으로 만든 장착구가 있는 카스터(castor), 비금속(卑金屬)으로 만든 자동도어 폐지기

8303	금고	비금속(卑金屬)으로 만든 장갑하거나(armoured) 보강한 금고, 스트롱박스(strong-box), 스트롱룸(strong-room)용 문과 저장실, 현금함이나 손금고와 이와 유사한 것
8304	사무비품	비금속(卑金屬)으로 만든 서류정리함·카드인덱스함·페이퍼 트레이(paper tray)·페이퍼 레스트(paper rest)·펜 트레이(pen tray)·사무실용 스탬프스탠드(stamp stand)와 이와 유사한 사무실용이나 책상용 비품(제9403호에 해당하는 사무실용 가구는 제외한다)
8305	사무용품	비금속(卑金屬)으로 만든 루스-리프(loose-leaf)식 바인더용이나 서류철용 피팅(fitting)·서신용 클립·레터코너(letter corner)·서류용 클립·색인용 태그와 이와 유사한 사무용품, 비금속(卑金屬)으로 만든 스트립 모양인 스테이플(staple)(예: 사무실용·가구류용·포장용의 것)
8306	벨·소상·틀·거울	비금속(卑金屬)으로 만든 벨·징과 이와 유사한 것(전기식은 제외한다), 비금속(卑金屬)으로 만든 작은 조각상과 그 밖의 장식품, 비금속(卑金屬)으로 만든 사진틀·그림틀이나 이와 유사한 틀, 비금속(卑金屬)으로 만든 거울
8307	플렉시블 튜빙	비금속(卑金屬)으로 만든 플렉시블 튜빙(flexible tubing)(연결구류가 붙은 것인지에 상관없다)
8308	유금·버클·훅·아이릿	비금속(卑金屬)으로 만든 걸쇠·걸쇠가 붙은 프레임·버클(buckle)·버클(buckle) 걸쇠·훅(hook)·아이(eye)·아일릿(eyelet)과 이와 유사한 것(의류 또는 의류 부속품·신발류·신변장식용품·손목시계·서적·차양·가죽제품·여행구나 마구 또는 그 밖의 제품으로 된 물품에 사용하는 것으로 한정한다), 비금속(卑金屬)으로 만든 관 리벳(tubular rivet)이나 두 가닥 리벳(bifurcated rivet), 비금속(卑金屬)으로 만든 구슬과 스팽글(spangle)
8309	캡과 뚜껑	비금속(卑金屬)으로 만든 전(栓)·캡·뚜껑[병마개·스크루캡(screw cap)·점적구용 전(栓)을 포함한다]·병용 캡슐·나선형 마개·마개용 커버·실(seal)과 그 밖의 포장용 부속품
8310	사인판·명판·표지판	비금속(卑金屬)으로 만든 사인판·명판·주소판과 이와 유사한 판, 숫자·문자와 그 밖의 심벌(제9405호의 것은 제외한다)
8311	용접봉	비금속(卑金屬)이나 금속탄화물로 만든 선·봉·관·판·용접봉과 이와 유사한 물품[금속이나 금속탄화물의 납땜·납접·용접·용착에 사용하는 것으로서 플럭스(flux)를 도포하였거나 심(芯)에 충전한 것으로 한정한다], 비금속(卑金屬) 가루를 응결시켜 제조한 금속 스프레이(metal spraying)용 선과 봉

(16) 제16부 : 제84류에서 제85류까지는 기계류와 전기기기 및 이들의 부분품, 녹음기와 음성재생기, 텔레비전의 영상 및 음향의 기록기와 재생기, 이들의 부분품과 부속품을 분류한다.

일반적으로 업무에서 가장 많이 접하는 HS코드이다. 기계와 전자제품은 대부분 여기에 분류된다.

| 84 | 기계류 | 원자로·보일러·기계류와 이들의 부분품 |
| 85 | 전기기기 | 전기기기와 그 부분품, 녹음기·음성 재생기·텔레비전의 영상과 음성의 기록기·재생기와 이들의 부분품·부속품 |

제84류에 포함되는 호는 제8401호부터 제8487호까지 분류된다. 제8401~8424호, 그리고 제8486호는 특정 기능이 있는 기계가 분류되고 제8425~8480호는 산업에 따르는 기계의 완제품과 부분품이 분류된다. 동시에 분류가 된다면 구체적인 특정 기능에 따르는 기계 쪽으로 우선 분류할 수 있다. 제84류에 포함되는 종류의 기계류와 장치가 비록 전기식의 것이라 할지라도 이 류에 분류한다.

제8479호는 제84류 어디에도 포함되지 않는 기계식 기구로서 고유의 기능을 수행하는 기계와 기구를 분류한다.

제8481~8484호는 기계의 부분품으로서 또는 타류에 해당하는 물품의 부분품으로 사용하기에 적합한 범용성 부분품을 분류한다. 제8486호는 반도체를 제조하는 장비가 분류된다.

8401	원자로	원자로, 방사선을 조사(照射)하지 않은 원자로용 연료 요소(카트리지)와 동위원소 분리용 기기
8402	증기발생보일러	증기발생보일러(저압증기도 발생시킬 수 있는 중앙난방용 온수보일러는 제외한다)와 과열수보일러(super-heated water boiler)
8403	중앙난방용의 보일러	중앙난방용 보일러(제8402호의 것은 제외한다)
8404	보일러용 부속기기	제8402호나 제8403호의 보일러용 부속기기(예: 연료절약기·과열기·그을음제거기·가스회수기)와 증기원동기용 응축기
8405	가스발생기	발생로가스(producer gas)나 수성(水性)가스 발생기, 아세틸렌가스 발생기와 이와 유사한 습식가스 발생기(청정기를 갖춘 것인지에 상관없다)
8406	증기터빈	증기터빈
8407	불꽃점화식 엔진	왕복이나 로터리 방식으로 움직이는 불꽃점화식 피스톤 내연기관
8408	압축점화식 엔진	압축점화식 피스톤 내연기관(디젤엔진이나 세미디젤엔진)
8409	부분품(8407-8408)	제8407호나 제8408호의 엔진에 전용되거나 주로 사용되는 부분품
8410	수력터빈	수력터빈·수차와 이들의 조정기
8411	가스터빈	터보제트·터보프로펠러와 그 밖의 가스터빈
8412	기타의 엔진과 모터	그 밖의 엔진과 모터
8413	액체펌프	액체펌프(계기를 갖추었는지에 상관없다)와 액체엘리베이터

8414	기체펌프·팬·후드	기체펌프나 진공펌프·기체압축기와 팬, 팬이 결합된 환기용이나 순환용 후드(필터를 갖추었는지에 상관없다)
8415	공기조절기	공기조절기(동력구동식 팬과 온도나 습도를 변화시키는 기구를 갖춘 것으로 한정하며, 습도만을 따로 조절할 수 없는 것도 포함한다)
8416	노용 버너	액체연료·잘게 부순 고체연료·기체연료를 사용하는 노(爐)용 버너, 기계식 스토커(stoker)[이들의 기계식 불판·기계식 회(灰) 배출기와 이와 유사한 기기를 포함한다]
8417	비전기식 노와 오븐	비전기식 공업용이나 실험실용 노(爐)와 오븐(소각로를 포함한다)
8418	냉장고	냉장고·냉동고와 그 밖의 냉장기구나 냉동기구(전기식인지에 상관없다), 열펌프(제8415호의 공기조절기는 제외한다)
8419	가열·살균·건조기기	가열·조리·배소(焙燒)·증류·정류·살균·저온살균·증기가열·건조·증발·응축·냉각과 그 밖의 온도 변화에 따른 방법으로 재료를 처리하는 기계·설비·실험실장치[전기가열식(제8514호의 노(爐)와 오븐과 그 밖의 장비는 제외한다), 실험실용을 포함하며 일반적으로 가정용으로 사용하는 것은 제외한다]와 전기가열식이 아닌 즉시식이나 저장식 물 가열기
8420	캘린더기·로울기	캘린더기(calendering machine)나 그 밖의 로울기(rolling machine)(금속이나 유리 가공용은 제외한다)와 이것에 사용되는 실린더
8421	원심분리·여과·청정기	원심분리기(원심탈수기를 포함한다), 액체용이나 기체용 여과기나 청정기
8422	접시세척기·포장기계	접시세척기, 병이나 그 밖의 용기의 세정용이나 건조용 기계, 병·깡통·상자·자루·그 밖의 용기의 충전용·봉함용·실링(sealing)용·레이블 부착용 기계, 병·단지·통과 이와 유사한 용기의 캡슐 부착(capsuling)용 기계, 그 밖의 포장기계(열수축 포장기계를 포함한다), 음료용 탄산가스 주입기
8423	중량측정기기	중량측정기기[감량(感量)이 50mg 이하인 저울은 제외하며, 중량측정식 계수기와 검사기를 포함한다]와 각종 저울 추
8424	분사·살포·분무용의 기기	액체나 가루의 분사용·살포용·분무용 기기(수동식인지에 상관없다), 소화기(소화제를 충전한 것인지에 상관없다), 스프레이건과 이와 유사한 기기, 증기나 모래의 분사기와 이와 유사한 제트분사기
8425	풀리태클과 호이스트	풀리태클(Pulley tackle)과 호이스트(hoist)[스킵호이스트(skip hoist)는 제외한다], 윈치(winch)와 캡스턴(capstan), 잭(jack)
8426	크레인	선박의 데릭(derrick), 크레인(케이블크레인을 포함한다), 이동식 양하대·스트래들 캐리어(straddle carrier), 크레인이 결합된 작업트럭
8427	지게차	포크리프트트럭(fork-lift truck), 그 밖의 작업트럭[권양(捲揚)용이나 취급용 장비가 결합된 것으로 한정한다]
8428	적하·양하용의 기계류	그 밖의 권양(捲揚)용·취급용·적하용·양하용 기계류[예: 리프트·에스컬레이터·컨베이어·텔레페릭(teleferic)]
8429	불도저·그레이더	자주식(自走式) 불도저(bulldozer)·앵글도저(angledozer)·그레이더(grader)·레벨러(leveller)·스크래퍼(scraper)·메커니컬셔블(mechanical shovel)·엑스커베이터(excavator)·셔블로더(shovel loader)·탬핑머신(tamping machine)·로드롤러(road roller)

8430	굴착·천공용의 기계	그 밖의 이동용·정지(整地)용·지균(地均)용·스크래핑(scraping)용·굴착용·탬핑(tamping)용·콤팩팅(compacting)용·채굴용·천공용 기계(토양용·광석용·광물용으로 한정한다), 항타기와 항발기, 스노플라우(snow-plough)와 스노블로어(snow-blower)
8431	부분품(8425-8430)	제8425호부터 제8430호까지의 기계에 전용되거나 주로 사용되는 부분품
8432	토양정리·경작용의 기계	농업용·원예용·임업용 기계(토양 정리용이나 경작용으로 한정한다)와 잔디용이나 운동장용 롤러
8433	수확기와 탈곡기	수확기나 탈곡기(짚이나 건초 결속기를 포함한다), 풀 베는 기계, 새의 알·과실이나 그 밖의 농산물의 세정기·분류기·선별기(제8437호의 기계는 제외한다)
8434	착유기와 낙농기계	착유기와 낙농기계
8435	음료제조용 프레스·크러셔	포도주·사과술·과실주스나 이와 유사한 음료의 제조에 사용되는 프레스(press)·크러셔(crusher)와 이와 유사한 기계
8436	기타 농업·원예용 기계	그 밖의 농업용·원예용·임업용·가금(家禽) 사육용·양봉용 기계(기계장치나 가열장치를 갖춘 발아용 기기를 포함한다)와 가금(家禽)의 부란기와 양육기
8437	곡물가공용 기계	종자·곡물·건조한 채두류(菜豆類)의 세정기·분류기·선별기, 제분업용 기계나 곡물·건조한 채두류(菜豆類)의 가공기계(농장형은 제외한다)
8438	식품·음료의 조제용 기계	식음료의 조제·제조 산업용 기계(이 류에 따로 분류되지 않은 것으로 한정하며, 동물성 또는 비휘발성인 식물성 지방이나 기름의 추출용이나 조제용 기계는 제외한다)
8439	펄프·종이 제조용 기계	섬유소 펄프의 제조용 기계와 종이·판지의 제조용이나 완성가공용 기계
8440	제본기계	제본기계(제본용 재봉기를 포함한다)
8441	기타 펄프·종이 가공기계	그 밖의 제지용 펄프·종이·판지의 가공기계(각종 절단기를 포함한다)
8442	식자용기계류·인쇄용 활자	플레이트·실린더나 그 밖의 인쇄용 구성 부품의 조제용이나 제조용 기계류·장치·장비(제8456호부터 제8465호까지의 기계는 제외한다), 플레이트·실린더와 그 밖의 인쇄용 구성 부품, 인쇄용으로 조제가공[예: 평삭(平削)·그레인·연마]한 플레이트·실린더와 석판석
8443	인쇄기·복사기	제8442호의 플레이트·실린더와 그 밖의 인쇄용 구성 부품을 사용하는 인쇄기, 그 밖의 인쇄기·복사기·팩시밀리(함께 조합되었는지에 상관없다), 이들의 부분품과 부속품
8444	방사기	인조섬유의 방사(紡絲)용·늘림(drawing)용·텍스처(texture)용·절단용 기계
8445	방적준비기계·방적기	방적준비기계, 방적기·합사기(合絲機)·연사기(撚絲機)와 그 밖의 방직사 제조기계, 권사기(捲絲機)[위권기(緯捲機)를 포함한다]와 제8446호나 제8447호의 기계에 사용되는 방직사를 제조하는 기계와 준비기계
8446	직기	직기(직조기)
8447	편직기	편직기, 스티치본딩기(stitch-bonding machine), 짐프사(gimped yarn)·튈(tulle)·레이스·자수천·트리밍(trimming)·브레이드(braid)나 망의 제조용 기계·터프팅(tufting) 기계

8448	부분품(8444-8447)	제8444호·제8445호·제8446호·제8447호의 기계의 보조기계[예: 도비(dobby)기·자카드기·자동정지기·셔틀교환기], 이 호나 제8444호·제8445호·제8446호·제8447호의 기계에 전용되거나 주로 사용되는 부분품과 부속품[예: 스핀들·스핀들 플라이어·침포·코움(comb)·방사니플·셔틀·종광(heald)·종광 프레임·메리야스용 바늘]
8449	펠트·부직포 제조기	펠트나 부직포(성형인 것을 포함한다)의 제조·완성가공용 기계(펠트모자 제조용 기계를 포함한다)와 모자 제조용 형(型)
8450	세탁기	가정형이나 세탁소형 세탁기(세탁·건조 겸용기를 포함한다)
8451	직물·의류용의 기계	세탁용·클리닝용·쥐어짜기용·건조용·다림질용·프레스용[퓨징프레스(fusing press)를 포함한다]·표백용·염색용·드레싱용·완성가공용·도포용·침지(沈漬)용 기계류[제8450호의 것은 제외하며, 방적용 실·직물류나 이들 제품에 사용하는 것으로 한정한다]와 리놀륨과 같은 바닥깔개의 제조에 사용되는 직물이나 그 밖의 지지물에 페이스트를 입히는 기계, 직물류의 감기(reeling)용·풀기(unreeling)용·접음용·절단용·핑킹(pinking)용 기계
8452	재봉기	재봉기(제8440호의 제본용 재봉기는 제외한다), 재봉기용으로 특수 제작된 가구·밑판·덮개, 재봉기용 바늘
8453	원피·가죽용의 기계	원피나 가죽의 유피(柔皮)준비기·유피(柔皮)기·가공기계, 원피·가죽으로 만든 신발이나 그 밖의 물품의 제조용·수선용 기계(재봉기는 제외한다)
8454	잉곳용 주형·주조기	전로·레이들(ladle)·잉곳(ingot)용 주형과 주조기(야금용이나 금속 주조용으로 한정한다)
8455	금속 압연기와 롤	금속 압연기와 그 롤
8456	레이저 가공공작기계	각종 재료의 가공 공작기계[레이저나 그 밖의 광선·광자빔·초음파·방전·전기화학·전자빔·이온빔·플라즈마아크(plasma arc) 방식으로 재료의 일부를 제거하여 가공하는 것으로 한정한다]와 워터제트 절단기
8457	머시닝센터	금속 가공용 머시닝센터(machining centre)·유닛 컨스트럭션 머신(unit construction machine)(싱글스테이션)·멀티스테이션(multi-station)의 트랜스퍼 머신(transfer machine)
8458	금속 절삭가공용의 선반	금속 절삭가공용 선반(터닝센터를 포함한다)
8459	드릴링·볼링·밀링용 기계	금속 절삭가공용 공작기계[웨이타입(way-type) 유닛헤드머신(unit head machine)을 포함한다]로서 드릴링(drilling)·보링(boring)·밀링(milling)·나선가공·태핑(tapping)에 사용되는 것[제8458호의 선반(터닝센터를 포함한다)은 제외한다]
8460	연삭·연마용 기계	디버링(deburring)·샤프닝(sharpening)·그라인딩(grinding)·호닝(honing)·래핑(lapping)·폴리싱(polishing)이나 그 밖의 완성가공용 공작기계로서 연마석·연마재·광택재로 금속이나 서멧(cermet)을 가공하는 것(제8461호의 기어절삭기·기어연삭기·기어완성가공기는 제외한다)
8461	금속 절삭가공용의 기계	플레이닝(planing)용·쉐이핑(shaping)용·슬로팅(slotting)용·브로칭(broaching)용·기어절삭용·기어연삭용·기어완성가공용·톱질용·절단용 공작기계와 금속이나 서멧(cermet)을 절삭하는 방식으로 가공하는 그 밖의 공작기계(따로 분류되지 않은 것으로 한정한다)

8462	프레스	단조(鍛造)용·해머링(hammering)용·다이스탬핑(die-stamping)용 금속가공 공작기계(프레스를 포함한다), 굽힘용·접음용·교정용·펼침용·전단용·펀칭용·낫칭(notching)용 금속가공 공작기계(프레스를 포함한다)와 그 외의 가공방법에 의한 금속이나 금속탄화물 가공용 프레스
8463	기타 금속·서메트 가공기계	그 밖의 금속이나 서멧(cermet)의 가공용 공작기계(재료를 절삭하지 않는 방식으로 한정한다)
8464	석·도자기·유리 가공기계	돌·도자기·콘크리트·석면시멘트나 이와 유사한 광물성 물질의 가공용 공작기계와 유리의 냉간(冷間) 가공기계
8465	경질물의 가공기계	목재·코르크·뼈·경질 고무·경질 플라스틱이나 이와 유사한 경질물의 가공용 공작기계(네일용·스테이플용·접착용과 그 밖의 조립용 기계를 포함한다)
8466	부분품(8456-8465)	제8456호부터 제8465호까지의 기계에 전용되거나 주로 사용되는 부분품과 부속품[가공물홀더·툴홀더(tool holder)·자동개폐식 다이헤드(diehead)·분할대와 그 밖의 기계용 특수 부착물을 포함한다]과 수지식 공구에 사용되는 각종 툴홀더(tool holder)
8467	수지식 공구	수지식 공구(압축공기식, 유압식, 전동기를 갖추거나 비전기식 모터를 갖춘 것으로 한정한다)
8468	납땜·용접용의 기기	납땜용·땜질용이나 용접용 기기(절단이 가능한지에 상관없으며 제8515호에 해당하는 것은 제외한다)와 표면 열처리용 기기(가스를 사용하는 것으로 한정한다)
8470	계산기·전자수첩	계산기와 계산 기능을 갖춘 포켓사이즈형 전자수첩·회계기·우편요금계기·표권발행기와 그 밖에 이와 유사한 기계(계산 기구를 갖춘 것으로 한정한다), 금전등록기
8471	자동자료처리기계	자동자료처리기계와 그 단위기기, 자기식이나 광학식 판독기, 자료를 자료매체에 부호 형태로 전사하는 기계와 이러한 자료의 처리기계(따로 분류되지 않은 것으로 한정한다)
8472	기타 사무용 기계	그 밖의 사무용 기계[예: 헥토그래프(hectograph)·스텐실(stencil) 등사기·주소인쇄기·현금 자동지불기·주화분류기·주화계수기나 주화포장기·연필깎이·천공기·지철기(stapling machine)]
8473	부분품(8470-8472)	제8470호부터 제8472호까지에 해당하는 기계에 전용되거나 주로 사용되는 부분품과 부속품(커버·휴대용 케이스와 이와 유사한 물품은 제외한다)
8474	광물처리용의 기계	선별기·기계식 체·분리기·세척기·파쇄기·분쇄기·혼합기·반죽기(고체 모양·분말 모양·페이스트 모양인 토양·돌·광석이나 그 밖의 광물성 물질의 처리용으로 한정한다), 조괴기(造塊機)·형입기·성형기(成形機)(고체의 광물성 연료·세라믹페이스트·굳지 않은 시멘트·석고·가루 모양이나 페이스트 모양인 그 밖의 광물성 생산품의 처리용으로 한정한다), 주물용 사형(砂型)의 성형기(成形機)
8475	유리제품의 제조·가공기계	전기램프나 전자램프·튜브·밸브·플래시벌브(flashbulb)(외피를 유리로 만든 것으로 한정한다)의 조립기계와 유리나 유리제품의 제조용이나 열간(熱間)가공용 기계
8476	자동판매기	물품의 자동판매기(예: 우표·담배·식품·음료의 자동판매기)와 화폐교환기
8477	고무·플라스틱 사출성형기	고무나 플라스틱을 가공하거나 이들 재료로 제품을 제조하는 기계(이 류에 따로 분류되지 않은 것으로 한정한다)
8478	담배제조기	담배의 조제기나 제조기(이 류에 따로 분류되지 않은 것으로 한정한다)

8479	기타 기계류	이 류에 따로 분류되지 않은 기계류(고유의 기능을 가진 것으로 한정한다)
8480	주형	금속 주조용 주형틀, 주형 베이스, 주형 제조용 모형, 금속[잉곳(ingot)용은 제외한다]·금속탄화물·유리·광물성 물질·고무·플라스틱 성형용 주형
8481	탭·코크·밸브	파이프·보일러 동체·탱크·통이나 이와 유사한 물품에 사용하는 탭·코크·밸브와 이와 유사한 장치(감압밸브와 온도제어식 밸브를 포함한다)
8482	베어링	볼베어링(ball bearing)이나 롤러베어링(roller bearing)
8483	전동축·기어	전동축[캠샤프트(cam shaft)와 크랭크샤프트(crank shaft)를 포함한다], 크랭크(crank), 베어링하우징(bearing housing)과 플레인 샤프트베어링(plain shaft bearing), 기어(gear)와 기어링(gearing), 볼이나 롤러 스크루(roller screw), 기어박스(gear box), 그 밖의 변속기[토크컨버터(torque converter)를 포함한다], 플라이휠(flywheel)과 풀리(pulley)[풀리블록(pulley block)을 포함한다], 클러치(clutch)와 샤프트커플링(shaft coupling)[유니버설조인트(universal joint)를 포함한다]
8484	개스킷	개스킷(gasket)과 이와 유사한 조인트(금속 외의 재료와 결합한 금속판으로 만든 것이나 금속을 두 개 이상 적층한 것으로 한정한다), 재질이 다른 것을 세트로 하거나 소포장한 개스킷(gasket)과 이와 유사한 조인트(작은 주머니와 봉투에 넣은 것이나 이와 유사한 포장을 한 것으로 한정한다), 메커니컬 실(mechanical seal)
8486	반도체·평판디스플레이 제조장비	반도체 보울(boule)이나 웨이퍼(wafer)·반도체디바이스·전자집적회로·평판디스플레이의 제조에 전용되거나 주로 사용되는 기계와 기기, 이 류의 주 제9호 다목에서 특정한 기계와 기기, 그 부분품과 부속품
8487	기계류의 부분품	기계류의 부분품(접속자·절연체·코일·접촉자와 그 밖의 전기용품을 포함하지 않으며, 이 류에 따로 분류되지 않은 것으로 한정한다)

🌱 TIP 팬(선풍기)의 품목 분류와 전파법 등 요건 대상 구분

일반적으로 선풍기나 선풍기의 기능을 하는 팬은 HS 8414에 분류된다. 가정용 선풍기, 특히 테이블용·바닥용·벽용·창용·천장용 등 거치해 사용하는 것은 HS 8414.51에 분류하고, 다른 기계에 부착해 사용하는 것은 8414.59로 보통 분류한다.

최근 목에 걸고 다니기도 하고 책상에 놓고 사용하는 선풍기의 경우 HS 8414.51에도 분류할 수 있고 HS 8414.59로도 분류할 수 있는데, 이런 경우 최종 세번으로 가기 때문에 HS 8414.59가 적합하다.

보일러의 연기를 배출하는 목적의 팬(Fan)은 HS 8414.59.9000으로 분류가 가능하다.

기본적으로 전기용품및생활용품안전관리법과 전파법의 요건 대상 품목이다. 다만 기계기구에 부착되는 특수 구조인 것은 요건 면제로 되어 있다. '기계기구에 부착되는'이란 것은 제시된 팬이 독립적으로 사용되지 않고 기계의 일부로서 사용된다는 뜻이고, '특수 구조인'이란 것은 기계의 일부분으로서 적합하게 제작된 물품이라는 뜻이다.

전기용품및생활용품안전관리법과 전파법의 취지는 일반 소비자가 사용하는 제품의 안전성을 국가가 관리하겠다는 것이다. 예외조항은 부분품인 경우 완제품을 만들어 완제품에 대해 관리하기 때문에 부분품 단계에서 확인이 불필요하다는 의미와, 전문가가 사용하기 때문에 일반 소비자보다는 안전성이 확보된다는 의미로 볼 수 있다. 팬도 마찬가지로 가정용 콘센트가 있는 팬의 경우 안전관리 요건을 받아야 하지만, 기계 제작에 쓰이는 구조의 것은 예외로 본다고 할 수 있다.

세관에서 수입 단계에서는 제품이 기계에 부착되는 특수 구조인 것에 대해 문의가 있을 수 있기 때문에 미리 용도 설명서를 잘 작성해뒀다가 세관 검사를 할 때 제출하면 통관에 문제가 없을 것으로 본다.

▶ **전기용품및생활용품안전관리법**

정격전압이 30V 초과 1,000V 이하의 교류전원 또는 42V 초과, 1,000V 이하의 직류전원에 사용하는 다음의 안전인증 대상 전기용품을 수입하고자 하는 자는 안전인증을 받은 전기용품을 수입하여야 하며, 당해 전기용품은 안전인증기관의 확인을 받아 수입할 수 있음.(다만, 정격입력이 1kW 이하인 것에 한함)
- 송풍기(선풍기, 송풍기, 환풍기 등으로 기계기구에 부착되는 특수구조인 것은 제외한다)

▶ **전파법**

다음의 것은 국립전파연구원장의 방송통신기자재 등의 적합성평가확인서 또는 사전통관확인서, 적합성평가면제확인서(단, 면제 확인이 생략된 경우는 제외한다)를 받고 수입할 수 있음.
- 송풍기(선풍기, 송풍기, 환풍기 등으로 기계기구에 부착되는 특수구조인 것은 제외한다)

🏭 TIP 기능단위기계, 복합다기능기계 분류

- 통칙3에 "2개 이상 HS로 분류 가능한 물품은 본질적인 특성을 부여하는 재료나 구성 요소로 이루어진 물품으로 보아 분류해야 한다"고 되어 있다.
- 제16부 주3 : 두 가지 이상의 기계가 결합돼 하나의 완전한 기계를 구성하는 복합 기계와 그 밖의 두 가지 이상의 보조기능이나 선택기능을 수행할 수 있도록 디자인된 기계는 문맥상 달리 해석되지 않는 한 이들 요소로 구성된 단일의 기계로 분류하거나 주된 기능을 수행하는 기계로 분류한다.
- 제16부 주4 : 하나의 기계(여러 종류의 기계가 조합된 것을 포함한다)가 각종 개별 기기로 구성된 경우에도(따로 분리돼 있는지 또는 배관, 전동장치, 전력케이블이나 그 밖의 장치로 상호 연결돼 있는지에 상관없다) 이들이 제84류나 제85류 중 어느 호에 명백하게 규정된 기능을 함께 수행하기 위한 것일 때는 그 전부를 그 기능에 따라 해당하는 호로 분류한다.
- 제84류 주7 : 두 가지 이상 용도에 쓰이는 기계류의 분류에서는 그 주용도를 유일한 용도로 취급해 이를 분류한다. 어느 호에도 주 용도가 규정돼 있지 않거나 주 용도가 불명확한 기계류는 이 류의 주 제2호나 제16부의 주 제3호에 따라 분류되는 경우를 제외하고 문맥상 달리 해석되지 않는 한 제8479호에 분류한다.

기능단위기계는 여러 기계가 하나의 기능을 하는 것을 말하며, 복합다기능기계는 하나의 기계가 여러 기능을 하는 것을 말한다. 이러한 기계는 기본적으로는 주기능으로 분류를 고려할 수 있다. 어떤 것을 주기능으로 볼지는 판단할 여지가 많다.

복합다기능기계는 통칙 제3호 나목(서로 다른 구성 요소로 구성된 복합물) 개념을 반영한 것이고, 기능단위기계는 통칙 제2호 가목(조립되지 않거나 분해된 상태의 기계) 개념을 반영한 규정이다. 따라서 복합다기능기계는 동일프레임·동일하우징 등으로 조립 개념이 중요하고, 기능단위기계는 배관 전동장치·전력케이블·이송장치·무선통신 등으로 상호 연결 개념이 중요하다. 복합다기능기계는 동일프레임·동일하우징의 개념이므로 분리가 곤란하다. 기능단위기계는 상호 연결 개념의 기기이므로 분리가 쉽다.

복합다기능기계는 주기능과 부속기능을 구별하는 것이 중요하고, 기능단위기계는 부속기기가 필수인지 아닌지를 구별하는 것이 중요하다. 다용도기계와 대부분 복합다기능기계는 하나의 제어반을 공유한 반면, 기능단위기계는 대부분 각각 제어반을 가지면서 전체를 제어하는 장치가 있다.

제8481호의 HS코드 10자리 분류는 아래와 같다.

품목 분류를 할 때는 위에서 아래로 검토한다. 예를 들어 감압밸브인지를 보고, 아니면 유압이나 공기압 전송용 밸브인지를 본다. 순서대로 검토해도 해당되지 않는 경우 기타인 그 밖의 기기 밸브로 분류할 수 있다. HS 8481.80-10 그 밖의 밸브도 작동 방법에 따라 순서대로 분류하고 언급된 작동 방법이 없으면 기타로 분류한다. HS 8481.80-9000은 제8481호에 해당하지만, 순서대로 분류했을 때 분류되지 않은 경우 분류하는 기타 HS코드이다.

8481				파이프·보일러 동체·탱크·통이나 이와 유사한 물품에 사용하는 탭·코크·밸브와 이와 유사한 장치(감압밸브와 온도제어식 밸브를 포함한다)	Taps, cocks, valves and similar appliances for pipes, boiler shells, tanks, vats or the like, including pressure-reducing valves and thermostatically controlled valves.
	10	00	00	감압밸브	Pressure-reducing valves
	20			유압이나 공기압 전송용 밸브	Valves for oleohydraulic or pneumatic transmissions
		10	00	유압 전송용 밸브	Valves for oleohydraulic transmissions
		20	00	공기압 전송용 밸브	Valves for pneumatic transmissions
	30	00	00	체크(논리턴)밸브	Check (nonreturn) valves
	40	00	00	안전밸브	Safety or relief valves
	80			그 밖의 기기	Other appliances
		10		그 밖의 밸브	Other valves
			10	전기 작동식의 것	Electrically operated
			20	액압 작동식의 것	Hydraulic pressure operated
			30	그 밖의 자동제어식의 것	Other automatically controlled
			90	기타	Other
		20	00	탭·코크와 트랩	Taps, cocks and traps
		90	00	기타	Other
	90	00	00	부분품	Parts

품목 분류 1원칙에서 호의 용어로 분류하는 원칙에서 호의 용어는 하기 호의 해설을 포함한다. 호의 해설은 구체적으로 분류할 수 있는 물품의 자세한 설명과 분류되는 물품을 나열해서 설명하고 있다.

[호의 용어] 84.81 – 파이프·보일러 동체·탱크·통이나 이와 유사한 물품에 사용하는 탭·코크·밸브와 이와 유사한 장치(감압밸브와 온도제어식 밸브를 포함한다)

[호의 해설]

이 호에는 유체(액체·점성체나 기체)나 어떤 경우에는 고체(예: 모래)의 흐름(공급용·유출용 등)을 조정하기 위하여 관(管)·탱크·통(vats)이나 이와 유사한 물품이나 그 속에 사용하는 탭·코크·밸브와 이와 유사한 물품을 분류한다. 이 호에는 액체나 기체의 압력이나 유속을 조정하도록 설계된 장치도 포함한다.

이러한 기기는 개폐구[예: 게이트·디스크·볼(ball)·플러그·니들(needle)이나 다이어프램(diaphragm)]를 열거나 닫음으로써 흐름을 조정한다. 이러한 기기는 수동(키·휠·압식버튼 등으로)이나 전동기·솔레노이드(solenoid)·시계용 무브먼트 등이나 스프링, 평형·부유(浮遊)레버(float lever)·자동온도조절 소자(thermostatic element)나 압력 캡슐과 같은 자동장치에 의하여 작동한다.

이와 같은 기구나 장치를 갖춘 탭(taps)·밸브 등은 이 호에 분류한다. 예를 들면, 이러한 것은 자동온도조절 소자(thermostatic element)[더블리이프(double-leaf)·캡슐·벌브 등]를 갖춘 밸브에 적용한다. 또한 이 호에는 예를 들면, 모세관식의 자동온도조절 소자를 접속시킨 밸브 등도 포함한다.

탭(taps)·밸브 등과 서모스탯(thermostat)·매노스타트(manostat)·그 밖의 제9026호나 제9032호에 열거된 측정용·검정용이나 자동조정용의 기기가 함께 조합된 것은 그 기기가 전·밸브 등에 직접 부착되어 있거나 직접 부착하도록 설계되어 있으며, 또한 그 조합한 장치가 이 호에 열거된 물품의 본질적인 특성을 갖추고 있는 경우에는 이 호에 분류한다. 이 조건을 충족하지 못하는 경우, 이러한 물품은 제9026호[예: 배출 콕(drain cock)을 갖춘 액체형 압력계]나 제9032호에 분류한다.

원격제어장치의 경우에는 탭(taps)·밸브 등만이 이 호에 분류한다.

일반적으로 탭·밸브 등은 비금속(卑金屬 : base metal)으로 만들거나 플라스틱 재료로 만든 것이지만 그 밖의 재료로 만든 것(비경화가황고무·도자제나 유리로 만든 것을 제외한다)도 이 호에 포함한다.

탭(taps)·밸브 등은 그 밖의 부수적 특성[예: 가열이나 냉각을 위한 이중벽, 연결용의 짧은 관(tubing), 샤워용 살수구에 붙인 짧은 관(tube ending), 작은 분수식 식수대(bowls), 잠금장치]을 갖추었다 할지라도 이 호에 분류한다.

탭(taps)·코크(cocks)·밸브 등은 특정 용도로 전문화된 기계나 기기용·차량용이나 항공기용일지라도 이 호에 포함한다. 다만, 완전한 밸브를 갖추었거나 그 자체는 완전한 밸브를 형성하는 것은 아닐지라도 기계 내부의 유체 흐름을 조정하는 특정 기계 부분품은 그 관련되는 기계의 부분품으로 분류한다. 예를 들면, 내연기관의 흡입이나 배기밸브(제8409호)·증기기관의 슬라이드밸브(제8412호)·공기나 그 밖의 기체압축기용의 흡입이나 압력밸브(제8414호)·착유기용의 맥동기(제8434호)와 비자동식의 그리스용 니플(nipples)(제8487호) 등이 있다.

이 호에는 특히 다음의 것을 포함한다.

(1) 감압밸브(pressure-reducing valves)

- 기체의 압력을 감소시킴과 동시에 일반적으로 조절 가능한 강력한 스프링의 완화작용으로 압축장치[다이어프램(diaphragm)·벨로우(bellows)·캡슐 등]에 의하여 제어되는 플러그나 스톱퍼(stopper)의 작용에 의하여 감소된 압력을 어느 정도까지 일정 수준으로 유지시킨다. 이 물품은 자체를 통과하는 기체의 압력을 직접 조정한다. 이러한 것은 예를 들면, 압축가스 충전용 실린더(cylinder)나 내압용이나 기기의 공급배관에 부착되어 있다.

- 또한 이 호에는 압력용기나 보일러의 출구에 부착시키거나 기기의 가까이나 기기의 배관장치에 접속시켜서 압축공기·증기·물·탄화수소나 그 밖의 유체에 동일한 기능을 수행하는 감압밸브(때로 압력조정기·감압기나 감압조정기로 불린다)도 포함한다.

– 압력계와 결합되어 있는 경우 감압밸브는 그 결합물품이 탭·밸브 등의 본질적인 특성을 갖추었는지의 여부에 따라 이 호나 제9026호에 해당한다.(이 해설의 4번째 문단 참조)

(2) 유압이나 공기압 전송용 밸브(이 류의 소호주 제3호 참조) : 여러 형태[감압형·체크(check)형 등]가 될 수 있는 이러한 밸브는 특히 에너지원이 가압된 유체(액체나 가스)의 형태로 공급되는 액압식이나 압축공기식 시스템에 있어서 "유체동력(fluid power)"을 전송하는 데 사용한다.

(3) 논리턴(nonreturn)밸브[예: 스윙형 역지밸브(swing check valves)와 볼(ball)형 밸브]

(4) 안전밸브(safety valves, relief valves 등)(경고음 장치를 갖춘 것인지에 상관없다)
파열 원판(플라스틱이나 금속으로 만든 얇은 원판)은 경우에 따라서는 밸브 대신에 안전장치로서 사용한다. 이 원판은 파이프장치나 압력용기에 특수한 지지구로 부착되어서 특정한 압력으로 될 때에 파열한다. 이러한 원판은 그 구성 재료에 따라 분류한다.(제3926호, 제7115호, 제7326호, 제7419호, 제7508호, 제7616호 등)

(5) 분기밸브[예: 3방향 밸브와 "크리스마스트리(Christmas tree)" 밸브]

(6) 액면계용의 제어밸브·취출(吹出)밸브와 차단밸브

(7) 라디에이터의 배수용 탭(radiator drainage taps)

(8) 이너튜브 밸브(inner-tube valves)

(9) 플로우트(float)식 제어밸브(float controlled valves)

(10) 증기트랩(steam traps) : 증기배관으로부터 응축수를 포집(捕集)하여 자동적으로 배수하는 것이다(예: 플로우트의 작용에 의하여). 이 호에는 또한 플러그나 스톱퍼(stopper)가 트랩(자동온도조절 제어식의 증기트랩)의 내부에 장착된 자동온도조절 소자[더블리프식(double-leaf)이나 캡슐식]에 의하여 작동되는 증기트랩도 포함한다.

(11) 소화전[fire-hydrants : 스탠드파이프(stand pipes)]·소화코크(fire cocks)·소화호스용의 노즐(nozzles)과 그 밖의 이와 유사한 것으로서 분무를 발생시키도록 콕이나 밸브를 부착시킨 것
소화설비용의 기계식 스프링클러헤드·기계식의 정원용 스프링클러헤드나 그 밖의 이와 유사한 물품은 제외한다(제8424호).

(12) 혼합실과 둘 이상의 입구를 갖춘 혼합용의 탭이나 밸브 : 이 호에는 조절 가능한 강력식의 자동온도조절 소자를 갖춘 온도제어식의 혼합용 밸브도 포함한다. 이 경우 자동온도조절 소자는 서로 다른 온도의 유체가 혼합물로 유입하는 것을 조정하는 플러그나 스톱퍼를 작용시킨다.

(13) 플러그를 갖춘 배설구(다만, 손으로 삽입하는 플러그를 갖춘 간단한 배설구는 그 구성 재료에 따라 분류한다)

(14) 선박용의 배 바닥(船底) 코크나 그 밖의 수중밸브·수중 코크 등

(15) 기선 등의 축에 윤활유를 공급하는 유연한 관이나 신축이 가능한 관(flexible or telescopic tubes)을 갖춘 윤활유용의 탭

(16) 소다수병용의 밸브

(17) 압력 스프레이 캔 뚜껑 : 액체 상태나 기체 상태의 살충제·살균제 등을 압력하에서 캔에 충전되도록 하는 데 사용하며, 이것은 분출 구멍을 개폐하는 침(needle)을 변위시키는 프레스버튼이 붙은 금속 헤드로 구성된다.

(18) 통(casks·barrels) 등의 마개구멍(bung holes)에 부착되는 탭(taps)이나 콕(cocks)

(19) 액면이 병의 상부에 도달하면 자동적으로 닫히도록 설계된 자동충전기용 탭

(20) 기체 작동 방식의 맥주 공급 장치 : 술집(bar)의 카운터에서 사용하는 것으로서 주로 맥주통으로 배관된 이산화탄소의 압력에 의하여 맥주를 공급하는 하나나 그 이상의 수동식 콕으로 구성되어 있다.

[부분품]

부분품 분류에 관한 일반규정(제16부 총설 참조)에 의하여 이 호에 해당하는 기기의 부분품도 역시 이 호에 분류한다.

이 호에는 또한 다음의 것도 제외한다.

(a) 탭(taps)·코크(cocks)·밸브(valves)나 그 밖의 이와 유사한 물품으로서 비경화 가황고무로 만든 것(제4016호)·도자제의 것(제6903호나 제6909호)이나 유리제의 것(제7017호와 제7020호)

(b) 수채·변소·목욕탕이나 그 밖의 이와 유사한 곳에 사용하는 폐수용의 U자형 밴드와 수세식 변기물통(부착 장치를 갖춘 것인지에 상관없으며, 그들의 구성 재료에 따라 분류한다)(예: 제3922호·제6910호·제7324호)

(c) 증기기관용의 원심조속기(遠心調速機)(제8412호)

(d) 증기에 의하는 인젝터 펌프(injector pumps)와 이젝터 펌프(ejector pumps)(제8413호)

(e) 공기식 분무기(제8424호)

(f) 공압식의 그리스건(grease guns)(제8467호)

(g) 가스용접용의 취관(吹管)(제8468호)

(h) 아이스크림·주류·우유 등을 분배하기 위한 계량장치를 갖춘 탭(제8479)

제85류는 제8501호에서 제8548호까지 전기식의 기기와 부분품을 분류한다.

고유의 기능에 따라 각각의 호에 분류한다. 제8543호에는 다른 호에 분류되지 않는 고유 기능 전기기기를 분류하고 제8548호에는 기타의 전기기기 부분품을 분류한다.

제8509호에는 일반적으로 가정용 전기기기만을 분류하며 바닥광택기, 식품용 그라인더, 식품용 믹서, 과즙 또는 야채즙 추출기는 중량에 상관없이 분류한다. 이외 전기기기는 중량이 20kg 이하인 것을 가정용 전기기기로 분류한다. 다만 의류건조기(8421), 접시세척기(8422), 가정용 세탁기(8450), 다림질, 재봉기(8452), 전기가위(8467) 또는 전열기기(8516)는 가정용 전기기기로 분류하지 않는다.

TIP

제85류에 가정용 전기기기를 구분하는 HS 8509와 가정용 전열기기를 구분하는 HS 8516가 있다. 제85류 주에는 HS 8509에 대해서 가정용을 구분하는 기준을 구체적으로 제시하지만 HS 8516에 대해서는 호의 해설에 '보통 가정에서 사용하는 형식의 것'을 가정용으로 정의하고 있으나 업소용(산업용)을 구분하는 명확한 기준이 있지는 않다. 말 그대로 가정용이 가정용이라는 말이다.

와플을 굽는 기계는 가정용인 경우 HS 8516, 업소용인 경우 HS 8438로 분류할 수 있다. HS 8516으로 분류하는 경우 수입식품안전관리특별법, 전기용품안전관리법 그리고 전파법의 요건을 받아야 수입할 수 있다. 수입식품 검사는 정밀 검역을 받아야 하는데, 와플을 굽는 틀(음식이 접촉하는 부분)에 대해서 보통 샘플 3개 정도를 제시하면 틀의 성분에 따라 검사 방법 절차가 달라진다.

전기를 사용하는 가정용 전열기기는 일단 가정용 전기인 교류 220V에 코드를 꽂아 사용하는 구조여야 한다. 가정용을 영어로 'Domestic Purposes'라고 표현한다. 'Domestic'의 반대말은 'Industrial' 정도로 볼 수 있다.

가정용은 보통 일반 가정 구성원이 사용하도록 제작된 제품이고 업소용이나 산업용은 영업, 즉 타인을 대상으로 쓰고 비용을 받는 제품이라고 볼 수 있다. 물론 가정용과 업소용(산업용)을 구분하기 어려운 물품도 있다.

8501	전동기와 발전기	전동기와 발전기(발전세트는 제외한다)
8502	발전세트와 회전변환기	발전세트와 회전변환기
8503	부분품(8501-8502)	부분품(제8501호나 제8502호의 기계에 전용되거나 주로 사용되는 것으로 한정한다)
8504	변압기·정지형 변환기	변압기·정지형 변환기(예: 정류기)와 유도자
8505	전자석·영구자석	전자석, 영구자석과 자화(磁化)한 후 영구자석으로 사용되는 물품, 전자석이나 영구자석식 척(chuck)·클램프와 이와 유사한 가공물 홀더, 전자석 커플링(coupling)·클러치와 브레이크, 전자석 리프팅헤드(lifting head)
8506	일차전지	일차전지
8507	축전지	축전지(격리판을 포함하며, 직사각형이나 정사각형인지에 상관없다)
8508	진공청소기	진공청소기
8509	가정용 전기기기	가정용 전기기기(전동기를 갖춘 것으로 한정하며, 제8508호의 진공청소기는 제외한다)
8510	면도기와 이발기	면도기·이발기·모발제거기[전동기를 갖춘 것으로 한정한다]
8511	시동·점화용기기	불꽃점화식이나 압축점화식 내연기관의 점화용·시동용 전기기기(예: 점화용 자석발전기·자석발전기·점화코일·점화플러그·예열플러그·시동전동기), 내연기관에 부속되는 발전기(예: 직류발전기·교류발전기)와 개폐기
8512	차량용 조명·신호기기	전기식 조명용이나 신호용 기구(제8539호의 물품은 제외한다)·윈드스크린와이퍼(windscreen wiper)·제상기(defroster)·제무기(demister)(자전거용이나 자동차용으로 한정한다)
8513	휴대용 전등	휴대용 전등(건전지·축전지·자석발전기와 같은 자체 전원 기능을 갖춘 것으로 한정하며, 제8512호의 조명기구는 제외한다)
8514	공업용 노와 오븐	공업용이나 실험실용 전기식 노(爐)와 오븐[전자유도식이나 유전손실(dielectric loss)식을 포함한다]과 그 밖의 공업용이나 실험실용의 전자유도식이나 유전손실(dielectric loss)식 가열기
8515	용접기	전기식(전기발열에 따른 가스식을 포함한다)·레이저나 그 밖의 광선식·광자빔식·초음파식·전자빔식·자기펄스(magnetic pulse)식·플라즈마 아크(plasma arc)식 납땜용·땜질용이나 용접용 기기(절단 기능이 있는지에 상관없다), 금속이나 서멧(cermet)의 가열분사용 전기식 기기

8516	가정용 전열기기	전기식의 즉시식·저장식 물가열기와 투입식 가열기, 난방기기와 토양가열기, 전기가열식 이용기기[예: 헤어드라이어·헤어컬러(hair curler)·컬링통히터(curling tong heater)], 손 건조기, 전기다리미, 그 밖의 가정용 전열기기, 전열용 저항체(제8545호의 것은 제외한다)
8517	통신기기	전화기(셀룰러 통신망이나 그 밖의 무선 통신망용 전화기를 포함한다)와 음성·영상이나 그 밖의 자료의 송신용·수신용 그 밖의 기기(근거리 통신망이나 원거리 통신망과 같은 유선·무선 통신망에서 통신하기 위한 기기를 포함하며, 제8443호·제8525호·제8527호·제8528호의 송신용·수신용 기기는 제외한다)
8518	음향증폭기기	마이크로폰과 그 스탠드, 확성기[인클로저(enclosure)에 장착된 것인지에 상관없다], 헤드폰과 이어폰(마이크로폰이 부착된 것인지에 상관없다), 마이크로폰과 한 개 이상의 확성기로 구성된 세트, 가청주파증폭기, 음향증폭세트
8519	음향재생기기	음성 녹음용이나 재생용 기기
8521	영상재생기기	영상기록용이나 재생용 기기(비디오튜너를 결합한 것인지에 상관없다)
8522	부분품(8519-8521)	제8519호나 제8521호의 기기에 전용되거나 주로 사용되는 부분품과 부속품
8523	기록·저장매체	디스크·테이프·솔리드 스테이트(solid-state)의 비휘발성 기억장치·스마트카드와 음성이나 그 밖의 현상의 기록용 기타 매체[기록된 것인지에 상관없으며 디스크 제조용 매트릭스(matrices)와 마스터(master)를 포함하되, 제37류의 물품은 제외한다]
8525	송신기기, 카메라	라디오 방송용이나 텔레비전용 송신기기(수신기기·음성기록기기·재생기기를 갖춘 것인지에 상관없다)와 텔레비전 카메라·디지털 카메라·비디오카메라레코더
8526	레이다·무선기기	레이더기기·항행용 무선기기·무선원격조절기기
8527	라디오방송용 수신기기	라디오방송용 수신기기(음성기록기기·재생기기, 시계가 동일한 하우징 내에 결합된 것인지에 상관없다)
8528	텔레비전·모니터	텔레비전 수신기기를 갖추지 않은 모니터와 프로젝터, 텔레비전 수신용 기기(라디오 방송용 수신기기·음성이나 영상의 기록용 기기나 재생용 기기를 결합한 것인지에 상관없다)
8529	부분품(8525-8528)	부분품(제8525호부터 제8528호까지에 열거된 물품에 전용되거나 주로 사용되는 것으로 한정한다)
8530	전기식 교통관제기기	철도용·궤도용·도로용·내륙수로용·주차장용·항만용·공항용 전기식 신호기기·안전기기·교통관제기기(제8608호의 것은 제외한다)
8531	전기식 신호용기기	전기식 음향이나 시각 신호용 기기(예: 벨·사이렌·표시반·도난경보기·화재경보기). 다만, 제8512호나 제8530호의 것은 제외한다.
8532	축전기	축전기[고정식·가변식·조정식(프리세트)으로 한정한다]
8533	전기저항기	전기저항기[가감저항기(rheostat)와 전위차계(potentiometer)를 포함하며, 전열용 저항체는 제외한다]
8534	인쇄회로	인쇄회로

8535	전기회로의 개폐·보호용기기 (1,000V 초과)	전기회로의 개폐용·보호용·접속용 기기[예: 개폐기·퓨즈·피뢰기·전압제한기·서지(surge)억제기·플러그와 그 밖의 커넥터·접속함](전압이 1,000V를 초과하는 것으로 한정한다)
8536	전기회로의 개폐·보호용기기 (1,000V 이하)	전기회로의 개폐용·보호용·접속용 기기[예: 개폐기·계전기·퓨즈·서지(surge)억제기·플러그·소켓·램프홀더와 그 밖의 커넥터·접속함](전압이 1,000V 이하인 것으로 한정한다)와 광섬유용·광섬유다발용·케이블용 커넥터
8537	전기제어·배전용의 보드·패널	전기제어용이나 배전용 보드·패널·콘솔·책상·캐비닛과 그 밖의 기반(基盤)(제8535호나 제8536호의 기기를 두 가지 이상 장착한 것으로 한정하고 제90류의 기기와 수치제어기기와 결합한 것을 포함하며, 제8517호의 교환기기는 제외한다)
8538	부분품(8535-8537)	부분품(제8535호·제8536호·제8537호의 기기에 전용되거나 주로 사용되는 것으로 한정한다)
8539	램프	필라멘트램프나 방전램프[실드빔 램프유닛(sealed beam lamp unit)과 자외선램프나 적외선램프를 포함한다], 아크램프, 발광다이오드(엘이디)램프
8540	열전자관·냉음극관	열전자관·냉음극관·광전관[예: 진공관·증기나 가스를 봉입한 관·수은아크정류관·음극선관·텔레비전용 촬상관(camera tube)]
8541	다이오드·트랜지스터	다이오드·트랜지스터와 이와 유사한 반도체 디바이스, 감광성 반도체 디바이스(광전지는 모듈에 조립되었거나 패널로 구성되었는지 여부와 관계없이 포함한다), 발광다이오드(엘이디), 장착된 압전기 결정소자
8542	전자집적회로	전자집적회로
8543	기타의 전기기기	그 밖의 전기기기(이 류에 따로 분류되지 않은 것으로서 고유의 기능을 가진 것으로 한정한다)
8544	절연전선·케이블	절연(에나멜 도포나 산화피막처리를 한 것을 포함한다) 전선·케이블(동축케이블을 포함한다)과 그 밖의 전기절연도체(이것은 접속자가 부착된 것인지에 상관없다), 광섬유 케이블(섬유를 개별 피복하여 만든 것으로 한정하며, 전기도체나 접속자가 부착된 것인지에 상관없다)
8545	전기용의 탄소제품	탄소전극·탄소브러시·램프용 탄소·전지용 탄소와 그 밖의 흑연이나 탄소제품(전기용으로 한정하며, 금속이 함유된 것인지에 상관없다)
8546	애자	애자(어떤 재료라도 가능하다)
8547	전기절연용 물품	전기기기용으로서 전부가 절연재료로 구성된 절연용 물품(나선가공 소켓과 같이 단순히 조립을 위하여 주조 과정에서 소량의 금속이 주입된 것을 포함하며, 제8546호의 애자는 제외한다), 비금속(卑金屬)으로 만든 전기용 도관(導管)과 그 연결구류(절연재료로 속을 댄 것으로 한정한다)
8548	폐전지 및 기타 전기식부분품	일차전지와 축전지의 웨이스트(waste)와 스크랩(scrap), 수명이 끝난 일차전지와 축전지, 기기의 전기식 부분품(이 류에 따로 분류되지 않은 것으로 한정한다)

TIP 품목 분류에서 배터리충전기와 어댑터 구분

배터리충전기와 어댑터의 역할은 보통 교류전류를 직류로 변환하고 220V를 24V 이하로 승하는 역할을 한다. HS 코드에서는 8504.40이 정지형 변환기에 해당하고, 정지형 변환기에서 배터리충전기는 8504.40.30, 어댑터는 8504.40.50으로 분류한다.

배터리충전기와 어댑터의 차이는 무엇인가? 배터리충전기는 말 그대로 배터리가 분리돼 별도로 충전하는지에 상관없이 배터리를 충전하는 용도이고, 어댑터는 제품에 전기를 공급해서 작동할 수 있는 용도로 사용하는 제품이다.

TIP 케이블의 품목 분류와 전기용품안전관리법 대상 구분

케이블이 별도 제시되는 경우 케이블로 분류해 용도나 전압 등에 따라 전기용품안전관리법 대상인지 확인하면 되는데, 대부분 대상 물품이다.

케이블이 조립되지 않은 상태로 본품과 같이 제시될 때 케이블은 어떻게 품목 분류를 해야 할까? 본품과 케이블을 상시 연결해 쓰는 경우 본품의 품목 분류와 같이 하면 된다. 본품과 케이블을 필요할 때 연결해 쓰는 경우는 (보통 충전을 위해) 본품과 케이블을 따로 구분해 분류해야 한다. 다만 필요할 때 연결해 쓰더라도 세트로 구성된 소매포장으로 수입되는 경우 본품으로 같이 품목 분류를 한다.

수입물품	예시	HS코드 분류
본품과 케이블 상시 연결하여 사용	케이블을 연결해야만 작동되는 제품	본품에 따름
본품과 케이블을 필요 시 연결하여 사용	충전용 제품	본품과 케이블을 따로 구분하여 분류
본품과 케이블이 소포장 단위로 세트 구성으로 포장됨	핸드폰	본품에 따름

(17) 제17부 : 제86류에서 제89류까지는 차량, 항공기, 선박, 수송기기 관련 물품이 분류된다.

제품의 재질과 관계없이 철도, 차량, 항공기, 선박 등이 분류된다. 도로와 철도를 주행하도록 제작된 차량은 자동차로 분류한다. 수륙양용 자동차도 자동차로 분류한다. 도로 주행차량으로 겸용할 수 있도록 특수 제작된 항공기는 항공기로 분류한다.

86	철도차량	철도용이나 궤도용 기관차·차량과 이들의 부분품, 철도용이나 궤도용 장비품과 그 부분품, 기계식(전기기계식을 포함한다) 각종 교통신호용 기기
87	자동차	철도용이나 궤도용 외의 차량과 그 부분품·부속품
88	항공기	항공기와 우주선, 이들의 부분품
89	선박	선박과 수상 구조물

TIP 화물자동차 분류에서 총중량의 의미

화물자동차는 HS코드 8704로 분류한다.

휘발류와 경유 사용에 따라 분류하고 총중량에 따라 소호 분류를 한다.

여기서 말하는 총중량(GVW·Gross Vehicle Weight)은 무엇인가? 수입 통관 시 제시된 물품의 무게를 말하는 것인가? 예를 들어 미완성품의 차량이 수입됐는데 완제품으로 분류되는 경우, 수입 통관 시 제시된 물품의 무게로 총중량을 판정할 것인가?

소호해설에는 이러한 논쟁을 예상하고 자세히 규정해놓았다. 총중량은 차량 무게에 차량에 적재 가능한 최대 무게, 사람과 기름까지 합친 무게를 말한다.

총중량(g.v.w. : gross vehicle weight)은 차량의 최대 설계 중량으로서 제조자가 명기해놓은 노상중량(road weight)이다. 이 중량은 차량, 최대 표시 적재량, 운전자, 연료를 가득 채운 탱크의 합계 중량이다

The g.v.w. (gross vehicle weight) is the road weight specified by the manufacturer as being the maximum design weight capacity of the vehicle. This weight is the combined weight of the vehicle, the maximum specified load, the driver and a tank full of fuel.

(18) 제18부 : 제90류에서 제92류까지는 광학기기, 사진용 기기, 영화용 기기, 측정기기, 검사기기, 정밀기기, 의료용 기기, 시계와 악기 및 이들의 부분품과 부속품이 분류된다.

제90류에는 일반적으로 높은 완성가공도와 정밀도에 따라 특징지어지는 각종 기기가 분류된다. 대부분 과학 분야와 특정 분야(의학, 기술 등)에 사용된다.

90	광학·측정·의료기기	광학기기·사진용 기기·영화용 기기·측정기기·검사기기·정밀기기·의료용 기기, 이들의 부분품과 부속품
91	시계	시계와 그 부분품
92	악기	악기와 그 부분품과 부속품

제90류에는 제9001~9033호가 분류된다.

제9032호의 자동조절용이라고 하면 일정한 값으로 설정하면 주기적으로 실제 값을 측정하여 설정 값을 맞추고 유지하는 것을 말한다.

9001	광섬유·렌즈	광섬유와 광섬유 다발, 제8544호의 것 외의 광섬유 케이블, 편광재료(polarizing material)로 만든 판, 각종 재료로 만든 렌즈(콘택트렌즈를 포함한다), 프리즘·반사경과 그 밖의 광학용품으로서 장착되지 않은 것(광학적으로 가공하지 않은 유리로 만든 광학소자는 제외한다)

9002	장착된 렌즈	각종 재료로 만든 렌즈·프리즘·반사경과 그 밖의 광학소자(장착된 것으로서 기기의 부분품으로 사용하거나 기기에 부착하여 사용하는 것으로 한정하며, 광학적으로 가공하지 않은 유리로 만든 것은 제외한다)
9003	안경테	안경·고글이나 이와 유사한 물품의 테와 장착구, 이들의 부분품
9004	안경	시력교정용·보호용이나 그 밖의 용도의 안경·고글과 이와 유사한 물품
9005	망원경	쌍안경·단안경·그 밖의 광학식 망원경과 이들의 장착구, 그 밖의 천체관측용 기기와 그 장착구(전파관측용 기기는 제외한다)
9006	사진기	사진기(영화용은 제외한다), 사진용 섬광기구와 제8539호의 방전램프 외의 섬광전구
9007	촬영기와 영사기	영화용 촬영기와 영사기(음성의 기록기기나 재생기기를 갖춘 것인지에 상관없다)
9008	투영기·사진확대기	투영기·사진 확대기와 사진 축소기(영화용은 제외한다)
9010	사진현상실용의 기기	사진(영화를 포함한다) 현상실용 기기(이 류에 따로 분류되지 않은 것으로 한정한다), 네가토스코프(negatoscope), 영사용 스크린
9011	광학현미경	광학현미경(마이크로 사진용·마이크로 영화촬영용·마이크로 영사용을 포함한다)
9012	기타 현미경	광학현미경 외의 현미경과 회절기기(diffraction apparatus)
9013	액정디바이스와 기타 광학기기	액정 디바이스(다른 호에서 더 구체적으로 규정한 물품을 구성하는 것은 제외한다), 레이저기기[레이저 다이오드(laser diode)는 제외한다], 그 밖의 광학기기(이 류에 따로 분류되지 않은 것으로 한정한다)
9014	컴퍼스·기타 항행용기기	방향탐지용 컴퍼스(compass)와 그 밖의 항행용 기기
9015	토지측량·기상관측기기	토지측량기기(사진측량용을 포함한다)·수로측량기기·해양측량기기·수리계측기기·기상관측기기·지구물리학용 기기[컴퍼스(compass)는 제외한다]·거리측정기
9016	정밀저울	감량(感量) 50mg 이하인 저울(추가 있는지에 상관없다)
9017	제도용구	제도용구·설계용구·계산용구(예: 제도기·축소확대기·분도기·제도세트·계산척·계산반), 수지식 길이 측정용구[예: 곧은 자와 줄자·마이크로미터·캘리퍼스(callipers)](이 류에 따로 분류되지 않은 것으로 한정한다)
9018	의료용 기기	내과용·외과용·치과용·수의과용 기기[신티그래픽(scintigraphic)식 진단기기·그 밖의 전기식 의료기기와 시력검사기기를 포함한다]
9019	마사지·치료용호흡기기	기계요법용 기기, 마사지용 기기, 심리학적 적성검사용 기기, 오존흡입기·산소흡입기·에어로졸 치료기·인공호흡기나 그 밖의 치료용 호흡기기
9020	기타 호흡기기	그 밖의 호흡용 기기와 가스마스크(기계적인 부분품과 교환용 필터를 모두 갖추지 않은 보호용 마스크는 제외한다)
9021	정형외과용 기기	정형외과용 기기(목발·외과용 벨트와 탈장대를 포함한다), 골절 치료용 부목과 그 밖의 골절 치료구, 인조 인체 부분, 보청기, 결함·장애를 보정하기 위하여 착용하거나 휴대하거나 인체에 삽입하는 그 밖의 기기

9022	방사선기기	엑스선이나 알파선·베타선·감마선을 사용하는 기기(내과용·외과용·치과용·수의과용인지에 상관없으며 방사선 사진용이나 방사선 치료용 기기·엑스선관과 그 밖의 엑스선 발생기·고압 발생기·조절반·스크린·검사용이나 치료용 테이블·의자와 이와 유사한 물품을 포함한다)
9023	전시용 모형	전시용으로 설계된 기구와 모형(예: 교육용이나 전람회용)(다른 용도에 사용될 수 없는 것으로 한정한다)
9024	재료 성질 시험용 기기	재료(예: 금속·목재·직물·종이·플라스틱)의 경도·항장력·압축성·탄성이나 그 밖의 기계적 성질의 시험용 기기
9025	온도계·습도계	액체비중계와 이와 유사한 부력식 측정기·온도계·고온계·기압계·습도계와 건습 습도계(이들을 결합한 것을 포함하며, 기록장치가 있는지에 상관없다)
9026	유량·액면·압력 측정기기	액체나 기체의 유량·액면·압력이나 그 밖의 변량(變量)의 측정용이나 검사용 기기(예: 유량계·액면계·압력계·열 측정계). 다만, 제9014호·제9015호·제9028호·제9032호의 것은 제외한다.
9027	물리·화학 분석용 기기, 열·소리·빛의 측정기기	물리나 화학 분석용 기기(예: 편광계·굴절계·분광계·가스나 매연 분석기), 점도·포로서티(porosity)·팽창·표면장력이나 이와 유사한 것의 측정용이나 검사용 기기, 열·소리·빛의 양 측정용이나 검사용 기기(노출계를 포함한다), 마이크로톰(microtome)
9028	기체·액체·전기 적산용 계기	기체·액체·전기의 적산(積算)용 계기(그 검정용 계기를 포함한다)
9029	속도계·적산회전계	적산(積算)회전계·생산량계·택시미터·주행거리계·보수계와 이와 유사한 계기, 속도계와 회전속도계(제9014호나 제9015호의 것은 제외한다), 스트로보스코프(stroboscope)
9030	전기적 양의 측정기기	오실로스코프(oscilloscope)·스펙트럼 분석기와 그 밖의 전기적 양의 측정용이나 검사용 기기(제9028호의 것은 제외한다), 알파선·베타선·감마선·엑스선·우주선이나 그 밖의 전리선의 검사용이나 검출용 기기
9031	기타 측정·검사용 기기	그 밖의 측정용이나 검사용 기기(이 류에 따로 분류되지 않은 것으로 한정한다)와 윤곽 투영기
9032	자동조절기기	자동조절용이나 자동제어용 기기
9033	부분품과 부속품	제90류의 기계·기기·장치·장비용 부분품과 부속품(이 류에 따로 분류되지 않은 것으로 한정한다)

(19) 제19부 : 제93류에서는 무기, 총·포탄 및 이들의 부분품과 부속품이 분류된다.

93	무기	무기·총포탄과 이들의 부분품과 부속품

(20) 제20부 : 제94류에서 제96류까지는 잡품이 분류된다.

가구와 조명, 완구, 운동용품 등과 다른 부 또는 류에 분류되지 않은 물품이 분류된다.

94	가구·조명기구	가구, 침구·매트리스·매트리스 서포트(mattress support)·쿠션과 이와 유사한 물품, 다른 류로 분류되지 않은 램프·조명기구, 조명용 사인·조명용 네임플레이트(name-plate)와 이와 유사한 물품, 조립식 건축물
95	완구·운동용구	완구·게임용구·운동용구와 이들의 부분품과 부속품
96	잡품	잡품

제96류 잡품에는 제9601~9620호가 분류된다.

제96류 잡품에 분류되는 물품은 품목 분류가 어려울 때가 있다. 여러 종류의 물품을 모아 놓아서 분류에 일관성이 없기 때문에, 제96류 제품은 자주 봐서 눈에 익숙해지는 것이 좋다.

9601	동물성 조각용 물품	가공한 아이보리(ivory)·뼈·귀갑(龜甲)·뿔·가지진 뿔·산호·자개·그 밖의 동물성 조각용 재료와 그 제품(성형품을 포함한다)
9602	식물·광물성 조각용 물품	가공한 식물성이나 광물성 조각용 재료와 그 제품, 성형품이나 조각품[왁스·스테아린(stearin)·천연수지·모델링페이스트(modelling paste)로 만든 것으로 한정한다], 따로 분류되지 않은 그 밖의 성형품이나 조각품, 가공한 비경화(非硬化) 젤라틴(제3503호의 젤라틴은 제외한다)과 비경화(非硬化) 젤라틴의 제품
9603	비·부러시	비·브러시(기계·기구·차량 등의 부분품을 구성하는 브러시를 포함한다)·모터를 갖추지 않은 기계식 바닥청소기(수동식으로 한정한다)·모프(mop)·깃 먼지털이, 비나 브러시의 제조용으로 묶었거나 술(tuft)의 모양으로 정돈한 물물, 페인트용 패드·롤러·스퀴지(squeegee)[롤러스퀴지(roller squeegee)는 제외한다]
9604	체·어레미	수동식 체와 어레미
9605	개인용의 여행세트	개인용 여행세트(화장용·바느질용·신발이나 의류 청소용으로 한정한다)
9606	단추	단추·프레스파스너(press-fastener)·스냅파스너(snap-fastener)·프레스스터드(press-stud)·단추의 몰드(mould)와 이들의 부분품, 단추 블랭크(blank)
9607	슬라이드파스너	슬라이드파스너(slide fastener)와 그 부분품
9608	볼펜·만년필	볼펜, 팁(tip)이 펠트로 된 것과 그 밖의 포러스팁(porous-tip)으로 된 펜과 마커, 만년필·철필(鐵筆)형 만년필(stylograph pen)과 그 밖의 펜, 복사용 철필(鐵筆), 프로펠링펜슬(propelling pencil)이나 슬라이딩펜슬(sliding pencil), 펜홀더·펜슬홀더와 이와 유사한 홀더, 이들의 부분품[캡과 클립(clip)을 포함하며 제9609호의 것은 제외한다]
9609	연필·크레용	연필(제9608호의 펜슬은 제외한다)·크레용·연필심·파스텔, 도화용 목탄, 필기용이나 도화용 초크와 재단사용 초크

9610	석판과 보드	석판과 보드(필기용이나 도화용 면을 갖춘 것으로 한정하며, 틀이 있는지에 상관 없다)
9611	스탬프	날짜 도장·봉합용 스탬프·넘버링스탬프(numbering stamp)와 이와 유사한 물품[레이블(label)에 날인하거나 양각하는 기구를 포함하며, 수동식으로 한정한다], 수동식 조판용 스틱과 조판용 스틱을 결합한 수동식 인쇄용 세트
9612	타자기용 리본, 잉크패드	타자기용 리본이나 이와 유사한 리본(잉크가 침투되어 있거나 인쇄에 사용할 수 있는 상태인 것을 포함하며, 스풀에 감긴 것이거나 카트리지 모양인지에 상관없다)과 잉크 패드(잉크가 침투되어 있는지 또는 상자들이의 것인지에 상관없다)
9613	라이터	담배 라이터와 그 밖의 라이터(기계식이나 전기식인지에 상관없다)와 이들의 부분품(라이터 돌과 심지는 제외한다)
9614	담배파이프	흡연용 파이프[파이프 볼(pipe bowl)을 포함한다]·시가홀더·시가렛홀더, 이들의 부분품
9615	빗·머리핀	빗·헤어슬라이드(hair-slide)와 이와 유사한 물품·머리핀·컬링핀(curling pin)·컬링그립(curling grip)·헤어컬러(hair curler)와 이와 유사한 물품(제8516호에 해당하는 물품은 제외한다)과 이들의 부분품
9616	화장용품	향수용 분무기와 이와 유사한 화장용 분무기, 이들의 마운트(mount)와 두부(頭部), 화장용 분첩과 패드
9617	보온병	보온병과 그 밖의 진공용기(케이스를 갖춘 것으로 한정한다)와 그 부분품(유리로 만든 내부 용기는 제외한다)
9618	마네킹인형	마네킹 인형과 그 밖의 모델형 인형, 자동인형과 그 밖의 쇼윈도 장식용인 움직이는 전시용품
9619	위생용품	위생 타월(패드)·탐폰(tampon), 유아용 냅킨·냅킨라이너(napkin liner)와 이와 유사한 물품(어떤 재질이라도 가능하다)
9620	삼각대	일각대·양각대·삼각대와 이와 유사한 물품

TIP

▸ 야외 전시용 공룡 모형이 수입된다. HS코드를 생각해보자.

• 전시용 물품이 분류되는 HS 9023은 전시용으로만 쓰이고 다른 용도로 쓸 수 없는 물품에 한정하고 있다.
 HS 9023 – 전시용으로 설계된 기구와 모형
  (예: 교육용이나 전람회용, 다른 용도에 사용될 수 없는 것으로 한정한다.)
 이 호에는 널리 학교·강당·전시장 등에서 전시용에만 적합하도록 설계한 기구와 모형을 분류한다.
 명확히 전시용으로 한정되는 것이면 논란이 없겠지만 수입물품을 전시용으로 한정하는 데 어려움이 있다. 세관에 박물관이나 전시장에서 전시용으로 설치하는 것의 계약서 등으로 설득할 수 있으나, 물품의 크기나 외형에 따라 판단이 달라질 수 있다.

• HS 9618에는 장식용인 전시용품이 분류된다.
 공룡 모형이 상품 진열 또는 선전을 목적으로 사용한다고 하면 HS 9618로 분류가 가능하다.

96.18 – 마네킹 인형과 그 밖의 모델형 인형, 자동인형과 그 밖의 쇼윈도 장식용인 움직이는 전시용품

여기에는 인간이나 동물형의 움직이는 물품부터 상품 진열이나 선전 목적으로 사용하는 종류의 자동장치까지 포함한다. 이러한 것은 여러 재료로 만들어지며 일반적으로 전기나 기계적인 방법으로 작동한다. 본품은 그 자체가 기묘한 것이나 주로 물품의 진열, 특히 쇼윈도에 진열되는 물품에 주의를 끌도록 신기한 방법으로서 전시하기 위해 사용한다. 이러한 물품은 상품의 성질이나 선전하려는 의도에 따라 여러 모양으로 설계됐다. 전시물에 사람의 주의를 끄는 수단분만 아니라 경우에 따라 진열된 물품의 성질과 작동 방법 등을 적당한 동작으로 설명하려는 경우도 있다.

- HS 9503에는 오락용으로 사용하는 모형과 완구를 분류한다.

관세율표 제9503호의 용어는 "세발자전거, 스쿠터… 인형 및 기타 완구…"를 규정하고, 9503.00-3493호는 동물을 모방한 플라스틱제 완구를 분류하도록 게기하고 있다.

관세율표 해설서 제9503호에서는 바퀴 달린 완구와 인형용 차, 인형에 포함되지 않는 "(D)기타 완구"를 규정하면서 "(i)동물이나 비인간을 나타내는 모형의 완구"를 예시하고 있다.

- 제시된 물품의 형태를 가지고 용도를 특정할 수 있다면 좋겠지만, 제조자의 의도나 수입자의 사용처 등 여러 가지를 고려해야 한다. 예를 들어 제조자가 전시용으로 만들었고 박물관에서 수입한다면 HS 9023으로 분류할 수 있겠다.

(21) 제21부 : 제97류에는 예술품, 수집품과 골동품이 분류된다.

97	예술품·골동품	예술품·수집품·골동품

관세율표에서 말하는 예술품은 비싼 제품이 아니고 예술가가 기교를 이용해 처음부터 끝까지 손으로 만들어낸 그림, 판화, 조각 등에 한정한다. 따라서 창작했지만 대량생산을 할 수 있는 방법으로 만들어지거나 설치미술 같은 작품은 예술품으로 분류하지 않는다. 설치미술 같은 작품은 HS 9705의 수집품으로 분류할 수 있다.

9701	회화	회화·데생·파스텔(손으로 직접 그린 것으로 한정하며, 제4906호의 도안과 손으로 그렸거나 장식한 가공품은 제외한다), 콜라주(collage)와 이와 유사한 장식판
9702	판화	오리지널 판화·인쇄화·석판화
9703	조각	오리지널 조각과 조상(彫像)(어떤 재료라도 가능하다)
9704	사용한 우표·엽서	우표·수입인지·우편요금 별납증서·초일(初日)봉투·우편엽서류와 이와 유사한 것(이미 사용한 것이나 제4907호의 것은 제외한 사용하지 않은 것을 포함한다)
9705	수집품과 표본	수집품과 표본[동물학·식물학·광물학·해부학·사학·고고학·고생물학·민족학·고전학(古錢學)에 관한 것으로 한정한다]
9706	골동품	골동품(제작 후 100년을 초과한 것으로 한정한다)

관세청 HS코드 정보 사이트에 들어가면 주와 호의 해설 그리고 분류 사례를 찾아볼 수 있다.

※ https://unipass.customs.go.kr/clip/index.do (관세법령정보포털 – 세계 HS – HS 정보 – 검색)

5. 관세 평가

1) 과세가격(=가치)으로 사용할 수 있는 거래가격

수입물품에는 거래가격을 기초로 산출한 과세가격에 관세가 부가된다. 관세가 종량세이면 양에 관세율을 적용하면 되지만 실제로는 종가세가 대부분이다. 종가세는 수입물품 가격에 관세율을 적용하는 방법인데, 정확히 말하면 가격보다는 가치라고 하는 것이 옳다. 이 가치가 과세가격이다.

과세가격은 거래가격을 기본으로 하여 국내에 도착할 때까지 발생한 모든 비용을 합한 것인데 통상 CIF 가격으로 보면 된다. 실무에서는 대부분 거래가격에 공제하거나 가산해 과세가격으로 쓴다. 기본적으로 거래가격이라고 하면 Seller는 높은 가격에 팔고 싶어 하고 Buyer는 낮은 가격에 사고 싶어 하는 과정에서 합의된 가격이다. 따라서 거래가격이 왜곡될 가능성이 있다면 거래가격을 과세가격으로 쓸 수 있을지 검토해야 한다.

원칙적으로 거래가격이 왜곡되는 상황에서는 거래가격을 과세가격으로 사용할 수 없다. 예를 들어 무상으로 수입하거나, 수입물품의 처분이나 사용에 제한이 있거나, 소유권 이전 없이 물품의 점유권만 사용하는 목적으로 수입할 때는 거래가격을 과세가격으로 쓰기 어렵다.

포장 용기나 생산에 필요한 물품이나 용역을 수출자에게 직간접으로 지원할 때도 수입물품의 가치가 왜곡될 수밖에 없어 과세가격으로 사용할 수 없다. 다만 생산에 지원된 물품이나 용역을 객관적이고 수량화할 수 있는 자료에 근거해 금액으로 환산해서 수입물품 가격에 가산한다면 거래가격을 과세가격으로 사용할 수 있다.

특히 Seller와 Buyer가 본사와 지사 등 특수한 관계사일 때의 거래라면 가격이 왜곡될 가능성이 있다. 본사와 지사 간 거래라도 시장거래 방식에 따라 가격이 결정됐다면 거래가격으로 사용할 수 있다. 특수관계자 사이의 거래이지만 시장원리에 따라 거래가격이 형성됐다고 증명하기 쉽지 않다.

Seller가 특수관계가 없는 다른 회사에 동일한 가격 조건으로 거래한다면 상황으로 보아

Seller와 특수관계가 있는 Buyer와의 거래가격은 시장원리에 따라 결정된 것으로 판단해 과세가격으로 쓸 수 있다. 하지만 일반적으로 특수관계인 회사가 Buyer로 있을 때는 다른 회사에 물품을 공급하지 않기에 비교해 판단할 수 없다. 이때는 유사 업종의 영업이익률을 고려해 수입 판매 제품의 가격을 역산하거나, 제조원가에 유사 업종의 영업이익률을 고려해 제품 가격을 산출해 거래가격이 과세가격으로 인정받을 수 있음을 증명하는 방법도 있다

어느 방법도 쉽지 않기에 위험요인을 줄이기 위해 과세관청의 사전심사제도를 이용해 과세가격을 결정하기도 한다.

특수관계 간 이전가격은 국세청과 관세청의 관점이 다르다. 국세청에서는 수입가격이 낮으면 별 문제 될 것이 없지만 관세청에서는 문제가 되고, 반대로 수입가격이 높으면 관세청보다는 국세청의 관심사가 된다. 특수관계 간 이전가격은 항상 어려운 문제다.

이전가격은 보통 다국적기업이 국가 간 거래가격을 법인세 등을 고려하여 책정한 가격을 말한다.

2) 과세가격으로 사용하는 수입물품의 가치 계산 사례

수입물품의 가치를 과세가격으로 한다는 의미를 좀 더 구체적으로 알아보자.

Buyer가 Seller에게 원재료나 금형 혹은 노동력을 무상 제공해주고, 생산·선적된 물건의 Commercial Invoice 가격이 개당 100원이라면(CIF) 물품의 가치는 Buyer가 일정 부분 무상 공급해준 부분이 빠져 실제 가치는 100원 이상이 될 것이다. 이 경우 Buyer가 제공한 원재료나 금형, 노동력을 수입제품의 서류상 가격에 더해줘야 실제 가치가 된다. Seller에게 공급한 부분을 수치화할 수 없다면 거래가격을 과세가격으로 쓸 수 없다.

예를 들어 10원짜리(운송료 등 부대비용 포함) 부품을 Buyer가 Seller에게 무상 공급하고 BOM상 완제품에 10원짜리 부품 한 개가 쓰였다면, 거래가격 100원에 10원을 더해 110원을 과세가격으로 쓸 수 있다.

거래가격을 과세가격으로 쓸 수 없다면 동종 물품이나 유사 물품과의 가격을 비교하거나, 국내 판매가격을 기초로 수입가격을 역산하거나 생산자의 생산원가에 수입국까지 비용을 더해 수입가격을 산정하는 방법을 쓸 수 있다.

3) 과세가격은 CIF 가격

과세가격은 CIF 가격으로 한다. 즉, 우리나라에 도착할 때까지 발생하는 모든 비용을 과세가격으로 한다. 예를 들어 FOB로 계약했다면 FOB 가격에 Ocean Freight와 Insurance Premium을 더해 CIF 가격으로 환산해서 과세가격으로 한다.

만약 DAP로 선적됐다면 어떻게 할까? 서류상 CIF 가격과 DAP 가격이 명확히 구분되도록 Commercial Invoice에 기재된다면 수입국에서 발생하는 비용은 제외하고 CIF 가격으로 환산해 과세가격으로 할 수 있다. DAP 거래일 경우 다음과 같이 Commercial Invoice를 작성하면 과세가격을 CIF로 환산하기 편리하다. 이때는 USD300이 과세가격이 아니라, USD200만 과세가격으로 할 수 있다.

물품 가격	USD100
FOB AND OCEAN FREIGHT	USD100
DESTINATION DAP CHARGE	USD100
DAP SEOUL PARK	USD300

다시 정리하면, Seller와 Buyer 사이의 가격 형성에 외부 영향이 없다면 거래가격으로 보아 과세가격으로 쓸 수 있지만, 왜곡될 만한 상황이면 거래가격을 과세가격으로 사용할 수 없다. 다만 왜곡된 부분을 수치화해서 거래가격에 그것을 더하거나 빼서 물품 가치를 정확히 할 수 있다면 조정된 가치는 과세가격으로 쓸 수 있다.

실제 사례를 통해 좀 더 알아보자.

4) 과세가격 실제 사례

(1) 무상 물품

기존 수입물품이 무상으로 수입된다면 기존 수입물품의 거래가격을 과세가격으로 할 수 있겠지만, 참고할 만한 거래가격이 없을 때는 무상이 아닌 유상으로 거래할 때 예상되는 가치를 과세가격으로 볼 수 있다. 예를 들어 동종·유사 물품의 가격을 참고하거나, 제조원가에 동종·유사 업종의 영업이익을 더하는 방법으로 과세가격을 산출할 수 있다. 실무에서는 실제 송금이 일어나지 않았기에 수출자가 제시하는 Invoice Value(Customs Purpose Only)를 참고해 과세가격을 산출한다.

(2) 수리 또는 가공 뒤 재수입한 물품

해외에서 수리 또는 가공 뒤 재수입하는 물품은 재수입 면세 대상이 아니라, 해외 임가공품의 감세 대상이다.

수리나 가공을 위해 보낸 물품의 가격은 감세를 받고 왕복 운송료와 수리비를 과세가격으로 한다. 해외 업체가 운송료나 수리비를 모두 부담하더라도, 물품 가치를 늘어나게 한 왕복 운송료와 수리비를 과세가격으로 한다. 다만 수입물품 계약에서 하자 발생 시 1년 이내에는 모든 비용을 수출자가 부담한다고 명확하게 계약했다면 왕복 운송료와 수리비 전체에 대해 면세가 가능하다. 최초 수입에서 수리비를 포함한 가격으로 신고됐다고 보기 때문이다.

(3) 중고 물품

중고 물품을 사서 수입한 경우 거래가격이라면 과세가격으로 사용할 수 있다. 다만 거래가격을 과세가격으로 인정할 수 없는 경우, 예를 들어 가구를 사서 일정 기간 사용했다면 공인 감정기관의 감정가격 산출이나 내용연수를 고려한 감가상각을 기초로 과세가격을 계산할 수 있다.

(4) 세관의 합리적 의심

다음과 같은 경우 세관에서 합리적 의심으로 심사할 수 있고, 이에 대한 입증 책임은 납세의무자에게 있다.

① 과세가격으로 신고한 가격이 동종·유사 물품 가격과 현저한 차이가 날 때
② 동일·유사 물품 수입에서 과세가격 변동이 현저하게 날 때
③ 과세가격으로 신고한 물품이 국제 거래 시세와 현저하게 차이가 날 때

'현저한 차이'에 대한 명확히 기준은 없으나, 동종·유사 물품으로서 당해 물품의 생산지에서 생산됐고, 시장조건이나 상관행에 변동이 없는 기간 중에 선적됐으며, 거래단계·거래수량·운송거리·운송형태 등이 당해 물품과 유사한 물품의 가격 또는 양자 간 차이를 조정한 가격을 기준으로 차이가 많이 나는 것을 말한다. 상황에 따라 '현저한 차이'의 기준은 다양할 수 있다.

세관에서 합리적 의심을 할 수 있는 상황에 대해서는 합당한 설명이 가능한지 충분히 검토

해야 한다. 합리적 의심이 해소되지 않으면 5년 동안 수입신고한 것에 대해 추징당할 수 있기 때문에 내부에서 충분히 사전 확인을 해야 한다.

(5) 선불이나 클레임으로 인한 공제금액이 있는 경우

Buyer A는 미국 B업체에서 C를 수입하고 있다. 지난해 수입한 물품 중 일부 불량이 있어 향후 선적 건에서 USD1,000을 공제해주기로 했다.

이번 수입 건의 내용은 다음과 같다.

Item	Unit Price	Number	Amount	Remark
C	USD100	100	USD10,000	
D/C			−USD1,000	
TOTAL			USD9,000	

거래가격은 USD9,000이지만 공제로 인해 물품 가치가 왜곡됐다. 과세가격은 할인(D/C)하기 전의 가격 USD10,000으로 해야 한다.

(6) 가격할인(D/C)

Buyer A는 이탈리아 B업체에서 C를 수입하고 있다. 개당 가격 USD100으로 수입했는데, 코로나19 여파로 시장 확대를 위해 10% 할인(D/C)을 한시적으로 받았다. 개당 가격 USD90을 과세가격으로 사용할 수 있을까?

Item	Unit Price	Number	Amount	Remark
C	USD100	100	USD10,000	
D/C 10%			−USD1,000	
TOTAL			USD9,000	

인하된 물품 가격 USD90을 과세가격으로 사용할 수 있다. 다만 인하된 가격이 시장원리가 아닌 다른 요인, 즉 특수관계 등이 아님을 명확히 보여줄 수 있어야 한다.

수출 전에 확정된 가격이어야 하고 물품 운송 중 변경된 가격은 과세가격으로 인정될 수 없다.

세관에서는 신고 물품의 가격 변동이 심하면 심사할 수 있기 때문에, 시장원리에 따른 가격 변동임을 증빙할 수 있어야 한다. Seller가 누구에게나 적용해주는 공개 할인일 경우 시장 원리에 따른 가격 변동으로 인정받을 수 있다. 보통 수량 할인이나 선불조건 할인 등 공개적으로 누구에게나 동일하게 적용하는 할인으로 변동된 가격은 과세가격으로 인정할 수 있다.

(7) 과세가격 결정

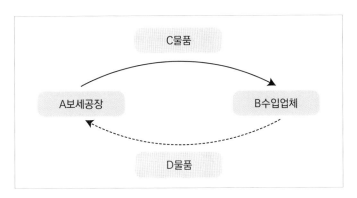

보세공장에서 생산된 물품이 국내에서 판매되려면 수입통관을 거쳐야 한다. 수입업체는 보세공장 A에서 C라는 물품을 구매 가공해 D를 만들어 다시 A에게 판매한다.

> ▸ 거래 조건
> - B는 D물품을 A 외의 다른 업체에는 판매할 수 없도록 계약돼 있다.
> - C와 동종·동질 물품이나 유사 물품을 찾을 수 없다.

① 과세가격 결정 과정

제30조 1방법 (과세가격 결정의 원칙)
제31조 2방법 (동종·동질 물품의 거래가격을 기초로 한 과세가격의 결정)
제32조 3방법 (유사 물품의 거래가격을 기초로 한 과세가격의 결정)
제33조 4방법 (국내 판매가격을 기초로 한 과세가격의 결정)
제34조 5방법 (산정가격을 기초로 한 과세가격의 결정)
제35조 6방법 (합리적 기준에 따른 과세가격의 결정)

과세가격은 관세법 제30조 1방법부터 제35조 6방법까지 순서대로 적용하도록 되어 있다. 다만 납세의무자가 요청하면 제33조 4방법보다 제34조 5방법으로 우선해서 과세가격을 결정할 수 있다.

다시 말해, 1방법을 우선으로 고려하고 1방법으로 과세가격을 결정할 수 없을 때 2방법부터 순서대로 적용할 수 있다. 6방법은 1방법부터 5방법으로 과세가격을 결정할 수 없을 때 실제 거래와 관행에 비춰 합리적이라고 인정되는 방법, 즉 1방법부터 5방법에서 규정된 원칙과 부합되는 합리적인 기준에 따라 과세가격을 결정하게 된다.

우선 1방법, 즉 거래가격을 과세가격으로 할 수 있는지를 검토해보자. A와 B는 물품 매매 계약을 체결한 뒤, 계약 내용에 따라 A가 C를 B에게 인도하고 B는 A에게 대금을 지급했기에 "우리나라에 수출하기 위해 판매되는 물품에 대해 구매자가 실제로 지급한 가격"에 해당된다고 볼 수 있다. 다만 해당 물품을 수입한 B가 제품 D를 만들어 전량 A에 재판매해야 하는 계약으로 볼 때, 처분 또는 사용에 제한이 있어 1방법이 배제된다.

2방법과 3방법은 동종·유사 물품의 거래가격을 확인할 수 없어 사용할 수 없다. 4방법도 국내 판매가격이 B가 다시 A에게 판매하는 가격 외에 없기 때문에 사용할 수 없다.

A가 보세공장에서 제조한 것으로 C를 제조하는 데 소요된 원·부자재비와 개발비 등이 포함된 제조원가를 토대로 5방법을 사용해 과세가격을 결정할 수 있다.

② 과세가격 결정 방법

관세법상 과세가격의 결정에 대한 1방법부터 6방법까지의 구체적인 내용은 다음과 같다.

▶ 과세가격의 결정

1방법 : 제30조(과세가격 결정의 원칙)

① 수입물품의 과세가격은 우리나라에 수출하기 위하여 판매되는 물품에 대하여 구매자가 실제로 지급하였거나 지급하여야 할 가격에 다음 각 호의 금액을 더하여 조정한 거래가격으로 한다. 다만, 다음 각 호의 금액을 더할 때에는 객관적이고 수량화할 수 있는 자료에 근거하여야 하며, 이러한 자료가 없는 경우에는 이 조에 규정된 방법으로 과세가격을 결정하지 아니하고 제31조부터 제35조까지에 규정된 방법으로 과세가격을 결정한다.

1. 구매자가 부담하는 수수료와 중개료. 다만, 구매수수료는 제외한다.
2. 해당 수입물품과 동일체로 취급되는 용기의 비용과 해당 수입물품의 포장에 드는 노무비와 자재비로서 구매자가 부담하는 비용
3. 구매자가 해당 수입물품의 생산 및 수출거래를 위하여 대통령령으로 정하는 물품 및 용역을 무료 또는 인하된 가격으로 직접 또는 간접으로 공급한 경우에는 그 물품 및 용역의 가격 또는 인하 차액을 해당 수입물품의 총생산량 등 대통령령으로 정하는 요소를 고려하여 적절히 배분한 금액
4. 특허권, 실용신안권, 디자인권, 상표권 및 이와 유사한 권리를 사용하는 대가로 지급하는 것으로서 대통령령으로 정하는 바에 따라 산출된 금액

5. 해당 수입물품을 수입한 후 전매·처분 또는 사용하여 생긴 수익금액 중 판매자에게 직접 또는 간접으로 귀속되는 금액

6. 수입항(輸入港)까지의 운임·보험료와 그 밖에 운송과 관련되는 비용으로서 대통령령으로 정하는 바에 따라 결정된 금액. 다만, 기획재정부령으로 정하는 수입물품의 경우에는 이의 전부 또는 일부를 제외할 수 있다.

② 제1항 각 호 외의 부분 본문에서 "구매자가 실제로 지급하였거나 지급하여야 할 가격"이란 해당 수입물품의 대가로서 구매자가 지급하였거나 지급하여야 할 총금액을 말하며, 구매자가 해당 수입물품의 대가와 판매자의 채무를 상계(相計)하는 금액, 구매자가 판매자의 채무를 변제하는 금액, 그 밖의 간접적인 지급액을 포함한다. 다만, 구매자가 지급하였거나 지급하여야 할 총금액에서 다음 각 호의 어느 하나에 해당하는 금액을 명백히 구분할 수 있을 때에는 그 금액을 뺀 금액을 말한다.

1. 수입 후에 하는 해당 수입물품의 건설, 설치, 조립, 정비, 유지 또는 해당 수입물품에 관한 기술지원에 필요한 비용

2. 수입항에 도착한 후 해당 수입물품을 운송하는 데에 필요한 운임·보험료와 그 밖에 운송과 관련되는 비용

3. 우리나라에서 해당 수입물품에 부과된 관세 등의 세금과 그 밖의 공과금

4. 연불조건(延拂條件)의 수입인 경우에는 해당 수입물품에 대한 연불이자

③ 다음 각 호의 어느 하나에 해당하는 경우에는 제1항에 따른 거래가격을 해당 물품의 과세가격으로 하지 아니하고 제31조부터 제35조까지에 규정된 방법으로 과세가격을 결정한다. 이 경우 세관장은 다음 각 호의 어느 하나에 해당하는 것으로 판단하는 근거를 납세의무자에게 미리 서면으로 통보하여 의견을 제시할 기회를 주어야 한다.

1. 해당 물품의 처분 또는 사용에 제한이 있는 경우. 다만, 세관장이 제1항에 따른 거래가격에 실질적으로 영향을 미치지 아니한다고 인정하는 제한이 있는 경우 등 대통령령으로 정하는 경우는 제외한다.

2. 해당 물품에 대한 거래의 성립 또는 가격의 결정이 금액으로 계산할 수 없는 조건 또는 사정에 따라 영향을 받은 경우

3. 해당 물품을 수입한 후에 전매·처분 또는 사용하여 생긴 수익의 일부가 판매자에게 직접 또는 간접으로 귀속되는 경우. 다만, 제1항에 따라 적절히 조정할 수 있는 경우는 제외한다.

4. 구매자와 판매자 간에 대통령령으로 정하는 특수관계(이하 "특수관계"라 한다)가 있어 그 특수관계가 해당 물품의 가격에 영향을 미친 경우. 다만, 해당 산업부문의 정상적인 가격결정 관행에 부합하는 방법으로 결정된 경우 등 대통령령으로 정하는 경우는 제외한다.

④ 세관장은 납세의무자가 제1항에 따른 거래가격으로 가격신고를 한 경우 해당 신고가격이 동종·동질 물품 또는 유사 물품의 거래가격과 현저한 차이가 있는 등 이를 과세가격으로 인정하기 곤란한 경우로서 대통령령으로 정하는 경우에는 대통령령으로 정하는 바에 따라 납세의무자에게 신고가격이 사실과 같음을 증명할 수 있는 자료를 제출할 것을 요구할 수 있다.

⑤ 세관장은 납세의무자가 다음 각 호의 어느 하나에 해당하면 제1항과 제2항에 규정된 방법으로 과세가격을 결정하지 아니하고 제31조부터 제35조까지에 규정된 방법으로 과세가격을 결정한다. 이 경우 세관장은 빠른 시일 내에 과세가격 결정을 하기 위하여 납세의무자와 정보교환 등 적절한 협조가 이루어지도록 노력하여야 하고, 신고가격을 과세가격으로 인정하기 곤란한 사유와 과세가격 결정 내용을 해당 납세의무자에게 통보하여야 한다.

1. 제4항에 따라 요구받은 자료를 제출하지 아니한 경우

2. 제4항의 요구에 따라 제출한 자료가 일반적으로 인정된 회계원칙에 부합하지 아니하게 작성된 경우

3. 그 밖에 대통령령으로 정하는 사유에 해당하여 신고가격을 과세가격으로 인정하기 곤란한 경우

2방법 : 제31조(동종·동질 물품의 거래가격을 기초로 한 과세가격의 결정)

① 제30조에 따른 방법으로 과세가격을 결정할 수 없는 경우에는 과세가격으로 인정된 사실이 있는 동종·동질 물품의 거래가격으로서 다음 각 호의 요건을 갖춘 가격을 기초로 하여 과세가격을 결정한다.

1. 과세가격을 결정하려는 해당 물품의 생산국에서 생산된 것으로서 해당 물품의 선적일(船積日)에 선적되거나

해당 물품의 선적일을 전후하여 가격에 영향을 미치는 시장조건이나 상관행(商慣行)에 변동이 없는 기간 중에 선적되어 우리나라에 수입된 것일 것

2. 거래 단계, 거래 수량, 운송 거리, 운송 형태 등이 해당 물품과 같아야 하며, 두 물품 간에 차이가 있는 경우에는 그에 따른 가격 차이를 조정한 가격일 것

② 제1항에 따라 과세가격으로 인정된 사실이 있는 동종·동질 물품의 거래가격이라 하더라도 그 가격의 정확성과 진실성을 의심할 만한 합리적인 사유가 있는 경우 그 가격은 과세가격 결정의 기초자료에서 제외한다.

③ 제1항을 적용할 때 동종·동질 물품의 거래가격이 둘 이상 있는 경우에는 생산자, 거래 시기, 거래 단계, 거래 수량 등(이하 "거래 내용 등"이라 한다)이 해당 물품과 가장 유사한 것에 해당하는 물품의 가격을 기초로 하고, 거래 내용 등이 같은 물품이 둘 이상이 있고 그 가격도 둘 이상이 있는 경우에는 가장 낮은 가격을 기초로 하여 과세가격을 결정한다.

3방법 : 제32조(유사 물품의 거래가격을 기초로 한 과세가격의 결정)

① 제30조와 제31조에 따른 방법으로 과세가격을 결정할 수 없을 때에는 과세가격으로 인정된 사실이 있는 유사 물품의 거래가격으로서 제31조 제1항 각 호의 요건을 갖춘 가격을 기초로 하여 과세가격을 결정한다.

② 제1항에 따라 과세가격으로 인정된 사실이 있는 유사 물품의 거래가격이라 하더라도 그 가격의 정확성과 진실성을 의심할 만한 합리적인 사유가 있는 경우 그 가격은 과세가격 결정의 기초자료에서 제외한다.

③ 제1항을 적용할 때 유사 물품의 거래가격이 둘 이상이 있는 경우에는 거래 내용 등이 해당 물품과 가장 유사한 것에 해당하는 물품의 가격을 기초로 하고, 거래 내용 등이 같은 물품이 둘 이상이 있고 그 가격도 둘 이상이 있는 경우에는 가장 낮은 가격을 기초로 하여 과세가격을 결정한다.

4방법 : 제33조(국내 판매가격을 기초로 한 과세가격의 결정)

① 제30조부터 제32조까지에 규정된 방법으로 과세가격을 결정할 수 없을 때에는 제1호의 금액에서 제2호부터 제4호까지의 금액을 뺀 가격을 과세가격으로 한다. 다만, 납세의무자가 요청하면 제34조에 따라 과세가격을 결정하되 제34조에 따라 결정할 수 없는 경우에는 이 조, 제35조의 순서에 따라 과세가격을 결정한다.

1. 해당 물품, 동종·동질 물품 또는 유사 물품이 수입된 것과 동일한 상태로 해당 물품의 수입신고일 또는 수입신고일과 거의 동시에 특수관계가 없는 자에게 가장 많은 수량으로 국내에서 판매되는 단위가격을 기초로 하여 산출한 금액

2. 국내 판매와 관련하여 통상적으로 지급하였거나 지급하여야 할 것으로 합의된 수수료 또는 동종·동류의 수입 물품이 국내에서 판매되는 때에 통상적으로 부가되는 이윤 및 일반경비에 해당하는 금액

3. 수입항에 도착한 후 국내에서 발생한 통상의 운임·보험료와 그 밖의 관련 비용

4. 해당 물품의 수입 및 국내 판매와 관련하여 납부하였거나 납부하여야 하는 조세와 그 밖의 공과금

② 제1항 제1호에 따른 국내에서 판매되는 단위가격이라 하더라도 그 가격의 정확성과 진실성을 의심할 만한 합리적인 사유가 있는 경우에는 제1항을 적용하지 아니할 수 있다.

③ 해당 물품, 동종·동질 물품 또는 유사 물품이 수입된 것과 동일한 상태로 국내에서 판매되는 사례가 없는 경우 납세의무자가 요청할 때에는 해당 물품이 국내에서 가공된 후 특수관계가 없는 자에게 가장 많은 수량으로 판매되는 단위가격을 기초로 하여 산출된 금액에서 다음 각 호의 금액을 뺀 가격을 과세가격으로 한다.

1. 제1항 제2호부터 제4호까지의 금액

2. 국내 가공에 따른 부가가치

5방법 : 제34조(산정가격을 기초로 한 과세가격의 결정)

① 제30조부터 제33조까지에 규정된 방법으로 과세가격을 결정할 수 없을 때에는 다음 각 호의 금액을 합한 가격을 기초로 하여 과세가격을 결정한다.

1. 해당 물품의 생산에 사용된 원자재 비용 및 조립이나 그 밖의 가공에 드는 비용 또는 그 가격

2. 수출국 내에서 해당 물품과 동종·동류의 물품의 생산자가 우리나라에 수출하기 위하여 판매할 때 통상적으로 반영하는 이윤 및 일반 경비에 해당하는 금액

3. 해당 물품의 수입항까지의 운임·보험료와 그 밖에 운송과 관련된 비용으로서 제30조 제1항 제6호에 따라 결정된 금액

② 납세의무자가 제1항 각 호의 금액을 확인하는 데 필요한 자료를 제출하지 않은 경우에는 제1항을 적용하지 않을 수 있다.

6방법 : 제35조(합리적 기준에 따른 과세가격의 결정)

① 제30조부터 제34조까지에 규정된 방법으로 과세가격을 결정할 수 없을 때에는 대통령령으로 정하는 바에 따라 제30조부터 제34조까지에 규정된 원칙과 부합되는 합리적인 기준에 따라 과세가격을 결정한다.

② 제1항에 따른 방법으로 과세가격을 결정할 수 없을 때에는 국제거래시세·산지조사가격을 조정한 가격을 적용하는 방법 등 거래의 실질 및 관행에 비추어 합리적으로 인정되는 방법에 따라 과세가격을 결정한다.

(8) 중계무역이나 보세구역 판매 무역에서 과세가격 결정

관세법 제30조 과세가격 결정의 원칙에서 수입물품의 과세가격은 우리나라에 수출하기 위해 판매되는 물품에 대하여 구매자가 실제로 지급했거나 지급해야 할 가격에서 조정한 거래가격을 말한다.

① 중계무역

해외의 A로부터 B가 구매해 해외의 C에게 판매하고 C로부터 국내의 D가 수입했다면 과세가격은 어느 거래가격을 기준으로 하여야 할까?

답은 C가 D에 판매하는 가격이다. 그 이유는 이렇다. 과세가격은 우리나라에 수출하기 위해 판매되는 물품에 대한 가격으로 관세법 제30조에 명시돼 있어, 앞의 거래에서 우리나라에 수출하는 거래는 C가 D에 판매하는 거래이다.

② 보세구역 판매

해외 A로부터 국내 C가 수입해 물품을 보세창고에 보관하고 있다가 수입통관을 하지 않은 상태로 국내 D에게 판매해, D가 수입자이자 납세의무자로 하여 수입통관을 할 예정이다. 어느 거래가격을 과세가격 기준으로 하여야 할까?

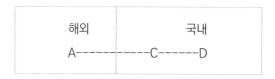

정답은 A가 C에 판매하는 가격이다. A가 C에 판매하는 가격으로 D가 수입통관을 하고 차액은 C가 D에 세금계산서를 발행해주면 된다. 하지만 실무적으로 A가 C에 판매한 가격이 D에 알려지는 것을 원하지 않을 것이기 때문에 C가 D에 판매한 가격을 과세가격으로 한다.

다만 보세구역에서 우리나라로 반입하는 것은 수출이 아니기 때문에 원칙적으로 1방법을 사용할 수 없으나, 실무적으로는 A가 C에 판매한 가격보다 C가 D에 판매한 가격이 높을 것이기 때문에 C가 D에 판매한 가격을 과세가격으로 한다. 만약 C가 D에 판매한 가격이 A가 C에 판매한 가격보다 낮다면 A가 C에 판매한 가격을 과세가격으로 사용해야 한다.

TIP 해외 거래처는 Shipper로 해야 할까, Seller로 해야 할까? 해외 거래처는 한국 회사가 될 수 있는가?

수입신고필증에 해외 거래처를 기재해야 한다. 해외 거래처는 매매거래에서 실제 거래 당사자를 말한다.

▶ 사례 1

중국 업체 A가 Shipper이고, 싱가포르 업체 B가 Seller이다. 한국 업체 C가 수입신고를 할 때 B가 발행한 Commercial Invoice를 가지고 한다.

싱가포르 업체 B가 해외 거래처가 되어야 하는가?

▶ 사례 2

중국 업체 A가 Shipper이고, 한국 업체 B가 Seller이다. A로부터 B가 물품을 구매했다. B가 한국 업체 C에 중국에서 물품이 선적되기 전에 물품을 판매했고, C는 B가 발행한 Commercial Invoice를 가지고 수입신고를 한다.

한국 업체 B가 해외 거래처가 되어야 하는가?

▶ 사례 3

중국 업체 A가 Shipper이고, 한국 업체 B가 Seller이다. A로부터 B가 물품을 구매했다. 물품이 한국 보세창고에 도착한 이후 B가 한국 업체 C에 판매했다. C는 B가 발행한 Commercial Invoice를 가지고 수입신고를 한다.

한국 업체 B가 해외 거래처가 되어야 하는가?

▶ 사례 4

한국의 건설업체 B는 중국 건설 현장에서 사용한 크레인을 한국 업체 C에 판매했다(크레인 소유권은 B에 있다). C는 B가 발행한 Commercial Invoice를 가지고 수입신고를 한다.

한국 업체 B가 해외 거래처가 되어야 하는가?

사례 1은 Seller인 싱가포르 회사가 해외 거래처가 된다. 나머지는 거래업체로 보면 한국 업체가 되어야 한다. 하지만 해외 거래처를 해외 업체로 본다면 사례 2와 3은 A가 해외 거래처가 되어야 하고, 사례 4는 어쩔 수 없이 한국 업체 B가 해외 거래처가 되어야 한다.

수입신고필증상 해외 거래처는 실제 거래업체로 수입대금을 송금해야 하는 지급 대상으로 보기 때문에 Shipper가 아니고 Seller이다. 다만, 한국 업체가 Commercial Invoice를 발행하는 거래에서는 Seller가 한국 업체이기 때문에 해외 거래처를 해외에 있는 Shipper로 하라는 것이 관세청 입장이다.

해외 거래처가 꼭 해외 회사여야 한다는 규정은 없지만, 외국에서 우리나라에 물품을 공급하는 업체로 규정돼 있다. Seller가 한국 업체이기 때문에 해외 거래처가 되지 못하고 Shipper를 해외 거래처로 한다면 대금을 송금하는 곳과 물품 거래처가 달라지는 문제가 발생한다. 제3자 지급 신고 대상에는 해당되지 않으나 추후 증빙을 통해 거래 내용을 확인해 줄 필요가 생길 수 있다.

명확히 국내 업체가 해외 거래처가 되면 안 된다는 규정은 없으나, 관세청은 국내 업체는 해외 거래처로 표기할 수 없다는 입장이다. 실질과 형식이라는 차이점에서 생기는 문제이다. 복잡해지는 무역을 행정에 모두 반영하지 못하는 것이다. 다만, 실무적으로 해외 거래처로 한국 업체가 입력이 된다.

6. 포장

1) 물품이 운송 시 받는 영향

여기에서는 속포장이 아닌 운송 관련 포장에 대해 이야기하겠다.

철판이나 파이프 종류는 포장하지 않고 선적하기도 한다. 보통 벌크(Bulk)라고 한다. 제품 운송 방법에 따라 자연스럽게 받는 영향을 고려해 운송 과정에서 물품에 문제없다고 판단한다면, 즉 사소한 스크래치는 제품 사용에 문제없다고 판단하면 벌크 형태로 선적할 수 있다.

컨테이너 운송에서 제품이 어떤 상태로 이동하는지 상상하기 쉽지 않다. 육상운송에서는 앞뒤 쏠림, 방지턱을 지날 때 위아래 움직임, 그리고 좌회전과 우회전을 할 때 좌우 쏠림을 생각해야 한다.

해상운송에서는 더 심하다. 물품이 앞뒤, 좌우, 상하로 움직이는 폭이 육상운송보다 훨씬 크다. 철로운송과 항공은 이보다 안정적이라고 볼 수 있으나, 기본적으로 운송 중에 제품이 가만히 서서 이동한다고 생각하면 안 된다. 여러 운송 상황을 고려해 포장 방법을 선택해야 한다.

운송 중 발생하는 자연스러운 영향에 따라 물품이 손상됐다면 보험에서도 보상되지 않는 일이 많다. 적재 불량이나 포장 불량일 경우 수출자의 과실로 판단되기 쉽다.

2) 카톤과 팔릿 포장 시 고려사항

대부분 물품은 카톤(Carton)으로 기본 포장이 되어 있다. 카톤에 물품을 넣어 포장할 때는 카톤 내부에 빈공간이 없도록 해야 한다. 빈공간이 있으면 운송 중 습기로 힘이 빠진 카톤이 눌려 물품 손상이 생길 수 있다.

카톤은 팰릿(Pallet) 포장을 하는 것을 고려해 표준 팰릿 크기에 맞춰 제작하는 것이 좋다. 이때 다음 사항을 고려하자.

① 팰릿의 폭과 길이보다 카톤을 쌓았을 때 크거나 작으면 운송 도중 손상될 가능성이 높다.

② 표준 크기가 아니면 팰릿을 주문 제작해야 하는데, 기성품보다 비용이 많이 들고 다양한 재질의 팰릿을 찾기 어렵다.

③ 컨테이너에 넣을 때 팰릿을 1단 적재 할지 2단 적재 할지 판단해서 팰릿에 카톤의 적재 높이를 결정한다. 40피트 컨테이너에 팰릿을 2단 적재를 하기 위해서는 팰릿 높이를 1.1m 정도로 하는 것이 좋고 40피트 하이큐브에 적재할 때는 팰릿 높이가 1.2m까지도 가능하다.

④ 팰릿을 컨테이너에 1단 적재 할 때는 팰릿에 카톤을 2m 넘게 쌓는 것도 가능하지만 보통 사람이 직접 팰릿에 적재하기 때문에 적재의 편의성 등을 고려해야 한다.

⑤ 팰릿에 카톤을 쌓을 때 맨 밑에 있는 카톤이 받는 하중을 고려해서 팰릿 포장을 고려해야 한다.

⑥ 팰릿에 카톤을 쌓고 나서 각지를 댈지 랩으로 마무리할지는 카톤 상태나 운송 방법에 따라 고려해야 한다.

⑦ 팰릿 포장을 할 때 주의 사항으로, 팰릿의 재질과 적재할 물품 포장의 재질을 잘 판단해야 한다. 팰릿과 적재 물품 포장의 마찰계수가 낮은 경우 물품이 팰릿에서 이탈하지 않도록 팰릿과 물품을 잘 고정해야 한다. 고정하는 방법은 팰릿과 물품을 밴드(Band)로 묶거나 랩(Wrap)으로 싸는 것을 많이 사용한다. 특히 위험물 포장일 경우 위험물 검사소에서 팰릿 포장과 컨테이너 적재 후 고정에 대해 과거보다 더 철저히 확인하고 있으니 주의가 필요하다.

3) 마찰계수에 따른 팰릿 포장

마찰계수에 따른 팰릿 포장과 관련해서는 다음 예를 참고하기 바란다.

(1) 팰릿과 적재 물품 포장의 마찰계수가 낮은 경우

미끄러지기 쉬울수록, 예를 들어 플라스틱 팰릿에 플라스틱통이나 철제통을 올려놓은 경우, 물품과 팰릿이 분리되는 것을 막기 위해 우물 정(井) 자 형태의 밴딩(Banding)을 하는 것이 좋다. 우물 정 자의 밴딩은 팰릿과 물품을 같이 묶어줘야 한다.

밴딩 뒤 팰릿에서 시작해 상부까지 일체형으로 랩(Wrap)으로 마무리하면 좋다.

(2) 팰릿과 적재 물품 포장의 마찰계수가 높은 경우

나무 팰릿에 카톤을 올려놓은 경우, 제품끼리 움직이지 않게 횡으로 묶어주는 것으로 충분하다. 팰릿에서 시작해 상부까지 일체형으로 랩으로 마무리해줘야 한다. 나무 팰릿에 카톤을 적재하는 것은 랩으로 둘러주는 것으로도 충분할 수 있다. 다만 카톤 상태에 따라 각지 등 추가 마무리가 필요할 수 있다.

4) 표준 팰릿 사이즈 및 팰릿 적재 사례

국내에서 주로 사용되고 구매가 가능한 표준 팰릿 사이즈는 가로×세로가 1.2×1.0m와 1.1×1.0m이다. 만약 카톤 크기가 0.6×0.5×0.2m(가로×세로×높이)라면 1.2×1.0m 팰릿에 다음 그림과 같이 올려서 사용하면 팰릿과 카톤의 크기가 일치해 운송 중 좀 더 안전하게 취급할 수 있다.

> ※ 1.2×1.0m 팰릿 1.2m(가로)에 0.6×0.5×0.2m 상자의 0.6m(가로)를 2개 놓고 팰릿 1m(세로) 폭에 0.5m(세로) 2개를 놓는다.

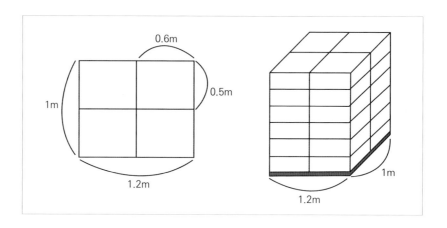

40피트 하이큐브(High Cube) 컨테이너에 팰릿을 2단 적재하려면 팰릿의 높이가 1.2m 이하여야 하고, 1단만 적재하려면 1.8m 이하로 하는 것이 일반적이다. 1단 적재일 때 팰릿 높이를 고려해 카톤은 약 8단 정도(0.2m×8단 = 1.6m+팰릿 높이) 쌓을 수 있다. 높이 쌓을 때는 바닥에 있는 카톤이 받는 전체 무게를 고려해야 한다. 바닥에 있는 카톤이 중량을 견디지 못해 기울어지면 운송 중 약한 카톤 쪽으로 무너질 수도 있으므로, 팰릿 포장을 할 때는 팰릿 높이를 어떻게 할지 여러 상황을 고려해야 한다.

5) 팰릿의 종류

팰릿은 종이, 나무 플라스틱, 알루미늄 등 다양한 재질이 있고 일회용인지 반복 사용할 수 있는지, 지게차 발이 한쪽으로만 들어가는지 양쪽으로 들어가는지, 어느 정도 중량을 견딜 수 있는지에 따라 다양하게 분류가 가능하다. 화물에 적합한 가성비 좋은 팰릿을 선택해야 한다.

나무 팰릿은 폐기물로 분류되기에 함부로 태워서 버릴 수 없고 폐기물 업체에 돈을 주고 버려야 하기에, 최근에는 재활용이 가능한 재질의 팰릿을 선호하는 경향이 있다. 수출용 팰릿을 회수해서 사용하도록 팰릿을 견고하게 제작해 반복적으로 쓰는 업체도 있다.

항공으로 장거리 운송을 하는 화물인 경우 알루미늄 팰릿이 나무나 플라스틱 팰릿보다 가볍기 때문에 항공 운송료 등을 고려하면 경제적일 수 있다. 게다가 나무 재질보다는 알루미늄 재질의 팰릿을 사용하는 것이 제품 이미지가 좋아 보이는 효과도 있다.

6) 운송 방법별 포장 선택

항공으로 선적할지 해상으로 선적할지, 해상선적을 한다면 FCL로 할지 LCL로 할지에 따라 포장 방법을 다르게 하는 전략도 필요하다. 보통은 항공이 가장 안전하고 그다음이 FCL이다.

LCL로 진행할 때는 가장 안전하게 포장해야 한다. 되도록 카톤보다는 팰릿으로 포장하는 것이 좋다. 카톤으로만 포장하고 LCL로 선적하면 적재할 때나 운송 중에 물품이 파손되기 쉽다. 팰릿으로 포장하면 지게차로 적입과 적출을 하기 때문에 카톤보다는 안전하다. 팰릿 포장을 하고도 래핑(Wrapping)을 하거나 밴딩을 하여 팰릿 위에 적재한 카톤이 움직이지 않게 하는 것이 중요하다. 종이 각대를 모서리마다 끼어놓으면 좀 더 안전하게 운송할 수 있다.

▶ 각대

▶ 각대를 대고 팰릿 포장을 한 뒤 래핑한 모습

포장은 제품을 보호하는 목적도 있지만 운송 과정에서 상·하차를 쉽게 한다는 장점이 있다. 그러나 포장을 하면 비용이 들고 적재 가능한 수량도 줄어든다. 인력 비용이 저렴한 나라에서는 팰릿보다는 카톤을 선호하는 편이다. 아무래도 팰릿 화물보다는 카톤 화물이 컨테이너에 더 많이 들어가기 때문이다.

7) 컨테이너 적입 후 고정 작업

FCL로 운송할 때는 컨테이너에 적입 후 내부에서 움직이지 않도록 고정하는 것이 중요하다. 선박운송을 할 때는 상하, 좌우, 전후로 화물이 심하게 움직이므로 내부 고정을 잘해야 한다.

다음에 나오는 다양한 화물 고정 방법을 참고해 제품 특성에 따라 어떤 방법을 선택할지 전문가와 상의해야 한다.

(1) 나무 바닥에 못으로 고정

컨테이너 바닥은 나무이며 못을 박아서 고정할 수 있다.

바닥에 못을 직접 박아서 고정할 수 도 있지만 보통 강목을 놓고 못을 박아서 고정한다. 이때 사용하는 고정 작업에 사용하는 강목도 반드시 방역 마크가 있는 자재를 사용해야 한다.

(2) 나무나 쇠봉을 요철에 끼워서 고정

컨테이너 측면 벽의 요철 사이로 쇠봉이나 나무를 끼워서 앞뒤로 움직이는 것을 막을 수 있다. 냉장/냉동(Reefer) 컨테이너의 경우 바닥이 알루미늄 재질이라 못을 박을 수 없기 때문에 측면의 고리를 이용하거나 쇼링바(Shoring Bar)를 사용하기도 한다.

쇼링바는 쇠로 만든 봉으로 컨테이너 벽에 끼우고 돌려서 길이를 조절해서 단단히 고정할 수 있다.

(3) 훅 걸이를 이용한 고정

컨테이너 상부와 하부 측면에 훅(Hook) 걸이가 있다. 이곳에 훅을 걸어서 자동바로 고정할 수 있다. 자동바는 고정하기 쉽다는 장점이 있으나, 무거운 중량을 견디기 어렵고 충격에 풀리는 단점이 있다.

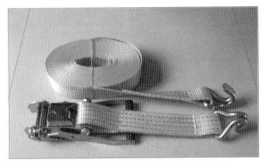

▶ 자동바를 사용해 화물을 고정한 모습

(4) 코드스트랩 고정

좀 더 완벽하게 화물을 고정하려면 코드스트랩을 사용하는 방법이 있다. 코드스트랩은 인장력이 강한 원사로 제작된 제품으로 스트랩을 결속기로 버클에 결합하면 충격을 받더라도 더 조여지기 때문에 안전한 고정 방법이다. 다만 결속기를 구매해야 하고 코드스트랩 가격이 비싼 게 단점이다.

▶ 코드스트랩

(5) 에어백과 방습제

빈 공간에 에어백을 넣어주면 화물의 움직임을 방지할 수 있다. 바람을 넣을 수 있는 컴프레서가 필요하다.

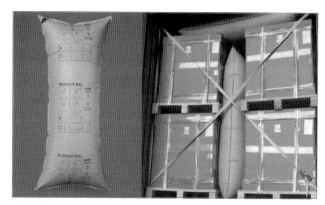

▶ 에어백

컨테이너 운송에서 밤과 낮의 온도 차이로 내부에 습기가 생기는 일이 많다. 물품이 습기에 취약하다면 방습제를 넣어주는 방법도 있다.

이외에도 다양한 고정 방법이 있고 전문가와 상의해서 내 화물에 적합한 방법을 강구해야 한다.

8) 나무상자 포장

카톤보다는 팰릿 포장이, 팰릿 포장보다는 나무상자(Wooden Box)로 제작해 운송하면 가장 안전하겠지만 비용이 늘어나기 때문에 물품 특성 등을 고려해 최선의 포장 방법을 선택해야 한다. 나무상자 포장을 하는 경우 내품에 녹이 생길 수 있는 기계류라면 진공포장을 같이 진행한다. 팰릿 포장에도 진공포장을 할 수는 있으나 운송 도중 진공포장이 훼손될 수 있어, 보통은 나무상자 포장일 때 진공포장을 하는 경우가 많다.

나무상자는 완전히 밀폐 포장하거나 뼈대를 세워 포장하는 방법이 있다. 제품에 따라 판단하면 되는데, 뼈대만 세워서 포장하는 것이 좀 더 저렴하다.

9) 물품 취급 정보

팰릿 운송이든 나무상자 운송이든 외부에 물품 취급 정보를 표시해주는 것이 좋다(상하 방향 표시, 부서지기 쉬움, 무게 등). 사실 현장에서는 잘 보지 않지만, 하지 않는 것보다는 낫다. 2단 적재를 하면 안 되는 경우 2단 적재 방지택을 상부에 붙여주면 효과적이다.

▶ 물품 취급 정보 표시

▶ 2단 적재 방지택 부착 표시

10) 운송 조건 확인 장치

민감한 제품일 때는 운송 중 기울기, 온도, 외부 충격 등을 전자 측정하는 장치를 붙여서 운송 조건을 확인하거나, 일회용으로 물품 충격을 받거나 일정 각도 이상 기울어지는 경우 색이 변하는 쇼크와치(Shock Watch)나 틸트와치(Tilt Watch)를 부착해서 보내기도 한다. 항공의 경우 이런 장치를 붙여서 가면 특별요금(Special Charge)을 내야 하거나 선적을 제한하기도 한다.

11) 포장의 HS코드 분류와 재수입 면세

포장은 완제품의 HS코드와 같이 분류한다. 안경과 안경 케이스, 악기와 악기 케이스처럼 같이 수입되는 경우 각각 안경과 악기로 HS코드를 분류한다. 케이스는 Commercial Invoice에 별도 표기할 필요가 없다. 다만 용기가 본질적인 특성이 있고 반복적으로 사용하는 압축가스용 통이나 생맥주통 같은 것이라면 별도로 HS코드를 분류한다. Commercial Invoice에 별도 표기를 해야 한다.

예를 들어 가스통일 때 다음과 같이 Commercial Invoice에 표기할 수 있다.

```
GAS  100L              USD1.00/L    USD100.00
RETURNABLE TANK 1EA    USD10.00     USD10.00
```

※ 수출하여 통(Tank)만 수입하는 경우 재수입 면세를 받을 수 있고,
수입하여 통(Tank)만 수출하는 경우에는 재수출 면세를 받을 수 있다.

수출 포장 용기나 수출물품을 운송하는 과정에서 해당 물품의 품질을 유지하거나 상태를 측정·기록하기 위해 해당 물품에 부착해 수출 후 재수입하는 기기는 반복 사용된다면 재수입 면세를 받을 수 있다.

12) 포장 재료의 FTA 원산지 판정이 고려 여부

FTA 원산지 결정 기준을 판단할 때 운송용 포장 재료와 용기는 모든 FTA에서 수출물품의 원산지를 결정할 때 고려하지 않도록 한다. 즉, BOM에 포장 재료나 용기는 포함하지 말라는 뜻이다. 다만 소매 판매용 포장 재료와 용기일 때 대부분 FTA에서는 수출물품의 원산지 결정 기준이 세번 변경인 경우 BOM에 포함하지 않도록 하고 있으나, 부가가치 기준 수출물품이면 원산지별로 재료비를 계상하도록 규정하고 있다. 다만 캐나다 FTA의 경우 세번 변경 기준뿐만 아니라 부가가치 기준에도 소매 판매용 포장 재료와 용기는 고려되지 않는다.

7. 식물검역

코로나바이러스로 인해 검역이 뉴스의 중심이 되고 있다.

검역 대상은 사람, 동물, 식물이 있다. 사람은 보건복지부에서, 동물과 식물은 농림축산검역본부에서 담당한다.

1) 검역과 검역 대상

검역이란 병해충 전파를 차단하는 것을 말하며 주로 경로 차단이 주요 방법이다. 즉 이동을 제한하는 방법이다.

식물검역의 대상은 식물(목재), 흙, 병해충, 식물을 담는 용기 등이 있다. 가공품인 경우에도 HS코드에 검역 대상인 경우 검역을 받아야 한다. 가공품은 보통 수출국 검역증 원본은 필요 없다. 육안으로 가공품이 확인되는 경우, 즉 병해충이 살 수 없을 정도의 가공이라면 현장검역으로 쉽게 통과될 수 있다. 이후에 동일 물품이 들어오는 경우 일정 기간 서류 검역으로 진행이 가능하다.

식물검역은 수입자나 대행자가 할 수 있다. 검역 대상 물품은 수입항에서 검역을 받아야 하고, 보세운송을 할 수 없다. 검역 신청도 첫 번째 검역 장소 반입일로부터 10일 이내에 해야 한다.

예외적으로 보세운송을 할 때는 밀폐된 상태로 운송이나 보관을 해야 한다. 목재의 경우 소독 처리를 한 후 운송해야 한다.

식물검역 규정에는 예외 조항이 많기 때문에 개별 사항은 별도로 확인이 필요하다.

처음 수입하는 경우 수입업자 등록을 하고 관세청 UNI-PASS를 통해 식물검역을 신청할 수 있다. 검역 신청은 물품 도착 관할 검역 본부에 신청한다. 검역은 식물검역이 가능한 지정된 보세창고에서만 할 수 있다. 일부 재식용 식물은 지정 검역 장소가 있다. 재식용이라 하면 종자나, 묘목 등 수입 후 식용이 아닌 재배의 목적으로 사용하는 것을 말한다. 식용보다 재식용에 대한 검역을 좀 더 정밀하게 한다.

2) 검역 신청과 검역

검역을 신청할 때는 농림축산검역본부에서 수입물품의 품명코드를 선택하고 학명을 반드시 기재한다. 식물마다 품명코드에 따른 검역 절차가 별도로 정해져 있기 때문에 중요하다. 학명이 있어야 금지 식물인지 등을 판단할 수 있다. 금지 식물은 변동성이 많기 때문에 정확한 학명을 가지고 농림축산검역본부에 확인해야 한다.

수량은 식물검역 대상 물품에 따라 명확히 적어야 한다. 보통 채소류는 중량으로, 목재류는 부피로, 묘목은 수량으로 적는다. 검역 신청서에 수출국은 실제 물품이 선적된 나라를 입력해야 하고, 검역 신청 시 수출국 식물검역증명서 원본이 필요하다. 검역은 수출국 선적 전에 해야 하고, 검역증 발행일자는 선적일자 이전에 발급돼야 한다.

검역할 수 있는 보세창고에 반입 후 10일 이내에 신청해야 하기 때문에 검역증 원본이 없더라도 먼저 검역 신청을 해야 한다.

검역증 원본이 없으면 보완하는 데 7일 그리고 보완되지 않을 경우 폐기에 20일 정도 기간을 주기 때문에 시간적 여유가 있다.

식물검역은 예외 없이 모든 수입 식물에 건건이 실시한다. 가공품이나 목재류는 식물검역 증명서 제출 예외 대상 품목이다. 검역관이 물품을 확인하러 갈 때 검역할 수 있도록 준비하는 등 도와줘야 한다.

실험실 검역이나 격리재배 검역의 경우 시료 채취 방법과 수량이 고시에 지정돼 있다.

품목코드에 따라 창고에 입고해서 검역을 받는 물품과, 컨테이너 입구만 열고 검사할 수 있는 물품이 나뉜다.

3) 검역의 종류와 소독

검역의 종류는 서류 검역, 현장 검역, 실험실 검역, 격리재배 검역으로 나눌 수 있다. 보통 건조나 냉동해 수입된 물품으로 병해충의 위험이 낮다고 판단되는 경우 서류 검역으로 진행된다.

가공품의 경우 수출국 검역증 없이 검역 신청이 가능하다. 처음에는 현장 검역을 하고 이후 6개월간 서류 검역으로 진행할 수 있다.

서류 검역 대상이 아니거나 서류 검역으로 판단이 어렵다고 생각되는 물품은 현장 검역을 실시한다. 현장 검역은 주로 수입물품에 해충이 있는지 병 증상이 있는지를 육안으로 확인한다. 보통 식용 식물에 많이 사용하는 방법이다.

신선식품으로 사용하는 식물이나 재식용 식물의 경우 보통 품목별로 정해진 실험실 검역을 실시한다.

수출입 식물의 실험실 정밀검역 세부실시 요령 고시와 식물별 서류·현장 검역 방법과 실험실 정밀검역 방법 고시를 참고하기 바란다. 묘목이나 종자처럼 키워봐야 병해충 등의 위해를 판단할 수 있는 경우 격리재배 검역을 실시한다.

수입자는 위험도를 낮추려면 흙을 제거하고 깨끗한 상태의 물품을 수입해야 한다.

검역은 병해충 방지에도 목적이 있지만 비관세 장벽의 역할도 한다.

소독은 검역의 마지막 단계다. 수입금지 식물은 폐기해야 하지만, 소독으로 해충을 사멸할 수 있으면 사멸 후 수입할 수 있다. 사멸을 목적으로 하기 때문에 엄청 독한 방법이다.

최근에는 식물뿐만 아니라 중고 농기구, 석재 등 흙이 묻어서 수입될 우려가 있는 물품도 전염병 우려 물품으로 지정 관리를 하고 있다.

8. 목재 포장 방역

산에 가면 솔잎혹파리로 인해 죽은 나무나 나무를 자른 다음 소독약을 뿌리고 비닐로 덮어 놓은 모습을 많이 보았을 것이다. 바퀴벌레나 최근 문제가 된 붉은개미도 식물, 흙 등 식물검역 대상을 주요 매개로 해서 외국에서 유입된 것으로 보인다.

일반적으로 목재 수입에 대해서는 식물검역을 하고 있지만, 완제품과 같이 수입되는 포장용 팔릿이나 목재 포장은 식물검역 대상이 아니다. 포장에 쓰이는 목재는 가공이나 소독 처리를 하지 않은 생목재로 만드는 경우가 많아, 외래 병해충이 함께 들어올 가능성이 크다. 이 때문에 수출입에 쓰이는 목재 포장재에 대해 열처리나 소독처리를 하도록 의무화했다.

유엔 식량농업기구(FAO) 산하 식물검역관리 국제기구인 국제식물보호협약(IPPC) 사무국에서는 2000년부터 목재 포장재 검역에 대한 국제기준을 제정하는 작업에 착수해, 2002년 3월 '국제교역에 사용되는 목재 포장재 규제지침'을 제정함으로써 목재 포장재 검역에 대한 국제기준을 마련했다.

목재 포장재는 규제 적용 대상으로 하고, 가공된 목재로 제작된 포장재는 규제 적용에서 제외된다. 가공목이란 접착제·열·압축 등 가공처리 공정을 거쳐 병해충이 제거된 합판이나 톱밥을 압축해 만든 것이다.

규제 적용 대상 목재는 열처리(HT)나 훈증(MB) 가운데 한 가지 소독처리를 하고 포장재에 증명 마크를 표시해야 한다. 보통 목재 포장재에는 소독처리 마크를 다음과 같이 표시한다.

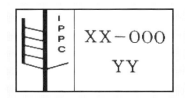

- XX : ISO의 2자리 국가코드
- OOO : 식물검역기관이 부여한 고유번호
- YY : 적용된 조처에 대한 약어
    (열처리를 했으면 HT, 훈증을 했으면 MB)

※ ISO 국가코드 : ISO는 International Organization for Standardization의 약자로
    각각의 국가에 코드를 부여해서 사용하고 있다.
    예를 들어 2자리 국가코드는 한국이 KR, 미국이 US, 중국이 CN이다.

수출입 화물의 목재 포장재에는 반드시 검역마크가 있어야 한다. 검역마크가 없으면 신고하도록 의무 규정이 있다. 검역마크 표시를 위반하는 경우 처음 적발 시 과태료가 100만 원, 두 번째 적발 시 200만 원, 세 번째는 300만 원이 부가된다.

TIP 수입 목재 포장을 수출에 사용하는 것은 어떨까?

예를 들어 중국에서 수입된 물품에 사용된 팰릿에는 방역 증명 마크 국가코드가 CN으로 찍혀 있다. Buyer A는 중국에서 수입된 물품을 재료로 써서 제품을 만들어 미국에 수출하려고 한다. 선적할 때 중국에서 수입된 팰릿을 그대로 사용해도 될까?
사용은 가능하다. 다만 팰릿에 유해 병해충이 나오면 Seller가 책임을 져야 한다.

9. FTA

국가	발효	대상국
칠레 FTA	2004년 4월	칠레
싱가포르 FTA	2006년 3월	싱가포르
EFTA FTA	2006년 9월	스위스, 노르웨이, 아이슬란드. 리히텐슈타인
ASEAN FTA	2009년 9월	브루나이다루살람, 캄보디아공화국, 인도네시아공화국, 라오스인민민주주의공화국, 말레이시아, 미얀마연방, 필리핀공화국, 싱가포르공화국, 태국왕국, 베트남사회주의공화국
인도 CEFA	2010년 1월	인도
EU FTA	2011년 7월	독일, 오스트리아, 벨기에, 덴마크, 스페인, 프랑스, 그리스, 아일랜드, 이탈리아, 룩셈부르크, 네덜란드, 포르투갈, 영국, 핀란드, 스웨덴, 폴란드, 헝가리, 체코슬로바키아, 슬로베니아, 리투아니아, 라트비아, 에스토니아, 사이프러스, 몰타, 루마니아, 불가리아
페루 FTA	2011년 8월	페루
미국 FTA	2012년 3월	미국
터키 FTA	2013년 5월	터키
호주 FTA	2014년 12월	호주
캐나다 FTA	2015년 1월	캐나다
중국 FTA	2015년 12월	중국
뉴질랜드 FTA	2015년 12월	뉴질랜드
베트남 FTA	2015년 12월	베트남
콜롬비아 FTA	2016년 7월	콜롬비아
중미 FTA	2019년 10월	코스타리카, 엘살바도르, 온두라스, 니카라과, 파나마

1) 2개 이상 협정이 발효된 나라

2020년 9월 기준으로 16개 권역에 FTA가 발효됐다. 인도는 CEFA(포괄적경제동반자협정)라고 이름을 달리하고 있으나 FTA와 같다고 보면 된다. 유사한 성격으로 APTA(아시아태평양무역협정)도 있다. APTA는 아시아 6개국(한국·중국·인도·스리랑카·방글라데시·라오스) 사이에 체결된 특혜 무역협정이다.

APTA를 포함하면 싱가포르·중국·라오스·인도·베트남의 경우 2개의 협정세율이 있는 나라다. 비교해서 낮은 세율을 적용하면 된다. 예를 들어 베트남은 한-아세안 FTA와 한-베트남 FTA에서 관세율이 낮은 FTA에서 지정한 원산지증명서를 발급받아 제시하면 협정세율을 적용받을 수 있다. 다만 FTA의 경우 수입신고 수리 후 1년 이내에 협정세율 적용 신청을 할 수 있지만, APTA는 수입신고 수리 전에 협정세율 적용 신청을 해야 한다. 중국, 인도, 라오스는 FTA와 APTA를 비교해서 관세율이 낮은 협정을 이용할 수 있다. 보통은 FTA가 APTA보다 낮은 경우가 많다.

2) 수입물품 원산지 검증

자유무역협정(FTA)이 발효된 나라에서 수입되는 물품의 경우 수출자에게 원산지증명서나 원산지신고서를 보내달라고 하여 수입할 때 낮은 협정세율을 적용받을 수 있다. 수입할 때 형식적으로 큰 문제만 없으면 일단 세관에서는 협정세율을 적용한 뒤 사후에 심사하는 제도를 운영하고 있다. 당연하겠지만 수입국 세관에서는 수입물품에 대한 협정세율 적용을 주로 심사하고, 수출 건에 대해서는 상대 수입국 세관에서 요청하면 검증하는 경우가 많다.

세관에서 모든 수입물품 협정세율 적용 건을 심사할 수는 없다. 보통 원산지 결정 기준에 충족하기 어려운데 원산지증명서가 발급됐다든지 등 나름 배경을 조사하고 어느 정도 의심 정황이 있을 때 심사한다. 심사는 먼저 자율점검을 하도록 서면 안내하고, 자율점검 서면 회신을 받았지만 의문이 해소되지 않으면 서면 조사를 한다. 이것으로도 의문이 해소되지 않으면 보통 수출국 세관에 수출자에 대한 간접 검증을 요청해 회신 받고 이상이 없으면 종료하거나 문제가 있으면 관세 등을 추징한다. 수입자는 원산지 결정 기준에 충족하는지에 대한 자료가 없어 보통 수출자에게 자료를 요청해 세관에 제출할 수는 있다. 하지만 수출자로부터 자료를 받기 어려워, 자율 점검 이후 간접 검증으로 이어지는 경우가 많다.

보통 한국 세관에서는 원산지 검증의 시작이 한국 Buyer를 대상으로 하는데 Buyer를 대상으로 하는 원산지 검증에 한계가 있어, 결국은 수출국 세관을 통해 Shipper/Seller에 대한 간접 검증을 의뢰한다. 마찬가지로 외국 수입국에서도 한국 세관에 원산지 검증을 해달라는 요청을 많이 한다. 이때 한국 세관에서는 Shipper/Seller가 원산지 결정 기준을 확인하고 원산지증명서를 발행했는지 검증하고 검증 요청 기관에 기한 내 회신해야 한다.

만약 증빙서류가 없거나 서류에 문제가 있으면 한국 세관에서 기한 내 회신을 하지 않거나 원산지증명서 발급에 문제가 있다고 회신하는 경우 수입국 세관에서 Buyer에게 관세 등을 추징한다.

최근 중국에서 들어온 절곡기 등 가공기계를 세관에서 심사했다. 원산지 결정 기준이 세번변경 기준과 '절곡기 등에 사용되는 CNC 시스템이 중국산이어야 한다'라는 조항이 있는데, 기계는 중국에서 만들지만 CNC 시스템은 보통 일본이나 유럽산을 많이 사용한다는 것을 세관에서 조사를 통해 어느 정도 자료를 수집하고 나서 심사를 시작했다.

만약 Shipper/Seller가 발행한 원산지증명서나 원산지신고서 내용이 잘못됐다면 Buyer는 혜택 받은 관세, 관세에 대한 부가가치세(부가가치세 세금계산서를 발급해주지 않아 비용으로 봐야 함), 가산세 10%와 기간에 대한 이자를 내야 한다. Buyer 처지에서는 억울할 수 있다.

Shipper/Seller가 잘못 발행한 서류 때문에 Buyer가 손해를 봐야 하지만, 이 경우에도 Shipper/Seller에게 손해를 배상하도록 요청해도 쉽게 받아들여지지 않는다. Shipper/Seller가 발행한 원산지증명서(CO)에 문제가 있는 경우 Shipper/Seller가 책임진다고 계약서에 넣으면 좋겠지만 이런 조항을 쉽게 넣어주지 않는다.

반대로 Shipper/Seller 입장에서 관세 혜택은 Buyer가 받는데 시간적·금전적 발급 비용은 Shipper/Seller 몫인 것을 생각하면 Shipper/Seller가 모든 책임을 지는 게 지나치다고 생각할 수 있다. 원산지증명서를 발급하는 자는 5년간 원산지 증빙 서류를 보관해야 한다. 즉, 5년 동안 책임을 져야 한다.

3) 가산세 면제와 부가가치세 세금계산서 발행을 받을 수 있는 Buyer의 정당한 사유

Seller가 제공한 원산지증명서를 가지고 Buyer가 FTA 협정세율을 적용받을 때 다음 내용 정도는 확인해서 만약 문제가 생길 경우 최소한의 손실이 나도록 해야 한다.

Buyer에게 정당한 사유가 있는 경우 부가가치세 세금계산서를 발행받을 수 있고 가산세 면제를 받을 수 있다. Buyer의 의무 해태를 탓할 수 없는 정당한 사유, 다시 말하면 Buyer로서 할 수 있는 최대한의 노력을 했느냐는 것인데, 최소한 다음에 설명하는 정도의 노력을 해야 세금계산서 발행과 가산세 면제를 주장할 수 있다

가장 기본 사항인 HS코드가 맞는지 확인해야 한다. 정확한 HS코드와 잘못된 HS코드가 모두 원산지 결정 기준이 부가가치 기준이라면 HS코드가 달라도 원산지 판정에 문제가 없지만, 세번 변경 기준이라면 다시 확인해야 한다. 원산지 결정 기준을 충족해도 HS코드에 따라 협정관세율이 달라질 수 있기 때문에 정확한 HS코드를 확인해야 한다.

한-EU FTA의 경우 인증수출자 번호가 형식에 맞는지 확인하고 완제품 HS코드를 검토하고 원산지 결정 기준에 충족한지를 수출자에게 확인하는 정도면 최대한 노력한 것으로 볼 수 있다. 이외 나라의 것은 완제품 HS코드를 검토하고 원산지 결정 기준에 충족한지를 수출자에게 확인하는 정도면 최대한 노력한 것으로 볼 수 있다.

EU의 경우 인증수출자 번호의 진위를 간접적으로 확인해야 한다. EUR6,000을 초과하는 경우 인증수출자만 원산지신고서를 작성할 수 있다. 한국은 한-EU FTA에서 처음 인증수출자 제도가 생겨서 인증수출자 번호는 다른 번호와 혼동될 게 없는데, EU는 기존에도 유사한 인증수출자 번호를 사용했고 EORI NO.나 VAT NO.가 인증수출자 번호와 유사해 이 번호를 넣고 원산지신고서를 작성해서 보내주는 수출자도 있다.

> ※ EORI(Economic Operator Registration and Identification) NO.란 우리나라의 통관고유부호와 유사한 EU 공동의 세관 등록 번호다.
>
> ※ VAT NO.는 우리나라의 사업자 등록 번호와 유사하다고 보면 된다.

또한 기존에 인증수출자 번호가 있다고 하더라도 한-EU FTA가 발효되고 나서 한국을 추가하지 않은 경우도 있으니, 가능하면 수출자에게 인증수출자 인증서 사본을 보내달라고 해서 확인하는 것도 방법이다.

4) 원산지 결정 기준(완전생산 기준 & 가공공정 기준)

대표적인 원산지 결정 기준으로 세번 변경 기준과 부가가치 기준이 있고 이외에 완전생산 기준, 가공공정 기준이 있다. 완전생산 기준은 농수산물·축산물·광물 등이 해당하는데 수출국에서 외국산을 쓰지 않고 생산·제조된 것은 그 나라의 원산지 물품으로 볼 수 있다. 만약 볼펜을 완전생산 기준으로 하려면 플라스틱의 원재료인 원유부터 수출국에서 생산됐다는 것을 증명해야 하기 때문에 공산품에 적용하기는 어려운 기준이다. 가공공정 기준은 수출국에서

어떤 가공을 거치면 원산지를 수출국으로 볼 수 있다는 것이다. 예를 들어 의류는 재단한 나라를 원산지로 보고, 커피는 로스팅한 나라를 원산지로 보는 것이다.

5) 미소 기준과 중간재 지정

미소 기준이라는 보조 기준도 있다. 세번 변경 기준에서는 원재료와 완제품의 HS코드가 변경돼야 하지만 원재료가 일정 기준 미만으로 최소로 들어갈 때는 세번 변경이 되지 않더라도 세번 변경이 된 것으로 인정해주는 것이다.

부가가치 기준에는 중간재 지정에 대한 내용도 있다. 중간재 지정은 생산자가 자체 공장에서 원재료를 이용해 중간 원재료를 만들고 그것을 이용해서 완제품을 생산하는 업체가 국내 다른 업체에서 중간 원재료를 구매했을 때보다 불이익을 보지 않게 하는 제도이다.

예를 들어 생산자는 철판을 사서 자르고 구부려 틀을 만들고 여러 전기 부품을 틀에 붙여서 컨트롤 패널을 제작한다고 가정해보자.

ITEM	가격	원산지
철판	1,000원	미상
A	500원	미상
B	500원	미상
C	500원	미상

▶ EXW 가격은 5,000원으로 하고 MC 45% 미만을 원산지 결정 기준으로 한다.

MC를 계산해보면 '2500/5000×100 = 50%'로 원산지 결정 기준을 충족하지 않는다.

만약 철판을 구부려 만든 틀을 국내 업체에서 구매하고 틀은 원산지확인서를 통해 한국산으로 볼 수 있다면 다음과 같이 BOM을 작성할 수 있다.

ITEM	가격	원산지
철판 틀	1,500원	한국산
A	500원	미상
B	500원	미상
C	500원	미상

MC를 계산해보면 '1500/5000×100 = 30%'로 원산지 결정 기준을 충족한다.

국내 다른 업체에서 사는 것과 자체 제작하는 것에 형평성을 두기 위해, 자체 제작하는 것을 중간재로 지정해 중간재의 원산지가 한국산으로 판정되면 원재료 가격과 제조원가, 업계 영업이익을 더한 가격을 한국산 가격으로 처리해 부가가치율을 계산하는 방식이다.

철판 틀을 자체 제작했고 한국산으로 계산하는 경우 철판 틀을 국내 업체에서 공급받는 것과 같이 30%가 나와 원산지 결정 기준을 충족한다.

10. 컨테이너의 종류와 크기(Ingauge 기준)

1) 일반 컨테이너 내부 사이즈

일반 컨테이너에 몇 팰릿, 몇 카톤이 들어갈 수 있는지 계산하려면 정확한 컨테이너 내부 크기를 알아야 한다.

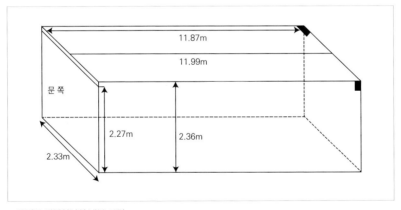

▶ 40피트 컨테이너의 내부 크기

20피트 컨테이너는 길이가 40피트의 절반이고, 40피트 하이큐브 컨테이너는 높이만 30cm 더 높다고 생각하면 된다. 40피트 컨테이너의 길이는 11.99m이다. 다만 상부 코너에 컨테이너를 들어 올릴 때 거는 부분이 있어, 상부 코너 부분을 제외한 길이는 11.87m로 봐야 한다. 냉장/냉동 컨테이너의 경우 냉장/냉동 장치가 내부에 있어, 길이가 40~45cm 정도 짧다. 높이는 2.36m이지만, 문 쪽은 문이 안쪽으로 밀리지 않도록 상부에 턱이 있어 문 높이는

2.27m이다. 폭은 2.33m이다.

컨테이너 크기는 제작사나 상태에 따라 조금 다를 수 있지만, 일반적인 내부 크기는 다음과 같다.

- 20피트 컨테이너 : 5.99 × 2.33 × 2.36m (가로/세로/높이)
- 40피트 컨테이너 : 11.99 × 2.33 × 2.36m (가로/세로/높이)
- 40피트 하이큐브 컨테이너 : 11.99 × 2.33 × 2.66m (가로/세로/높이)

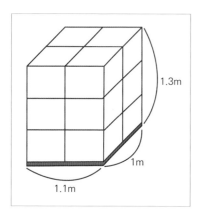

예를 들어 $1.1 × 1 × 1.3$m(가로/세로/높이) 팔릿이 있다면 40피트 컨테이너에 몇 개 들어갈 수 있을까?(팔릿 높이는 10cm이고 55 × 50 × 40cm(가로/세로/높이) 상자를 눕혀서 적재하지 않고 팔릿에 4개씩 3단 적재했다)

높이 때문에 40피트 컨테이너에는 1단 적재로 선적할 수 있지만, 40피트 하이큐브 컨테이너를 사용하면 (높이 2.66m) 2단 적재가 가능하다. 중량에 문제가 없다면 하이큐브 컨테이너를 쓰는 것이 유리하다.

- 1.1m를 길이 방향으로 넣으면 10개, 1m를 폭 방향으로 2개가 들어간다.
- 1m를 길이 방향으로 넣으면 11개, 1.1m를 폭 방향으로 2개가 들어간다.
- 하이큐브 컨테이너를 사용해 2단 적재하고 1m를 길이 방향으로, 1.1m를 폭 방향으로 하면 44개(11×2×2) 팔릿이 들어갈 수 있다.
- 카톤으로 하면 528개(44×12)가 들어간다.

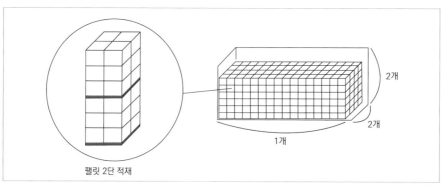

▶ 컨테이너 문(Door), 측면에서 적재된 그림.

이번에는 55×50×40cm(가로/세로/높이)의 카톤이 40피트 하이큐브 컨테이너에 몇 개 들어가는지 계산해보자. 높이는 방향을 변경할 수 없다고 가정하면 6개를 쌓을 수 있다.

- 55cm를 길이로 하면 21개, 50cm를 폭으로 하면 4개를 넣어 총 504개 상자를 넣을 수 있다.
- 50cm를 길이로 하면 23개, 55cm를 폭으로 하면 4개를 넣어 총 552개 상자를 넣을 수 있다.

당연히 50cm를 길이 방향으로, 55cm를 폭 방향으로 해서 넣는 게 유리하다.

팰릿 포장할 때는 528개 카톤이 들어가고, 카톤으로 넣을 때는 552개가 들어간다. 카톤으로 넣는 게 훨씬 더 많이 넣을 수 있다. 다만 상·하차의 편리함이나 제품의 안전을 따진다면 팰릿 포장을 추천한다.

2) 오픈탑 컨테이너와 플랫랙 컨테이너 사이즈

오픈탑 컨테이너는 화물 높이가 높아 일반 컨테이너에 적재되지 않거나 일반 컨테이너의 문(Door) 방향으로 적재가 어려운 화물(파이프나 무거운 중량 화물 등)일 때, 크레인을 이용해 위에서 상·하차 하는 목적으로 사용한다.(문 방향에서도 적재할 수 있다)

플랫랙 컨테이너는 폭이나 높이가 일반 컨테이너에 들어가지 않거나 허용 중량을 초과한 화물에 사용한다. 40피트 플랫랙 컨테이너의 경우 내품 중량 35톤 정도까지 적재할 수 있다.(적재 가능 중량은 선사에 따라 다소 달라질 수 있다)

아웃게이지(Outgauge) 오픈탑 컨테이너에 적재되는 화물은 플랫랙 컨테이너를 이용할 때 가격이 비슷하기 때문에 제품의 특성에 따라 어떤 컨테이너를 쓸지 판단해야 한다.

(1) 오픈탑 컨테이너

오픈탑 컨테이너는 20피트, 40피트, 40피트 하이큐브로 나눌 수 있다.

40피트 오픈탑 컨테이너는 일반 컨테이너와 하이큐브 컨테이너가 있다. 선사에 따라 별도로 구분해서 관리하지 않는 경우도 있고 하이큐브 컨테이너가 없는 경우도 있다. 오픈탑의 경우 인게이지(Ingauge : 컨테이너 규격 내에 적재되는 것)와 아웃게이지(Outgauge : 컨테이너 규격을 벗어나는 것)에 따라 선임이 크게 차이가 난다. 20

피트 오픈탑 컨테이너와 40피트 오픈탑 컨테이너의 경우 선사별로 다소 기준이 다르지만, 보통 높이 2.2~2.3m를 인게이지로 해준다. 만약 선사에서 40피트 하이큐브 오픈탑이 있다고 하면 2.5~2.6m까지 인게이지로 볼 수 있다.

오픈탑 컨테이너는 폭과 길이가 일반 드라이(Dry) 컨테이너와 다르다. 상부가 개방돼 있지만 강철봉(Steel Bar)으로 비닐하우스처럼 구조를 만들고 위에 타폴린(Tarpaulin : 방수 시트)을 덮어야 하기 때문에, 강철봉이 컨테이너에 삽입되는 공간이 있어 아래 부분은 2.33m이지만 상부는 2.10m 정도로 봐야 한다. 즉, 상부에서 적재하려 한다면 폭이 2.10m 미만이어야 작업이 가능하다.

오픈탑 컨테이너는 문 측면이 상부까지 전부 개방되고 이것을 고정하는 장치가 있어, 상부 길이는 20피트 오픈탑 컨테이너의 경우 5.6m, 40피트 오픈탑 컨테이너의 경우 11.6m 정도로 보아야 한다. 상부에 있는 장치로 인해 길이가 짧은 것으로, 하부에 들어가는 물품의 길이는 일반 컨테이너와 같다.

🍄TIP 타폴린

타폴린(Tarp라고도 한다)은 방수 시트로, 오픈탑 컨테이너에는 인게이지 크기 기준으로 덮여 있지만 플랫랙 컨테이너에는 기본으로 제공되지 않는다. 오픈탑 컨테이너가 인게이지일 때는 오픈탑 컨테이너에 있는 타폴린을 사용할 수 있으나, 아웃게이지일 때는 제작해서 별도로 덮어야 한다. 덮지 않아도 된다고 판단하면 덮지 않아도 된다.(선사나 항만에 따라 덮어야 반입이 되는 경우도 있다.)
공장에서 상·하차를 하는 경우 타폴린을 덮고 여는 작업은 수출입 화주가 직접해야 한다. 타폴린을 덮지 않고는 공컨테이너 반납이 되지 않는다.

(2) 플랫랙 컨테이너

플랫랙 컨테이너의 인게이지 크기를 알아보자.

인게이지의 기준은 선사마다 조금 다를 수 있다. 일반적인 플랫랙 컨테이너의 인게이지 크기는 다음과 같다.

- 20피트 플랫랙 컨테이너 : 5.4×2.4×2.2m (가로/세로/높이)
- 40피트 플랫랙 컨테이너 : 11.6×2.4×1.95m (가로/세로/높이)
- 플랫랙 두께 : 20피트 35cm, 40피트 65cm

▸ 기둥 크기에 따라 적재 가능한 길이가 달라질 수 있다.
▸ 사이즈는 이해를 돕고자 제시했으며 조금씩 적용 기준이 다를 수 있다.

폭에 대한 인게이지를 2.3m로 하는 선사도 있고 2.4m를 초과해도 인정해주는 선사도 있다. 높이도 20피트 플랫랙 컨테이너는 2.2m, 40피트 플랫랙 컨테이너는 1.95m 정도가 인게이지이지만 선사마다 다소 기준이 다를 수 있다.

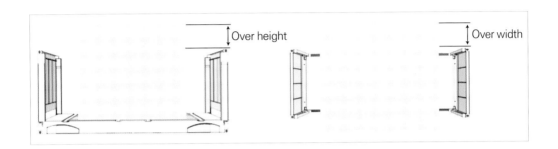

(3) 플랫랙 또는 플랫베드 컨테이너 작업

플랫베드(Flat Bed) 컨테이너는 바닥만 있는 컨테이너를 말한다. 양쪽 끝에 기둥(벽)을 세우면 플랫랙이 되고 바닥만 사용하면 플랫베드로 표현한다. 기둥을 세우지 않고 플랫베드로 작업을 해도 되는지는 상황에 따라 다를 수 있기 때문에 선사에 확인해야 한다.

▶ 양쪽 끝 기둥(벽)을 접은 플랫베드(Flat Bed) 컨테이너

플랫랙 컨테이너에 작업할 때는 물품이 플랫랙에 잘 고정됐는지, 플랫랙을 들어 올릴 때 안정적인지 검수 업체나 선사의 확인을 받고 선적하기도 한다. 특히 무게중심이 한쪽으로 기울어 있을 때는 선적이 안 될 수도 있다. 되도록 전문 고정업체, 즉 쇼어링(Shoring) 업체를 이용해 작업하는 것이 좋다.

폭 2.5m의 화물을 2.438m(실측치)의 플랫랙 폭에 올리면 폭의 양쪽이 아웃게이지(Over

width)가 되는데, 한쪽 폭은 인게이지로 하고 반대쪽만 아웃게이로 작업하는 방법도 있으나 대부분 선사에서 이 방법을 허용하지 않는다.

플랫랙 컨테이너에 화물을 올리는 방법은 지게차와 크레인을 이용하는 방법 외에, 자체 구동하는 장비인 경우 컨테이너 한쪽 벽을 접고 램프(Ramp)를 놓아 상차하는 방법도 있다.

▶ 플랫랙 컨테이너에 램프를 이용해 상차하는 모습

차량이 올라가고 나서는 기둥을 다시 세워야 하기 때문에 장비 길이가 9.5m보다는 작아야 한다. 이러한 방법으로 40피트 플랫랙 컨테이너에 작업이 가능하다.

플랫랙 컨테이너의 기둥(벽)을 세우면 바닥으로 있던 기둥이 바닥에서 빠져나오기 때문에 기둥이 있던 자리에는 물품을 적재할 폭이 줄어 폭이 2.2m 정도 되는 것도 유념해야 한다.

플랫랙의 기둥(벽)은 안쪽으로만 접히며 밖으로는 펼쳐지지 않는다. 흔하지 않지만 접히지 않는 플랫랙도 있다. 작업 후 타폴린 작업을 할지는 제품과 상황에 따라 판단해야 한다. 의무 사항은 아니다.

플랫랙 컨테이너의 인게이지 길이는 기둥을 세웠을 때 기준으로, 기둥을 접고 선적하는 경우 길이 방향으로 아웃게이지로도 작업할 수 있다. 하지만 선사에서 길이 방향으로 아웃게이지는 컨테이너 적재 계획(Bay Plan)이 쉽지 않기 때문에 사전에 확인해야 한다.

▶ 플랫랙 컨테이너에 타폴린(Tarpaulin) 작업이 된 모습

(4) 태클 작업

기둥을 접는 경우 상부에 다른 컨테이너를 적재할 수 없어 높이 방향으로 아웃게이지(Over height)가 발생한다. 길이 방향과 폭 방향으로 아웃게이지(Over length and Over width)가 되면 플랫베드를 선박에 선적하고 내리는 데 어려움이 있어 선적이 불가능하다. 이런 경우에는 태클(Tackle) 작업을 해야 한다. 태클 작업은 컨테이너 선박에서 벌크 화물과 같이 선적하는 것을 말한다. 먼저 플랫베드를 선박에 올려서(플랫베드는 보통 횡으로 여러 개를 놓아서 작업할 수 있다) 자리를 잡고 화물을 크레인으로 플랫베드에 올려 작업하는 방식을 태클 작업이라고 한다.

(5) 물품 취급 정보 제공

벌크나 RO/RO나 플랫랙/오픈탑에 선적하는 화물에 대해서는 화물 정보를 정확히 주는 것이 화물 취급을 쉽게 하고 안전 운송에 도움이 된다.

장척이나 중량물의 경우 오른쪽 그림의 표식으로 제품의 무게중심이 어디에 있는지 제품에 표시해주어야 한다.

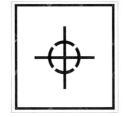

또한 어떻게 들어올릴지, 들어오릴 때(Lifting) 훅(Hook)은 어디에 걸어야 하는지, 제품의 크기와 무게 등 물품 운송에 필요한 정보를 물품에 붙여놓는 것이 좋다.

11. 특수 운송 차량

1) 덤핑섀시(Dumping Chassis)

덤프트럭처럼 섀시 앞쪽에서 피스톤으로 컨테이너를 들어 문(Door) 쪽으로 하역을 쉽게 할 수 있도록 제작된 섀시로, 내품을 쏟아서 하역하는 데 쓸 수 있다.

▶ 덤핑섀시

2) 슬로프섀시(Slope Chassis)

폭이 차량보다 넓은 경우 허가를 받아서 운송이 가능하지만 폭이 도로 폭 제한을 넘는 화물은 운송 허가가 안 되는 구간도 있다. 이 경우 섀시를 기울여서 운송하는 데 사용한다.

▸ 슬로프섀시

3) 로베드(Low Bed)

로베드는 기본적으로 '적재 공간 6m+후륜 구간 3m'로 구성돼 있다. 차량에 따라 다소 차이가 있지만, 보통 지면에서 0.6m 정도 높이에 적재 공간이 있어 높은 화물 등에 주로 사용한다. 아주 낮은 로베드의 경우 지면에서 0.3m 정도 높이에 적재 공간이 있는 차량도 있다.

▸ 로베드

긴 화물의 경우 섀시를 늘려 길이를 조정해서 운송할 수 있는 슬라이드섀시(Slide Chassis)가 있다. 다만 길이가 늘어나면 운송에 제한이 있을 수 있다.

▸ 슬라이드섀시

운전해서 상·하차를 해야 하는 화물은 로베드 후륜 쪽을 이용해서 상차하기 어려워, 헤드 (Head) 쪽을 탈거해 헤드 쪽에서 운전해 상차를 하는 '용머리 섀시'도 있다.

▶ 헤드(Head)와 섀시(Chassis)를 탈거하는 모습

4) 자동차 전용 운송 섀시

램프(Ramp)를 달고 다녀 차량이 구동해서 상·하차를 할 수 있도록 제작된 차량이다.

▶ 자동차 전용 운송 섀시

12. AEO(물류안전공인)

1) AEO 도입 배경

연도	발생 이슈
2001년	미국 9·11 테러 발생
2002년	세계관세기구(WCO) 차원에서 수용통합공급망 관리지침
2002년	미국 C-TPAT 도입(AEO의 근간)
2005년	물류 보안과 무역 간소화에 관한 국제기준(WCO SAFE FRAMEWORK) 채택
2008년	국내 AEO 도입과 시범운영
2009년	AEO 정착화

AEO(Authorized Economic Operator)는 2001년 미국에서 발생한 9·11 테러 이후 무역 안전을 위한 국제인증제도다.

수출입 업체, 선사, 포워더, 창고업자, 관세사 등 화물 이동과 관련된 물류 주체 중 각국 세관 당국에 의해 신뢰성과 안전성을 공인받은 업체에 대해서는 AEO 인증을 부여한다.

AEO는 기존의 부분적이고 단편적인 관리에서 벗어나, 수출입 과정 전 구간에 대한 안전을 확보하고 제품 생산에서 최종 소비자에 이르는 전 구간에서 수출입 물류 프로세스의 안전성을 보장하는 특징이 있다. 또한 지금까지 물류 주체 기업에 관행으로 이뤄지던 세관의 일방적 통제에 의한 관리 방식에서, 세관과 업체가 협력해 업체 스스로 법규 준수 정도를 높이는 관리 방식으로 바뀌었다. 국가 간 상호 인정 협정을 통해, 국제 협력을 통한 세관 영역이 국내에서 국외로 확장됐다.

AEO 업체의 경우 수입할 때 검사 비율을 주는 등 혜택을 준다. 한국과 AEO MRA(상호인정 약정 : Mutual Recognition Arrangement)를 맺은 나라로 수출하는 경우 수입자가 혜택을 받을 수 있다.

2) 세계 주요국 AEO 도입 현황과 국내 AEO 취득 현황

AEO MRA는 일국의 AEO 공인업체가 상대국 세관에서도 상대국 AEO 공인업체와 동등한 수준의 혜택을 받도록 하는 약정이다.

(1) AEO '도입국'(나라마다 명칭이 다르다)

한국(AEO), 캐나다(PIP), 싱가포르(STP), 미국(C-TPAT), 뉴질랜드(SES), 일본(AEO), EU (AEO), 중국(CACC), 홍콩(AEO), 노르웨이(AEO) 등 총 80개국

(2) AEO '도입준비국'

칠레, 바레인, 앙골라, 보츠와나, 필리핀, 아이슬란드 등 13개국

(3) MRA 체결국 현황

2020년 2월 기준

기준국가	체결국 수	체결국가(체결연도)
한국	22	캐나다('10), 싱가포르('10), 미국('10), 일본('11), 뉴질랜드('11), 중국('13), 홍콩('14), 멕시코('14), 터키('14), 이스라엘('15), 도미니카공화국('15), 인도('15), 대만('15), 태국('16), 호주('17), 아랍에미리트('17), 말레이시아('17), 페루('17), 우루과이('17), 카자흐스탄('19), 몽골('19), 인도네시아('20)
미국	11	뉴질랜드('07), 캐나다('08), 요르단('08), 일본('09), 한국('10), EU('12), 대만('12), 이스라엘('14), 멕시코('14), 싱가로프('14), 도미니카('15)
일본	11	뉴질랜드('08), 미국('09), EU('10), 캐나다('10), 싱가로프('11), 한국('11), 말레이시아('14), 홍콩('16), 중국('18), 대만('18), 호주('19)
싱가포르	8	한국('10), 캐나다('10), 일본('11), 중국('12), 대만('13), 홍콩('14), 미국('14), 뉴질랜드('19)
EU	6	노르웨이('09), 스위스('09), 일본('10), 안도라('11), 미국('12), 중국('14)
캐나다	7	미국('08), 한국('10), 싱가포르('10), 일본('10), 멕시코('16), 호주('17), 이스라엘('17)
중국	10	싱가포르('12), 한국('13), 홍콩('13), EU('14), 스위스('17), 이스라엘('17), 호주('17), 뉴질랜드('17), 일본('18), UAE('19)
홍콩	9	중국('13), 인도('13), 한국('14), 싱가포르('14), 태국('15), 말레이시아('16), 일본('16), 호주('17), 뉴질랜드('18)
뉴질랜드	7	미국('07), 일본('08), 한국('11), 호주('16), 중국('17), 홍콩('18), 싱가포르('19)
멕시코	3	한국('14), 미국('14), 캐나다('16),
이스라엘	4	미국('14), 한국('15), 중국('17), 캐나다('17)
대만	6	미국('12), 싱가포르('13), 이스라엘('13), 한국('15), 호주('18), 일본('18)
도미니카공화국	2	한국('15), 미국('15)
요르단	1	미국('08)
인도	2	홍콩('13), 한국('15)
안도라	1	EU('11)
노르웨이	2	EU('09), 스위스('15)
스위스	3	EU('09), 노르웨이('15), 중국('17)
말레이시아	3	일본('14), 홍콩('16), 한국('17)
터키	1	한국('14)

2020년 기준 한국이 22개국으로 가장 많은 국가와 MRA를 체결했다. 2020년 2월 기준 한국의 AEO 인증업체 수는 수출입 업체 약 370개, 수출입 외 업체(운송사, 관세사, 선사, 항공사 등)는 약 390개이다.

3) MRA 체결 효과

MRA 체결 효과로 물류의 신속성, 예측성, 경쟁력 확보를 들 수 있다.

우리나라는 수출입 통관의 리드타임(물품 발주로부터 그 물품이 납입돼 사용할 수 있을 때까지의 기간)이 워낙 짧기 때문에 큰 혜택을 체감하지 못하나 유럽이나 중국, 인도 등 통관 리드타임이 긴 국가에서는 체감 해택이 매우 크다.

항목	주요 내용
수입검사율 축소	AEO 업체 수출물품에 대한 검사율 축소 * 인도 수입검사 : (일반 화물) 40% → (AEO 화물) 5%
서류심사 간소화	AEO 공인업체에 대한 수입신고 시 서류심사 비율 축소
AEO 화물 우선 통관	AEO 화물이 지정 검사될 경우 우선 검사 등 통관 소요 시간이 일반 화물보다 단축
세관연락관 지정	AEO 수출업체에의 화물이 상대국 통관 과정에서 문제가 생길 경우 세관연락관을 통해 해결
비상시 우선 통관	보안 경계 수준 강화, 국경 폐쇄 또는 자연재해, 비상사태, 기타 중대한 사고로 무역 흐름에 장애가 발생할 때 우선 조치

4) AEO 공인 혜택

항목	특례
인적지원 (최고경영자)	· 여행자 검사 대상 선별 제외, 전용 검사대 이용(입출국 심사) · 승무원 전용 통로 이용(보안검색), CIP 라운지 이용
법규 위반 시 제재 경감	· 과태료, 과징금, 통고처분, 납부금액 경감 · 법규 위반 시 형벌보다 행정질서법 우선 고려 · 기업전문상담관 활동으로 인한 정정 시 행정제재 일수 경감
자율적 기업 운영	· 기획심사, 법인심사, 외국환검사 제외 · 기업상담전문관 지정, 관세업무 지원 · 기업상담전문관을 통한 전산감사 확인사항 시정 · 관할지 세관 화물담당부서의 보세공장 재고조사 생략 · 수출신고 항목의 화주 자율 정정 · 사전 세액심사 제외, 월별 보정, 건별 보정심사 제외, 자율 사후관리

항목	특례
검사율 경감	• 수출입 물품의 검사 대상 선별 제외(무작위 선별 제외) • 수출입 화물 선별 검사 시 우선 검사 • 관리대상 화물의 정정 비율 경감(무작위 선별 제외) • 검사 대상 화물의 희망장소 반입 허용
납세·신용 혜택	• 월별 납부 허용과 담보 제공, 월별 납부 대상 확대 　(수리 전 반출, 보세건설장 반입 수입 건) • 건별 사후 납부를 위한 담보 제공 • 과세보류대상 물품에 대한 월별 납부 허용
절차 편의	• 수출입 신고 서류 제출 대상 선별 제외(현행 비율에서 추가 경감) • 적하목록 사전 제출 특례(출항 후 익일 세관 근무 시까지) • 전자통관심사(AA 및 AAA등급) • 원산지 표시 검사 필요 시 기업삼당전문관이 검사 수행 • 수출용 원재료에 대한 관세 등 환급 사무 처리 고시 관련 　– 환급 관련 서류 제출과 환급 전 심사 제외(무작위 선별 제외) 　– 환급지 세관 환급심사부서의 건별 환급심사 제외 　– 환급대상 수출물품 반입 확인 시 서류 제출과 검사 제외 • 보세공장 운영에 관한 고시 관련 　– 보세공장의 보세운송신고 전산처리 　– 보세공장 설치, 운영특허 취소, 반입정지 등 처분 시 경감

▶ 한국AEO진흥협회 사이트 인용

CHAPTER 06

자주 하는 질의응답

06 자주 하는 질의응답

회사 홈페이지에는 2011년부터 그리고 블로그에는 2017년부터 글을 올렸다. 주로 수출입 담당자가 보내는 질문에 대한 답변을 정리해서 올리고 있다. 그중 반복해서 나오는 내용을 몇 가지 정리해 여기에 싣는다.

1. 도로교통법상 총중량 40톤, 축중량 10톤이 제한 중량

측정 장비의 오차를 고려해 초과 중량이 10% 미만일 때는 제한 중량 이내로 보지만 총중량 44톤, 축중량 11톤을 넘어설 때는 총중량 40톤, 축중량 10톤 기준으로 초과 중량을 계산해 과태료를 부과한다.(도로나 다리 사정에 따라 달리 적용될 수 있다)

컨테이너 운송일 때는 견인 장비인 헤드(Head)와 피견인 장비인 섀시(Chassis) 그리고 컨테이너 무게와 실제 화물 중량을 합한 전체 무게가 44톤을 넘어서면 안 된다. 물론 중량이 균등하게 적입되지 않을 때는 총중량을 넘지 않았다고 하더라도 축중량 초과로 위반이 될 수 있다.

각각의 무게로 풀어보자.

헤드	9톤
섀시	4~6.5톤
컨테이너	4톤
총중량	19.5톤

44톤 제한 총중량으로 보면 44톤에서 운송장비 총중량 19.5톤을 빼면 내품 중량을 24.5톤 정도까지 실을 수 있지만 위험 요소가 많기 때문에 보수적으로 40피트 컨테이너에는

22.5~23톤을 최대 적재 무게로 보면 된다.

20피트 컨테이너는 통상 콤바인(Combine)을 하기 때문에 20피트 컨테이너 2개의 내품 중량의 합이 22.5~23톤이 적당하다. 콤바인 섀시는 헤드 쪽에 무거운 것을 선적할 수 있는 점과 차축 제한 무게를 고려하면 앞쪽에 17.5톤 정도 내품 중량이 가능하고 뒤쪽에는 5~6톤의 내품 중량이 가능하다. 정리하자면 40피트 컨테이너에는 최대 내품 중량을 22.5~23톤, 20피트 컨테이너에는 최대 내품 중량을 17.5톤 정도 선적할 수 있다. 최대 적입 중량은 화물 상태나 운송 경로에 따라 상황이 다를 수 있기에 운송사와 협의해야 한다. 또한 내륙운송에선 문제가 없더라도 선사의 선적 제한 무게와 다를 수 있으므로 사전에 확인해야 한다. 현재 안전 운임제에서는 컨테이너 내품 중량이 20톤을 초과할 때 추가 할증 비용을 청구받을 수 있다.

무게 제한은 일반적인 진행이 가능한 제한 무게를 나타내는 것으로, 장비나 운전기사의 노하우에 따라 추가 비용을 주면 얼마든지 합법적으로 초과되는 중량화물을 운송할 수 있다.

2. 일반 컨테이너 파이프 적입 방법과 스프레더 설명

기다란 파이프는 오픈탑 컨테이너를 사용해서 크레인으로 상부를 통해 상·하차를 하면 편리하겠지만 오픈탑 컨테이너 선임이 높아 일반 컨테이너에 작업하는 일이 많다. 사진과 같이

TIP 미국 내륙운송 중량 제한

미국 내륙운송에서 중량 제한은 한국보다 엄격하다. 한국은 단속을 많이 하지만 벌금이 적은 편이고, 미국은 많이 단속하지는 않지만 걸리면 벌금이 많다.

- 20피트 컨테이너 내품 중량 제한
  - 일반 섀시 : 34,000LBS (15,423KGS)
  - Triaxle 섀시 : 40,000LBS (18,144KGS)
- 40피트 컨테이너 내품 중량 제한
- 일반 섀시 : 43,000LBS (19,505KGS)
- Triaxle 섀시 : 48,000LBS (21,773KGS)

Triaxle 섀시는 가변축으로, 한국에서는 '쓰리축'이라고 한다. 가변축은 중량화물을 실었을 때 무게를 분산하는 장치로, 뒤쪽 바퀴축이 하나 더 있다. 한국에선 보기 어렵지 않으나 미국에선 보유한 운송사가 많지 않고, 보유하더라도 하루 사용료를 USD250 정도 부가하기 때문에 사용이 쉽지 않다. 중량 제한은 선사별, 나라별로 다르므로 최대 중량을 선적하려면 사전에 확인이 필요하다.

지게차에 '코끼리 코(Fork lift boom)'라고 부르는 장비를 끼워 여기에다 파이프를 걸어서 컨테이너에 넣거나 빼는 작업을 한다.

크레인 원 포인트에서 내려온 와이어(Wire)나 밴드(Band)의 4개 훅(Hook)을 화물에 걸어서 올리면 와이어나 밴드가 안쪽으로 조이면서 물품에 손상을 줄 수 있는데, 사진과 같은 스프레더(Spreader : 틀)를 만들어 화물을

▶ 일반 컨테이너 파이프 적입 방법

들거나 내리면 안정적으로 작업할 수 있다. 모든 CY나 CFS에 스프레더 장비가 있지 않기 때문에 미리 확인해야 한다. 실무 현장에서는 스프레더라는 표현보다는 '댐핑기'라고 부른다.

▶ 스프레더(댐핑기)

3. 품목 규격 신고 가이드라인

수입신고할 때 품목 규격 신고 기준을 세관에서 제시했다. 수입신고 품명 규격 작성 원칙은 쉽게 말하자면 수입신고필증에 있는 내용만으로 HS코드를 분류하고 요건 대상인지 확인할 수 있도록 정보를 기록하라는 내용이다.

예를 들어 HS코드 5208의 호 용어는 "면직물(면의 함유량이 전 중량의 100분의 85 이상인 것으로 1제곱미터당 중량이 200그램 이하인 것에 한한다)"이라고 돼 있다.

기본적으로 면직물이 되기 위해서는 제50류에서 제55류 사이의 방직용 섬유 재료 중 면 섬유가 가장 많은 중량이 있어야 하기 때문에 구성 비율을 적어야 한다. 면 85%, 나일론 15% 처럼 말이다.

제52류로 분류됐고 HS코드 5208로 분류되려면 직물이어야 하기 때문에 직물임을 표시 해야 한다. 마지막으로 1제곱미터당 중량이 200그램 이하이기 때문에 품목과 규격은 다음과 같이 표기해야 한다.

> COTTON 85% WOVEN FABRICS (200G PER M2)

▶ HS코드 4자리를 예시로 들었지만 실제 수입신고를 할 때는 HS코드 10자리에 대해 품목 분류나
요건확인이 가능하도록 품목과 규격을 구체적으로 기재해야 한다.

품목 분류 신고 가이드에서는 집중관리 품목 700개의 HS코드 10자리에 대해 예시를 두어 설명하고 있다.

가이드에 있는 다음 사례의 제품은 제습과 가습 기능이 있는 가정형 공기청정기로 HS코드 는 8479.89.1010에 분류된다. 품명은 기본적으로 HS코드의 호 용어를 적거나 호 용어에 정 확한 품명이 없을 때는 일반 품명을 적으면 된다. 거래 품명은 Commercial Invoice에 적힌 품명을 기재하면 된다.

모델 규격은 품목 분류와 요건확인 등과 관련된 주요 내용을 모두 적어야 한다. 모델 구분 이 있는 물품은 모델을 적고 요건 대상인지 구분하기 위해 정격전압, AC/DC를 구분해 기재 한다. 되도록 물품의 크기와 포장 방식도 기재하도록 권고하고 있다.

〈표 6-1〉 품목 분류 신고 가이드 예

항목	작성 요령	작성 예시	오류 예시
품명	당해 물품을 나타내는 관세율표상 품명을 영문으로 기재 ・10단위에 품명이 특게된 경우 10단위 품명을 그대로 기재	AIR PURIFIERS (HAVING FUNCTIONS OF HUMIDIFYING AND DEHUMIDIFYING)	AIR CLEANER ・신고품명을 기재하지 않고 거래품명 기재
거래품명	실제 상거래시 송품장 등 무역서류에 기재되는 품명을 기재	AIR CLEANER	CLEANER ・송품장의 품명을 기재하지 않고 임의로 기재

항목	작성 요령	작성 예시	오류 예시
모델·규격	품목 분류, 요건확인 등과 관련하여 가공 상태, 구체적 물품 설명, 사이즈, 포장 방식, 용도 등을 기재 – [구체적 물품 설명] 품명 및 거래품명란에 기재되지 않은 신고물품에 대한 구체적인 사항과 모델명, 정격전압 등을 함께 기재 • 모델이 있는 경우 "MODEL:"이라는 단어를 기재한 후 모델명을 기재 • '전기용품및생활용품안전관리법' 대상 여부 판단을 위해 "VOLT:"라는 단어를 기재한 후 정격전압 AC/DC 구분 기재하고 정격입력 등을 같이 기재 – [사이즈] "SIZE:"라는 단어를 기재한 후 물품의 크기 기재 • 예) SIZE: W 250MM X D 250MM X H 500MM 등 – [포장방식(권고)] "PACKING:"라는 단어를 기재하고 포장종류, 단위수량 등 기재 • 예) PACKING: 2EA/CT 등	MODEL: ABC, VOLT: AC220V, 60HZ, 60W, SIZE: W 250MM X D 250MM X H 500MM, PACKING: 2EA/CT – 모델번호 ABC, 정격전압 AC220V, 60HZ, 60W의 공기청정기로 사이즈는 W 250MM X D 250MM X H 500MM, 카톤당 2개 포장	AIR PURIFIER UNP-A9830 – 거래품명과 모델명만 기재, 필수 기재사항 미기재
성분	세관심사에 필요한 성분 및 함량 기재		
수입요건 확인	– 전기용품및생활용품안전관리법 • 정격전압 : AC 30V 초과~1,000V 이하, DC 42V 초과~1,000V 이하 • 정격입력 : 10kW 이하 – 전파법 • 공기청정기(기계기구에 부착되는 특수구조인 것 제외)	– 전기용품및생활용품안전관리법 • 요건면제 사유: 전시용 – 전파법 • 요건면제 사유: 전시용	– 전기용품및생활용품안전관리법 등 • 요건면제 사유: 비대상, 해당사항 없음, 대외무역법시행령 제19조, 대외무역규정 별표 – 비대상 사유를 구체적으로 기재하지 않음
※ 신고 유의사항	– 제습 및 가습 기능이 있는 가정형 공기청정기만 분류 – 품명 및 거래품명을 "OTHER"로 신고하는 경우, 요건확인 사유를 "해당 없음, 비대상, 해당사항 없음, 대상 아님"으로 기재하는 경우, "VOLT: 정격전압 및 정격입력"을 기재하지 않은 경우 시스템에 의하여 예상 오류로 선별되어 통관이 지연될 수 있음		

Commercial Invoice도 품목·규격 가이드라인에 충족하도록 상세히 작성할 필요는 없지만 HS코드를 분류하고 요건 대상인지 확인할 수 있도록 내용을 작성하는 것이 좋다.

4. 수출신고필증 결제금액(매출)

한국 업체 A는 미국 업체 B에 C라는 제품을 수출하고 있다. 이번에 10개는 유상 매매로 수출하고 1개는 샘플로 무상 제공한다. A가 수출하면 구매자인 B로부터 10개에 대한 대금을 받는다.

수출용 10개는 하나에 10원으로 전체 100원이고 무상 샘플의 가치는 10원이라고 하여 하나의 수출신고필증으로 신고하면 결제금액은 실제로 100원이어야 하지만, 수출신고필증 전산상 110원으로 인식한다.(무상으로 보낸다고 하더라도 물품의 가치는 신고해야 한다)

Commercial Invoice에는 보통 다음과 같이 기재한다.

A	10원 × 10EA	100원
B	10원 × 1EA	10원 (N.C.V)
TOTAL		100원

이 경우 수출신고필증의 결제금액과 Commercial Invoice의 금액이 차이가 난다. 물품 이동은 관세청에서, 대금 이동은 은행에서 각각 확인한다. 물품 이동에 대금 이동이 대응하는지 확인하는 데 불일치가 발생한다.

수출신고필증 모델과 규격에 N.C.V(No Commercial Value)라고 표시해, 회계 처리 시 매출을 수출신고필증의 결제금액 110원으로 하지 말고 실제 송금받은 100원으로 신고해 차후 불일치에 대한 증빙으로 사용할 수 있다.

수출신고필증 하나에 무상과 유상이 같이 신고되지 않기 때문에 무상 금액이 클 때는 무상과 유상을 각각 수출신고필증으로 하는 방법도 있다.

5. 컨테이너 사용 후 원상복구 의무

수입화물을 적출하고 선사에 반납할 때 컨테이너에 손상이 있거나 오염이 있을 때는 배상해야 한다. 수출 작업을 하기 전 컨테이너에 문제가 있지만 사용할 수 있을 때는 사진을 찍어서 기록을 남긴 뒤 작업하고, 사용하기 어려울 때는 문제없는 컨테이너로 교체해서 작업해야 한다.

수입화물을 적출하고 나서 반납할 때 손상이나 오염의 상태를 보고 적입할 때 발생한 문제 인지 적출할 때 발생한 문제인지에 따라 원인을 제공한 사람이 배상해야 한다.

컨테이너는 선박회사의 소유로 수출입 업체가 해상운송 계약에 따라 점유해 사용하게 된 다. 컨테이너를 반납할 때 원상복구 의무를 법규로 정해놓고 있지 않으나, 상관습법이나 민 법의 규정으로 임차인은 임대한 물건에 대한 보호 의무나 손상될 때 배상을 규정하고 있다.

"상법 제1조(상사적용법규) 상사에 관하여 본법에 규정이 없으면 상관습법에 의하고 상관 습법이 없으면 민법의 규정에 의한다."라고 규정하고 있다.

오랫동안 상거래에서 되풀이돼온 결과 거래 당사자들이 법규범으로서 확신을 얻게 되면 상관습법이 되는 것으로 정의할 수 있다. 즉, 오랜 상거래로 누구나 받아들이고 인정하는 원 칙인 것이다. 임대한 물품을 임차인이 원래 상태로 반납하는 것은 상거래 관습이고 누구나 인 정할 수 있는 상관습법으로 볼 수 있다.

"민법 제202조(점유자의 회복자에 대한 책임) 점유물이 점유자의 책임 있는 사유로 인하여 멸실 또는 훼손한 때에는 악의의 점유자는 그 손해의 전부를 배상하여야 하며 선의의 점유자 는 이익이 현존하는 한도에서 배상하여야 한다." 즉, 선의의 수출입 업체가 점유하던 컨테이 너에 훼손이 있을 때는 손상된 컨테이너가 손상 전 상태로 복원되는 정도의 금액을 배상해야 한다고 해석할 수 있다.

선하증권은 해상운송 계약이고 계약 내용은 선하증권의 전면과 이면약관에 나와 있다. 이 중 컨테이너 사용에 대한 약관 내용은 다음과 같다. 컨테이너의 훼손 등에 대해 Merchant (수출입 업자)의 의무를 규정하고 있다.

Containers released into the care of the Merchant for packing, unpacking or any other purpose whatsoever are at the sole risk of the Merchant until redelivered to the carrier. The merchant shall indemnify the carrier for all loss of and/or damage and/or delay to such containers, and all liability claims from third parties or costs or fines resulting from merchant's use of such containers. Merchants are deemed to be aware of the dimensions and capacity of any containers released to them.
(선하증권 이면약관의 내용은 선사에 따라 다소 구성과 내용이 다를 수 있다.)

6. 식물검역이 필요한 가공의 기준

식물이면서 음식으로 사용되는 것은(가공하지 않은 당근 등) 식물검역과 식품검사를 받아야 한다. 가공된 식품은 식물검역이 필요하지 않는 경우가 많다.

가공 기준은 농림축산검역본부 고시 제2019-52호 가공품 품목의 예를 참고하면 된다.

가공품 품목이란 병해충이 서식 또는 잠복할 수 없을 정도로 가공한 제품으로 식물검역 대상 품목에 해당되지 아니하는 품목을 말한다.

고시에 가공품의 예를 별표에 들고 있다. 가공품이라고 하더라도 HS코드상 식물검역 대상인 경우에는 상대국 검역증 원본 없이 식물검역관이 현품 검사로 대체할 수 있다. 다만 현품 검사로 판단이 어려운 경우에는 식물검역관이 가공 정도에 대한 서류를 받아 판단할 수도 있다. 물론 가공품이라고 하더라도 병해충이 발견되면 안 된다.

대부분 가공품은 제품을 대상으로 한다. 제품이란 원료를 가공해 만든 완성품으로, 더 이상 가공하지 아니하고 사용될 수 있는 상태의 것을 말한다.

> ▶ 노니 가공품별 수입 HS코드와 요건
> (1) 노니 파우더
> ① HS코드 : 1106.30-0000
> ② 요건 : 식물방역법, 수입식품안전관리특별법
> (2) 건노니
> ① HS코드 : 0813.40-9000
> ② 요건 : 식물방역법, 수입식품안전관리특별법
> (3) 노니비누
> ① HS코드 : 3401.19-1090
> ② 요건 : 없음
> (4) 노니즙
> ① HS코드 : 2009.89-1090
> ② 요건 : 수입식품안전관리특별법

노니 파우더나 건노니는 가공품이라고 하더라도 식물방역법 요건 대상이다.

다른 요건들과 다르게 식물방역법은 면제 비대상으로 신고할 수 있는 방법이 없다. 다만 가공품목의 경우 수출국 검역증 제출 없이 식물검역 신청 후 검역관이 물품을 확인하여 "가공품목"으로 인정되는 경우 현장 검역으로 진행이 가능하다. 이때 검역본부에 '가공품목확인서'를 신청해 발급받을 수 있으며, 가공품목확인서를 받으면 추후 동일 수입 건에 대해 일정 기간 서류 검역으로 절차가 간소화된다.

7. EU 인증수출자번호 확인

한국 인증수출자번호는 한국관세청에 들어가면 진위 여부가 확인되는데, EU 인증수출자번호는 아직 전산으로 확인할 수 있는 방법이 없다.

한-EU FTA 사후 검증에서 EU 인증수출자번호가 틀려 추징되는 사례가 많다. EU에서는 수출자가 인증수출자번호와 유사한 번호(EORI나 VAT)를 사용하거나 기존에 받은 인증수출자에 한-EU FTA가 포함돼 있지 않은 인증수출자번호를 가지고 원산지신고서를 작성하는 경우가 있어 주의가 필요하다.

EU 수출자가 제시한 인증수출자번호가 맞는지 최소한 다음 절차로 확인할 필요가 있다

1) EU 인증수출자번호 체계와 맞는지 확인

나라별 인증코드 예시가 있고 이 예시에 맞는지 확인한다. 대표적 나라의 예는 다음과 같다.

① 벨 기 에 : 국가코드(2)/인증번호(1-4) EX. BE 74

② 프 랑 스 : 국가코드(2)/세관코드(6)/인증번호(4) EX. FR 003160/0025

③ 독　　일 : 국가코드(2)/세관코드(4)/인증수출자코드(EA)/인증번호(4)
　　　　EX. DE/4711/EA/0007

④ 이탈리아 : 국가코드(2)/인증번호(3)/지역코드(2-3)/인증년도(2)
　　　　EX. IT/002RM/06

※ 모든 협정 참여국은 자국의 인증번호 체계가 있다.

2) EORI NO.나 VAT NO.가 아닌지 확인

EORI NO.와 VAT NO.를 확인할 수 있는 사이트에 번호를 넣어서 확인하는 방법이 있다. 그 사이트는 다음과 같은데, EORI NO.와 VAT NO.라면 인증수출자번호가 아니다.

※ https://ec.europa.eu/taxation_customs/dds2/eos/eori_validation.jsp?Lang=en&EoriNumb=
FL436801&Expand=true

※ http://ec.europa.eu/taxation_customs/vies/vatResponse.html

3) 인증수출자 인증서를 받아 한국이 포함돼 있는지 확인

수출자가 이미 인증수출자라고 하더라도 인증서에 한-EU FTA를 추가하지 않았다고 하면 한-EU FTA에서는 인증수출자가 아니다. 따라서 인증서를 받아서 한국이 포함돼 있는지 확인하는 것이 중요하다.

8. 인코텀스에서 컨테이너 운송은 FOB나 CFR이 적합하지 않다는 것에 대한 논의

유럽에서 수입하는 업체는 다음 규정을 들어 Seller가 컨테이너로 선적할 때는 FOB 계약을 할 수 없다고 연락을 받았다.

> FOB may not be appropriate where goods are handed over to the carrier before they are onboard the vessel, for example goods in containers, which are typically delivered at a terminal. In such situations, the FCA rule should be used.

컨테이너 화물은 FOB 계약을 할 수 없다는 것인가?

인코텀스는 강제 규정이 아니라 Seller와 Buyer가 인코텀스를 사용하기로 합의한 경우에만 적용할 수 있다.

FOB의 경우 Seller는 Buyer가 지정한 선박회사의 컨테이너를 사용해 터미널에 화물을 반입해야 한다. FOB의 경우 Seller가 선적, 즉 Onboard 의무는 있으나 Buyer가 지정한 선박회사와 선적계약의 당사자가 아니기 때문에 의무 이행을 직접 할 수 없는 괴리가 발생한다. 이러한 사정으로 Seller가 선적 전에 터미널에서 화물을 선사에 넘겨줄 의도가 있다면 FCA가 적합하다는 의미로 봐야지, 컨테이너 화물은 FOB가 안 된다고 단정적으로 말할 수 없다.

> CFR may not be appropriate where goods are handed over to the carrier before they are onboard the vessel, for example goods in containers, which are typically delivered at a terminal. In such circumstances, the CPT rule should be used.

선적 전에 인도할 의도로 사용하는 경우 CFR보다 CPT를 사용하는 게 적합하다는 것으로, CFR을 사용하고 Seller가 선적을 이행할 의사가 있다면 컨테이너 운송에서도 사용할 수 있다.

FOB는 선박회사를 Buyer가 지정하기 때문에 Seller가 터미널까지만 인도할 의도를 가진다고 이해할 수 있지만, CFR은 Seller가 선박회사를 지정하고 선박회사와 계약하기 때문에 선적의 당사자로서 선박에 적재할 의무를 이행한다면 컨테이너 화물에 사용할 수 있다. 다만 FOB와 CFR을 비교하면 선박회사와 누가 계약하느냐보다 Seller의 의도가 중요할 것 같다.

컨테이너 화물이더라도 선적, 즉 Onboard를 Seller의 의무로 이행할 생각이 있다면 FOB나 CFR을 사용할 수 있고 Seller가 선적 전에 인도할 의도라면 FCA나 CPT가 합당할 것으로 보인다.

실무에서는 FOB나 CFR 조건이라 하더라도 컨테이너 운송에 많이 사용되고 있다. 보통 Seller는 FOB나 CFR의 경우 선적까지 하는 것을 의무로 생각하고 거래한다는 의미이다.

9. 해외에서 물품을 인도하는 국내 사업자 간 거래에서 매출과 매입의 인정 범위와 계산서 발행 여부

국내 사업자 사이에 국외에서 인도하는 재화의 공급거래에 대해 법인세법에 따라 계산서를 교부해야 한다.(세금계산서가 아니라 계산서다) 국내 사업자 간 거래이지만 물품이 해외에서 거래되기 때문에 부가가치세 과세 대상이 아니다. 관세법 대상도 아니다.

법인세법 계산서의 작성과 교부 등에 따라 법인이 재화를 공급하면 계산서 등을 작성해 공급받는 자에게 발급해야 한다. 이 경우 계산서는 전자적 방법으로 작성한 계산서(전자계산서)를 발급해야 한다.

공급하는 국내 사업자가 공급받는 국내 사업자에게 계산서를 발행하고 계산서 내역을 매출로 잡으면 된다. 공급하는 국내 사업자는 해외에서 받은 Commercial Invoice를 가지고 매입을 잡으면 된다.

10. DAP 조건에서 Buyer가 Seller에게 관세·부가가치세 부담을 요청한 경우

인코텀스는 강제 규정이 아니다. Seller와 Buyer가 계약에 인코텀스 2020을 따른다고 서로 합의했다면 인코텀스 2020의 내용대로 이행해야 한다. 다만 Seller와 Buyer가 별도로 운송 조건을 지정한다면 상호 합의 내용이 우선이다. 따라서 DAP 조건이지만 Seller가 관세·부가가치세 부담 조건으로 합의한다면 이 조건으로 진행이 가능하다. 다만, Seller가 관세를 부담하기로 한 조건이라면 DDP가 좀 더 적당해 보인다.

부가가치세(VAT)는 대부분 나라에서 전 단계 세액공제 제도를 사용하고 있다. 최종 사용자가 담세하도록 돼 있고 사업 목적으로 매입하는 부가세는 사업 목적의 매출 부가세에서 공제해 매입 부가세가 환급되는 효과가 있다.

일부 국가에서는 이런 제도가 있더라도 환급이 안 되거나, 환급되더라도 환급률이 별도로 정해져 있어 100% 환급되지 않기도 한다. 이런 사유로 인코텀스의 DDP 조건에서는 부가가치세 규정이 없다. 상황에 맞춰 하라는 뜻이다.

일반적으로 수입물품을 상업 목적으로 쓴다고 하면 Buyer가 부가가치세를 내고 환급받는 것이 일반적이다. 따라서 "DAP. Seller가 관세와 부가세를 지불하는 조건"은 Buyer와 부가가치세 환급과 관련해서 확인 후 계약하는 것이 좋다. 만약 Seller가 부가가치세를 내는 경우 Seller가 직접 환급받을 수 있는 방법이 없다.

만약 유상 거래라고 하면 Buyer가 물품 가격에 관세와 부가가치세를 포함해서 Seller에게 지급하고, Seller가 Buyer로부터 받은 관세와 부가가치세를 다시 수입국 세관에 내는 것은 누가 보더라도 합리적인 절차는 아니다. 유상 거래라고 하면 관세와 부가가치세를 Seller가 부담하는 조건보다는 Buyer가 부담하는 것이 합리적인 선택이다.

11. 안전운임제 부대조항

안전운임제 이전 컨테이너 육상운송 요율표에도 부대조항이 있었지만 거의 적용되지 않거나 적용하더라도 최소 실비만 적용했다.

2020년 1월 1일부터 시행된 안전운임제는 기사가 안전하게 운송할 수 있는 적절한 운임뿐만 아니라 안전 운전에 필요한 조건을 지키도록 하며 이 조건을 부대조항에 넣어 실제 적용하고 있다.

중량에 대한 부대조항 기준은 명확히 명기돼 있지 않으나, 운송사별로 내품 중량 20톤 수준을 기준으로 이를 초과할 때 할증을 받고 있다. 다음의 안전운임 부대조항을 참고하기 바란다. 부대조항에는 일부 화주에게 유리한 조건도 있다.

▶ 「자동차관리법」 제3조에 따른 특수자동차로 운송되는 수출입 컨테이너 품목 안전운임 부대조항

1) 45FT 컨테이너의 '안전운송운임 및 안전위탁운임'(이하 "운임"이라 한다)은 40FT 컨테이너 운임의 112.5%를 적용한다.

2) 동일 화주의 20FT 컨테이너를 2개 운송(COMBINE 운송)하면서 20FT 컨테이너 2개의 중량 합계가 20톤 미만이며 동일 장소에서 상차, 동일 장소에서 하차하는 경우 한하여 해당 구간 20FT 컨테이너 운임의 180%를 적용한다(단, 냉동컨테이너는 제외한다). 이외에 20FT 컨테이너를 2개 운송하는 경우에는 각각의 컨테이너에 해당하는 운임을 적용한다.

3) 「도로법」 제77조 및 「도로법 시행령」 제79조와 관련하여 도로통행 제한 높이 또는 길이의 초과로 발생되는 "제한차량 운행허가" 수수료 등은 화주가 실비 정산하여 지급한다.

4) 「도로법」 제77조 및 「도로법 시행령」 제79조에 따라 도로통행에 제한을 받는 중량물, 활대품, 장척물 적재 컨테이너는 화주, 운수사업자, 화물차주 간에 상호 협의하여 해당 구간 운임의 20% 이상을 가산 적용한다.
* 활대품 : 넓고 큰 물건 / 장척물 : 3m 이상 길이를 가진 물건

4-1) 「컨테이너식이동탱크저장소의 허가업무지침」에서 정하는 TANK 컨테이너는 위험물이 아닌 경우 해당 구간 운임의 30%를 가산 적용한다.

5) 냉동·냉장 컨테이너의 운임은 해당 구간 운임의 30%를 가산 적용한다. 단, 화주의 냉동·냉장 장치 가동 요구에도 불구하고 운송사 또는 차주가 고의 또는 부주의로 냉동·냉장 장치를 가동하지 않은 경우는 가산하지 않는다.

6) 주간에 화물자동차 운행이 제한되어 허가를 받아야 되는 지역은 해당 구간 운임의 30% 이상을 가산하며, 산간벽지 등 오지의 경우는 화주, 운수사업자, 화물차주 간에 협의하여 운임을 가산 적용한다.

7) 「물류정책기본법」 제29조 제1항에서 정의하는 위험물, 유해화학물질 등을 운송하는 차량이 위험물, 유해화학물질 등이 적재된 컨테이너를 운송할 때는 다음 각 목에 따른다.
가. 위험물의 종류에 따라 해당 구간 운임에 다음과 같이 가산 적용한다.
(1) 위험물, 유독물, 유해화학물질 : 30%
(2) 화약류 : 100%
(3) 방사성물질 : 150%
나. 화주는 적재화물이 위험물(유독물, 유해화학물질)일 경우 스티커 부착 등에 대한 고지 의무가 있으며, 이를 고지하지 않아 발생하는 문제에 대한 책임은 화주에게 있다.
다. 위험물이 공장 또는 부두에 직반입할 수 없어 별도의 위험물 장치장에 보관 후 다시 운송을 해야 하는 경우에는 별도 비용을 화주, 운수사업자, 화물차주 간에 협의하여 운임에 가산 적용한다.

8) 화주의 요청에 따라 일요일 및 공휴일에 작업할 경우 해당 구간 운임의 20%를 가산 적용하며, 화주의 요청으로 심야(22:00~06:00)에 운행할 경우 화주는 확인서를 발급하고, 해당 구간 운임의 20%를 가산 적용한다.

9) 트랙터 상·하차 대기료는 아래의 시간을 초과할 경우 30분당 20,000원씩 지급한다. 단, 대기료 지급의 기준이 되는 시간 산정은 화주의 도착 요청 시간부터 적용하며, 화주의 대기 시간 관련 확인서를 증빙 자료로 활용한다.
가. 항만 부두의 경우 : 40FT와 20FT 공통적으로 1시간

나. 화주 문전 도착 후의 경우 : 40FT는 3시간, 20FT는 2시간

10) 샤시(CHASSIS) 임대료는 40FT의 경우 대당 49,000원/1일, 20FT의 경우 대당 20,000원/1일을 적용한다.

11) 화주의 요청으로 왕복 운행이 2번 발생하는 밥테일(BOBTAIL) 운송을 할 경우, 해당 구간 운임의 100%를 가산 적용한다.(밥테일이란 화주의 요청으로 화주 문전에 샤시를 장치하고 트랙터만으로 다시 기점으로 돌아올 경우를 일컫는다)

12) 배차 취소료는 다음 각 목에 따른다. 다만, 천재지변으로 배차가 취소되는 경우에는 적용하지 아니한다.

　가. 배차를 받고 컨테이너 상차를 위한 현장에 도착 후 1시간 이상 경과하여 배차가 취소된 경우 30분당 2만원 대기료를 지급한다.

　나. 공(空)컨테이너 상차 후 화주 문전으로 이동 중 배차가 취소되는 경우 해당 구간 운임의 55%를 적용한다.

　다. 공(空)컨테이너 상차 후 화주 문전에 도착하여 작업 대기 중 배차가 취소된 경우에는 해당 구간 운임의 100%를 적용한다.

　라. 화주 공장에서 작업을 완료하고 적(積)컨테이너를 싣고 이동 중 다시 공장으로 회차하여 상·하차 작업을 다시 하는 경우는 해당 구간 운임의 100%를 가산 적용한다.

13) 인천 기점 안전위탁운임의 경우에는 해당 구간별 운임(운임표 참고사항 제1호 다목의 시내 운임을 포함한다)의 20%를 가산한 금액이며, 평택 기점 안전위탁운임의 경우는 해당 구간별 운임(운임표 참고사항 제1호 다목의 시내 운임을 포함한다)의 18%를 가산한 금액이다. 영종도의 경우 지리적 조건과 항공화물의 특성을 감안하여 운임을 협의하여 결정한다.

14) 공장(대산 석유화학단지 등) 등을 출발지로 하여 각 기점으로 운송되는 컨테이너의 경우, 해당 기점에서 해당 출발지까지의 왕복운임을 적용한다.

15) 의왕ICD, 인천항, 평택항 등 수도권 컨테이너 장치장에서 공(空)컨테이너를 반납 또는 수령하는 경우에는 편도운임을 적용하고, 그 외에는 왕복운임을 적용한다.

16) 사전에 예측 가능한 가산 운임의 경우 위탁운임에 포함하여 지급한다.

17) 사전에 예측하지 못하여 운임이 가산되는 경우(예: 배차 취소 등)에는 운송 완료 이후 입증 자료를 제출할 경우 추가 금액을 안전위탁운임에 가산 적용한다.

18) 다수의 가산 조항이 동시에 적용되는 운송일 경우 모든 가산율을 합산하여 운임을 지급하되, 합산 시에는 적용되는 가산율 중 가장 높은 가산율에 50%포인트를 더한 가산율을 상한으로 한다.

19) 덤프 컨테이너의 경우 해당 구간 운임의 25%를 가산 적용한다.

20) FR(플랫랙) 컨테이너의 양옆 벽면을 접거나 펴는 작업을 차주가 수행하여서는 안 된다.

21) 운수사업자는 차주에게 안전위탁운임을 지급한 이후 안전운임 산정 시에 반영된 차주 원가 항목(영업용 번호판 이용료, 지입료 등) 외의 비용(주선료, 관리비 등)을 공제하거나 청구할 수 없다. 단, 주선사업자가 중개·대리하여 화주가 직접 차주에게 안전운송운임을 지불한 경우에는 차주가 해당 주선사업자에게 주선요금을 납부하여야 한다.

22) 도선에 따른 선박 이용료, 대형 교량 통행료(예: 인천대교, 영종대교, 거가대교 등), 인천공항 주차료의 경우 실비를 추가로 안전위탁운임에 가산 적용한다.

23) 검색대(X-ray) 통과에 따른 추가 운송 비용은 화주, 운수사업자, 화물차주 간에 협의하여 운임에 가산 적용한다.

24) 컨테이너 세척이 발생할 경우 건당 20,000원을 안전위탁운임에 가산 적용한다.

25) 컨테이너에 부착된 위험물 스티커 제거는 차주가 수행하지 않는다.

26) 송장에 기입된 중량을 초과하여 적재 후 과적 단속으로 회차할 경우에는 기존 배차 구간 운임의 100%를 지급하며 과태료는 화주가 부담한다.

27) 부대조항과 관련하여 시장에서 갈등 및 혼란이 초래될 경우 국토교통부 주관하에 안전운임위원회 위원들 간의 협의를 통해 조정할 수 있다.

28) 본 운임에 표시되지 않은 지역의 운임은 거리(㎞)별 운임표를 참고하여 협의·적용한다.

29) 본 운임에서 정하지 않은 사항에 대해서는 법령을 위반하지 않은 범위 내에서 당사자 간의 합의에 따르는 것을 원칙으로 한다.

30) 본 부대조항에서 적용되는 모든 운임 및 요금은 천원 미만을 사사오입하여 적용한다.(단 부가가치세는 제외)

31) [별표 1] 부대조항에서 다루지 않는 기타 비규격 컨테이너(20FT, 40FT, 45FT를 제외한 컨테이너)는 화주, 운수사업자, 차주 간 협의하여 운임을 결정한다.

32) 안전위탁운임은 화물차주에 대한 적정한 소득을 보장하기 위해 지급하는 최소한의 운임이므로, 현재 지급하고 있는 기존 시장운임이 안전운임보다 높은 경우, 기존 시장운임 이상의 수준에서 화주·운수사차주 간에 운임을 협의하여 결정한다.

12. Negotiation LC(신용장)를 At Sight와 Bank Usance로 개설할 때 Seller와 Buyer의 입장 차이

LC 거래의 빈도에 비해 LC에 대한 질문을 많이 한다. 두 가지 이유일 것 같다. 하나는 LC가 그만큼 복잡하다는 것이고, 둘째는 많이 경험한 사람이 점점 줄어든다는 것이다.

유전스(Usance)는 이자(Interest)를 Seller가 낼지 Buyer가 낼지에 따라 구분된다. 이자를 Buyer가 내는 뱅커스유전스(Banker's Usance)가 일반적이다. 하지만 Seller가 내도록 규정한 LC도 있으니 LC를 받으면 잘 살펴봐야 한다.

일단 앳사이트(At Sight : 일람불)와 뱅커스유전스(이자 부담은 Buyer)를 비교해보자.

① Seller : 아무런 차이가 없다. At Sight든 Bank Usance든 환어음을 은행이 매입하면 바로 지급된다. 정확히 말하면 지급은 결제가 아니며 소구권은 Buyer가 최종 결제하기 전까지는 매입 은행이 가지고 있다. Buyer가 결제해야 완료된다.(환어음 지급인이 개설은행으로 되어 있어 어음이 부도날 가능성이 크지 않지만 이론적으로 그렇다는 말이다)

※ 소구권은 네고된 환어음이 지급 거절됐을 경우 네고 은행에서 Seller에게 네고 금액을 돌려달라고 청구할 수 있는 권리를 말한다.

② Buyer : Buyer 입장에서는 At Sight로 LC를 여느냐 Usance로 LC를 여느냐는 개설 은행과 계약에 따라 다르다. Usance는 신용카드라고 보면 되고 At Sight는 직불카드라고 보면 된다.(예를 들자면 그렇다는 거다) 서류 도착 후 At Sight는 환어음 인수 즉시 결제(보통 10일 이내)해야 하고, Usance는 환어음 인수 뒤 일정 시간이 지나 결제한다.(보통 90일, 120일 등 LC 개설시 설정된 기간 내 결제)

결론적으로 Seller 입장에서는 At Sight와 Bank Usance(Buyer가 이자 부담)는 큰 차이가 없다. 다만 레스차지(Less Charge)는 개설 은행에서 최종 결제될 때 환율 등 네고 은행에서 손실이 발생한 부분을 Seller에게 받는 추가 비용인데, Usance는 결제가 나중에 되기 때문에 최종 금액 확정이 다소 지연된다는 점과 만약 Usance로 했는데 Buyer가 기한 내에 대금 결제를 하지 않으면 기간 경과 이자를 네고 은행에서 Seller에게 청구한다는 점 등이 조금 차이가 있겠다. 하지만 실무에서는 아주 미미한 차이로 볼 수 있다. 굳이 수출자에게 어떤 게 더 좋으냐고 하면 At Sight라고 말할 수 있다.

13. LC(신용장)에서 해상운송서류로 Surrender BL이나 Seaway BL이 가능한가?

신용장은 Buyer의 요청을 받고 개설은행이 Seller에게 일정 서류를 제공하면 지급하겠다는 보증문서이다. 일정 서류는 보통 Packing List, Commercial Invoice, 환어음과 운송서류가 있다.

은행이 Buyer의 담보나 신용도에 따라 LC를 열어주는데 운송서류(Original BL/선하증권)도 담보 역할을 한다. Original BL을 제시하지 못하면 Buyer가 선사에서 화물을 찾을 수 없고 Buyer가 은행에 대금을 지급(Payment)하거나 지급 확약을 하지 않을 때는 은행이 Original BL을 Buyer에 인도하지 않는다.

실무에서 외국에서 열린 LC에 Surrender BL이나 Seaway Bill을 운송서류로 요청하는 신용장을 가끔 볼 수 있다. 만약 Original BL대신 Surrender BL이나 Seaway Bill을 신용장에서 요청했다면(Consignee : Buyer) 은행은 BL을 담보로 삼지 않겠다는 의미로 볼 수 있다.(이 경우 네고 은행에서 네고가 가능한지 확인해야 한다)

개설 은행 입장에서는 Buyer로부터 대금 결제를 받는 데 전혀 문제가 없다고 판단한다면 가능하다. 유사한 사례로 LC에 Consignee를 "TO ORDER OF SHIPPER"로 하여 Original BL을 발행하도록 하는 경우도 있다. 은행에 네고 할 때 제시하는 BL이 풀세트가 아닌 경우 선박회사에서는 Seller의 배서가 되어 있는 BL을 받고 물품을 Buyer에게 인도해야 한다. 이 경우에도 개설 은행 입장에서 BL을 담보로 잡지 않아도 Buyer로부터 대금을 받는 데 아무 문제가 없다고 판단했기 때문에 "TO ORDER OF SHIPPER"로 LC가 열렸다고 볼 수 있다. 풀세트를 제시하도록 했다면 포워더는 은행이 배서한 BL을 회수하고 물품을 인도해야 한다. 다만 문제는 포워더가 LC 조건을 일일이 확인할 수 없다는 것이다. 이러한 사정으로 포워더는 LC로 결제하는 운송 건인 경우 은행의 배서 없이 화물을 인도하도록 LC가 열렸더라도 화물을 인도하기 전에 선의의 소유자를 확인할 필요가 있다.

보통 한국에서 Buyer가 LC를 여는 경우 "TO ORDER OF BANK"가 Consignee인 Original BL이 필수로 되어 있다.

14. 수입신고필증에서 결제금액과 과세가격

결제금액은 유상 거래인지 무상 거래인지를 구분해서 유상 거래에 대한 금액, 즉 실제 송금하는 금액을 인코텀스와 외화 종류, 가격 그리고 결제 조건을 넣어 기재한다.

과세가격은 유상과 무상을 구분하지 않고 실제 물품 가치를 계산해 기재한다. 결제금액이 CIF 가격이고 특별한 사유가 없다면 결제금액(거래가격)을 과세가격으로 사용한다.

만약 유상 거래와 무상 거래를 하나의 수입신고필증에 기재할 때는 어떻게 할까?

예를 들어 A품목은 1개 CIF 100원 유상 거래이고, B품목은 1개 CIF 10원 NCV(No Commercial Value), 즉 무상 거래일 때 하나의 수입신고필증으로 보통 통관한다.

다른 변수가 없다면 과세가격은 110원이고 결제금액은 100원이다. 하지만 수입신고필증은 거래 구분이 11로 유상 거래로 되는 경우 수입신고필증의 단가 금액이 유상이든 무상이든 자동 합산돼 결제금액이 110으로 표기된다.

소액일 때는 큰 문제가 없고 실제 회계 처리 시 유상/무상을 구분해서 처리하면 된다. 하지만 금액이 클 때는 유상과 무상을 별도로 구분해서 수입신고를 해야 결제금액이 실제 지급한 금액과 일치한다.

15. 수출신고필증에서 결제금액과 총신고가격

간이정액환급 기준이나 수출 실적 기준은 FOB 가격으로 산정한다. 무역협회 100만 달러 수출탑의 기준이 FOB 가격이다.

수출신고필증 46번 항의 총신고가격이 FOB 가격이다. 외화와 원화 가격이 같이 기재되는데, 원화 환산 환율은 매주 금요일 관세청에서 고시하는 주간 환율 중 수출 환율이 반영돼 계산된다.

그럼 EXW나 CIF로 수출하는 경우 FOB 가격은 어떻게 산정될까?

CIF의 경우 CIF 가격에서 선임과 보험료를 공제해 FOB 가격을 구할 수 있으나, DDP 같은 경우 선임과 도착지 비용을 운임에 넣어 공제하거나 Commercial Invoice에 FOB 금액을 구분해서 기재하고 총신고가격에 FOB 금액을 적어주는 것도 방법이다.

EXW의 경우 가산할 수 있는 방법이 없어 별도로 FOB 가격을 계산해서 넣어줘야 하지만, Buyer가 운송사를 지정해 선적하기 때문에 FOB 가격을 알기 쉽지 않다. 실제 간이정액환급을 받는 경우가 아니면 신경 써서 해야 할 항목은 아니다. EXW 같은 경우 일반적으로 EXW 결제금액을 FOB 가격으로 넣어 수출신고필증을 발행한다.

수출의 경우 EXW보다는 FOB 조건으로 계약하는 게 정액환급에 유리할 수 있다. FOB 환산 과정에서 과대 환급이나 과소 환급이 되지 않도록 주의가 필요하다.

16. 삼국거래(중계무역) 스위치(Switch) BL

중개무역과 중계무역을 구별해야 한다. 중개무역은 중개인이 Seller와 Buyer를 소개해주면 중개인의 임무는 끝이다, 하지만 중계무역은 중계인이 Seller로부터 물품을 구매해 Buyer에게 판매하는 것이다.

Seller와 Buyer 그리고 중계인이 서로 다른 나라에 있을 때, Seller로부터 물품을 중계인이 있는 나라로 받은 다음 Buyer에게 선적하는 방법도 있겠지만 일반적으로는 Seller 나라에서 Buyer 나라로 직접 선적한다.

중계무역에서는 통상 Seller와 Buyer 사이에 서로 정보가 노출되지 않게 하는 것이 중요하다. 처음은 중계인을 통해서 거래하지만, Seller와 Buyer가 서로 알고 직접 거래할 때 중계인은 거래에 낄 수 없기 때문이다. 이러한 사정 때문에 중계인이 Seller와 거래할 때는 인코텀스의 E나 F로 조건을 하고 Buyer와 거래할 때는 인코텀스의 C나 D 조건으로 거래하도록 추천한다. 또한 Seller가 카톤에 Seller 정보를 인쇄해서 붙이거나 서류를 붙이는 경우도 있으니 확인하여 제거를 하거나 붙이지 않도록 해야 한다.

포워더를 중계인이 결정하도록 하면 Seller와 Buyer 간에 서로 정보가 새나가는 일이 거의 없다. 선적은 Seller 국가에서 Buyer 국가로 직접 하고 중간에 중계인 이름으로 스위치 BL을 발행해서 진행하게 된다.

해상일 때와 항공일 때, 방식이 조금 다르다. 해상이나 항공의 경우 Seller에게 발행하는 BL과 AWB은 Shipper를 Seller, Consignee를 중계인으로 발행한다. 중계인에게 발행하는 BL과 AWB은 스위치 BL/AWB로 Shipper를 중계인으로 하고, Consignee를 Buyer 이름으로 발행한다.

상황에 따라서는 스위치 BL을 발행하지 않고 진행할 수 있다. 이것은 Seller, Buyer, 중계인의 관계에 따라 여러 방법이 있을 수 있다. 해상 BL의 경우 중계인의 나라에서도 발행할 수 있으나, 항공의 경우 화물과 같이 AWB을 보내야 하기 때문에 스위치 AWB을 발행하는 경우 수출국에서 발행해 화물과 같이 보내야 한다.

중계인 입장에서 Seller와 Buyer가 서로 알 수 없도록 하기 위해서는 다음과 같은 서류 처리가 필요하다.

> ▸ Seller's COMMERCIAL INVOICE
> – SELLER : Seller
> – BUYER : 중계인
> – INCOTERMS : E OR F
> ▸ Seller에게 발행해주는 BL
> – SHIPPER : Seller
> – CONSIGNEE : 중계인
> – FREIGHT COLLECT

> ▸ 중계인의 SWITCH COMMERCIAL INVOICE
> – SELLER : 중계인
> – BUYER : Buyer
> – INCOTERMS : C OR D
> ▸ 중계인에게 발행해주는 SWITCH BL
> – SHIPPER : 중계인
> – CONSIGNEE : Buyer
> – FREIGHT PREPAID

중계인이 한국 회사인 경우 매출·매입과 무역 실적은 어떻게 잡을 수 있을까?

매출은 한국에 있는 중계인이 Buyer에게 발행해주는 Commercial Invoice와 외화입금 내역으로 잡을 수 있고, 매입은 Seller가 발행한 Commercial Invoice와 외화송금 내역으로 잡을 수 있다.

무역 실적의 경우 중계인이 발행한 Commercial Invoice와 생산자가 발행한 Commercial Invoice의 차액인 가득액을 실적으로 한다.

- 직접수출인 경우 무역협회에서 발급한다. 1년 치 실적이나 월별 실적은 원하는 대로 발급받을 수 있다. (품목별, 나라별로도 선택할 수 있다)
- 관세청에서 수출신고 수리 후 선(기)적 확인이 된 건을 익월 15일에 무역협회에 자료를 넘겨주기 때문에 이번 달 선적한 것은 다음 달 15일 이후 실적을 발급받는다고 보면 된다. 무역협회 인터넷 증명서 발급센터에 들어가서 발급받거나 한국무역협회에 방문해 받을 수 있다.
- 무역 실적은 무역금융이나 무역의 날 포상 신청, 여러 정부 수출지원 정책 등에 사용할 수 있다.
- 수출 실적 규정은 대외무역법에 규정돼 있다. 일반 유상 수출, 용역 수출, 중계무역, 외국 인도 수출, 보세공장 등 공급에 대해서도 수출 실적을 인정받을 수 있다. 일반 유상 수출은 수출 FOB 금액, 중계무역은 가득액, 외국 인도 수출은 외화 입금액을 수출 실적으로 인정받는다.
- 일반 유상 수출은 수출신고 수리일이 실적 인정 시점이며, 중계무역과 외국 인도 수출은 입금일이 실적 인정 시점이다.

17. A운송회사는 국내에 있는 B에게 육상운송 서비스를 제공하고 대금은 해외에 있는 C로부터 받을 경우, A는 C에게 부가가치세를 포함한 금액을 받아야 하나?

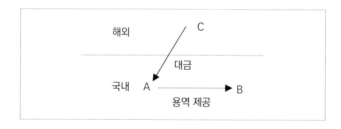

B가 부가가치세 최종 담세자인 경우에는 A는 부가가치세를 포함해 C로부터 징수를 받아 국세청에 부가가치세를 납부해야 한다. 다만 B가 사업 목적으로 용역을 공급받았다고 하면 국가 입장에서는 A가 C로부터 부가가치세를 받아 신고하지 않아도, 결과적으로 부가가치세를 받는 데는 문제가 없다. 따라서 B가 사업 목적으로 용역을 공급받았다고 하면 A는 영세율을 적용해 C로부터 대금을 받으면 되는데, B가 사업 목적으로 사용하느냐 아니냐를 어떻게 확인할지는 어려운 문제이다.

B가 최종 소비자가 아닐 때는 영세율로 처리하고 (공급하는 용역이 사업 목적이라면) B가 최종소비자인 개인인 경우 부가가치세를 징수해 신고하는 것이 부가가치세 취지에 맞는다고 판단된다. 개별 상황에 따라 다르게 적용될 수 있다.

18. 물품은 국내 이동, 대금은 해외 업체에서 지급될 때 부가가치세 검토

```
        해외        A
        ┄┄┄┄┄┄┄┄┄┄┄┄┄┄┄┄┄┄
                     │ 대금
                     ▼
        국내   B ┄┄┄┄┄┄┄┄▶  C
                  물품 제공
```

해외 A사는 국내 B사에 주문한 뒤 대금을 지급하고 물품은 국내 C사에 전달하도록 요청했다. 물품이 국내에서 이동하는데, 부가가치세는 어떻게 처리해야 할까?

재화의 수출은 영세율을 적용한다. B사의 거래처 A가 해외에 있기 때문에 세금계산서가 아닌 Invoice로 거래하면 된다. B가 해외에서 대금을 받고 국내 C사에 전달한 물품이 과세사업에 사용될 경우, 즉 해외로 수출하거나 국내 사업자에 판매할 때는 B는 부가가치세에 대해 신경 쓸 필요가 없다.

C가 과세사업에 사용하는지는 어떻게 알 수 있을까?

알 수가 없다. 다만 C가 자가 소비를 하는 경우가 아니고 상업 목적으로 사용한다면 과세사업에 사용한다고 볼 수 있다. 만약 C가 과세사업에 사용하지 않으면 B는 A로부터 부가가치세를 받아 국세청에 신고해야 한다.

제21조(재화의 수출)
① 재화의 공급이 수출에 해당하면 그 재화의 공급에 대하여는 30조에도 불구하고 영(零) 퍼센트의 세율(이하 "영세율"이라 한다)을 적용한다.
② 제1항에 따른 수출은 다음 각 호의 것으로 한다.
5. 사업자가 다음 각 목의 요건에 따라 공급하는 재화
　가. 국외의 비거주자 또는 외국법인(이하 이 호에서 "비거주자 등"이라 한다)과 직접 계약에 따라 공급할 것
　나. 대금을 외국환은행에서 원화로 받을 것
　다. 비거주자 등이 지정하는 국내의 다른 사업자에게 인도할 것
　라. 국내의 다른 사업자가 비거주자 등과 계약에 따라 인도받은 재화를 그대로 반출하거나 제조·가공한 후 반출할 것

19. DDP 조건에서 수입자와 과세가격 논란

인코텀스 DDP로 계약하고 한국으로 수입되는 턴키(Turn Key) 계약을 했다.

수입신고필증 결제금액에 '인도 조건 + 통화 종료 + 금액 + 결제 방법'으로 기재한다. 유상 거래에서 결제금액은 실제 Buyer가 송금한 금액으로, 수입업체 입장에서는 매입 금액이며 외국환거래법상 외화 송금액과 일치해야 한다.

과세가격은 CIF Invoice 가격으로 한다. DDP인 경우 CIF 이후 수입지에서 발생하는 비용이 명확히 구분될 때는 CIF 가격을 과세가격으로 할 수 있으나, 구분이 안 될 때는 DDP 가격을 과세가격으로 사용해야 한다.

원칙적으로 DDP 조건에서는 Seller가 수입관세를 내야 하지만, 납세의무자는 Buyer로 신고해야 한다.

DDP 조건으로 수입 시 Buyer가 물품 가격에 포함해서 지급한 관세와 Buyer 이름으로 납부한 관세가 이중 매입으로 잡히지 않도록 확인이 필요하다. 다시 말하면 결제금액에 관세가 포함된 경우, 세관에서 발급한 관세 계산서와 Invoice에 포함된 관세의 매입이 이중으로 잡힐 수 있다.

20. 환급특례법상 제조자가 아닌 수출자가 환급받는 사례

1) 제조자가 간이정액환급 업체인 경우

제조자가 간이정액기납증을 수출자에게 발행해주고 수출자가 일반 수출(11번)로 신고해 환급

※ 수출신고필증상 제조자는 미상 / 환급자는 수출자로 지정

2) 제조자가 개별환급 업체인 경우

제조자가 개별 기납증을 수출자에게 발행해주고 수출자가 일반 수출(11번)로 신고해 환급

※ 수출신고필증상 제조자는 미상 / 환급자는 수출자로 지정

3) 원상태 수출 환급

공급자가 수입된 물품을 원상태로 납품하고 납품받은 수출자가 원상태로 수출하는 경우 공급자가 수출자에게 분할증명서(수입할 때 납부한 관세만큼의 양도세액)를 발행하면 수출자는 원상태 수출신고를 하여 환급받을 수 있다. 수출신고를 할 때 반드시 원상태 수출신고를 해야 한다. 일반 수출로 신고한 경우 사후에 원상태 수출로 변경하기 어렵다.

4) 제조자가 환급 신청

제조자가 수출자로부터 수출신고필증을 받아 환급받을 수 있다.
수출신고필증에 제조자 이름이 들어가고 환급자를 제조자로 지정해 발급하면 제조자가 환급받을 수 있다.

21. 재화와 용역의 공급 시기

재화 또는 용역의 공급 시기는 재화·용역 공급이 어느 과세 기간에 귀속되는지를 결정하는 기준이 된다. 공급 시기가 오면 거래 상대방에게 세금계산서를 교부해야 하므로, 공급 시기는 세금계산서 교부 시기를 결정하는 중요한 의의를 지닌다.
국내 거래와 수출 거래에서 재화의 공급 시기(매출 인식 시기)를 인식하는 기준이 다르다.

- 국내 거래 : 재화가 인도되는 때
- 수출거래(중계무역) : 수출재화의 선적일
- 외국 인도 수출 : 외국에서 재화가 인도되는 때

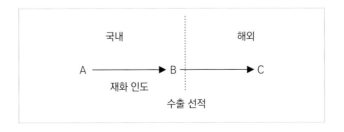

한국의 B가 한국의 A에게 물품을 구매하여 외국의 C에 수출하는 경우 A의 공급 시기는 재화를 인도하는 때이고 B의 공급 시기는 선적일이다. 만약 A와 B가 CIF KOBE로 계약했고, 동일하게 B와 C도 CIF KOBE로 계약됐다면 A의 공급 시기는 언제일까?

제조자 A가 자기 책임과 계산 아래 B에게 인도함이 없이 재화를 선적하는 경우 선적일을 공급 시기로 봐야 할 것으로 판단된다.

인코텀스상 무역 조건에 따른 재화의 공급 시기를 알아보자. EXW와 DDP 조건의 재화 공급 시기는 다를까?

부가가치세법상 수출거래는 수출재화의 선적일로 하기 때문에 선적일을 공급 시기로 봐야 한다.

22. Surrender BL(권리포기 선하증권)

유럽이나 미국에서는 잘 사용하지 않는 선하증권이다. 이름은 권리포기 선하증권이지만 선하증권은 아니다. 선하증권의 원본 발행으로 인한 문제점을 극복하기 위해 만들어낸 개념일 뿐이다.

아시아 지역, 특히 한·중·일 간 운송 관행으로 만들어진 개념으로 은행을 거쳐 서류 원본이 수입자에게 전달되는 시간보다 선박이 목적항에 먼저 도착함에 따라, 화물은 도착한 상태에서 원본 선하증권이 없어 화물을 찾지 못하는 문제를 해결하기 위해 만들어진 개념이다.

물론 LG를 발급하는 방법도 있지만 LG를 받아주지 않는 선사도 있고 LG는 수입자에게는 되돌릴 수 없는 결제를 의미하기에 수입자 입장에서는 꺼려질 수 있다.

초기에는 '선탁'이라는 표현으로 선사에서 원본 선하증권을 발행하면 수출자가 수출국 선사에 원본 선하증권을 반납하고 도착지에서는 원본 선하증권 없이 물건을 내주도록 조처한 것인데, 현재는 처음부터 원본 선하증권을 발행하지도 않고 수출자가 요청하면 Surrender BL을 발행하고 있다.

Surrender BL은 국제적으로 별도 규정이나 조약이 없고 문제가 발생할 때 준거 조항을 찾기 어려워 혼란이 일어날 수 있다.

통상 Surrender BL은 3가지 방법으로 발행한다.

① 수출자의 Surrender BL 발행 요청에 이면약관 없이 Surrender BL 전면만 수출자에게 제공하는 방법

② 수출자의 Surrender BL 발행 요청에 이면약관과 같이 Surrender BL 전면을 수출자에게 제공하는 방법

③ 수출자에게 원본 선하증권을 발행하고 수출자가 배서하여 수출국 선사에 선하증권을 반납하고 Surrender BL을 처리하는 방법

일반적으로 ①번 방법을 많이 사용하는데 이 경우 약관이 적용되지 않아 혼란이 있게 된다. 되도록 ②번 방법을 사용해야 한다. ③번 방법은 너무 번거롭다.

Surrender BL을 허위로 발행했을 때, 일반 선하증권과 같이 유가증권 위반 법리를 적용할 수 있느냐는 문제가 있다. ③번 같은 경우 유가증권 위반 법리를 적용할 수 있겠지만, ①번은 적용하기 어렵다. ②번은 원본을 발행해서 포기(Surrender)한 것으로 본다면 유가증권법을 적용할 수 있지만, Surrender BL만 발행했다고 보면 유가증권법을 적용하기에 무리가 있다.

23. 대외무역 관리 규정상 실질적 변형을 일으키는 제조공정에 투입되는 부품과 원재료의 최소포장 원산지 표시 예외 규정과 원산지 표시 면제 규정의 차이

물품의 원산지 표시 규정은 대외무역법에 있다. 원칙은 물품과 포장에 모두 원산지 표시를 해야 하지만 예외로 포장 단위에 하거나 면제하는 규정이 있다. 제75조는 최소포장 단위에 원산지 표기를 하는 규정이고, 제82조는 원산지 표기를 면제해주는 규정이다.

두 규정의 차이는 무엇인가?

제75조는 변형을 일으키는 제조공정에 투입되는 원재료를 직접 실수요자로서 수입하는 것이 아니고 수입해서 납품하는 경우 최소포장 단위에만 최소한 원산지 표시를 하도록 하는 규정이지만, 제82조는 직접 실수요자로서 수입하거나 실수요자를 위해 수입 대행을 하는 경우 실제 소비하는 사람에게 원산지 표시가 중요하지 않기 때문에 면제해주는 것이다.

제75조(수입물품의 원산지표시대상 물품 등)

① 영 제55조 제1항에 따른 원산지표시대상 물품은 별표 8에 게기된 수입물품이며 원산지표시대상 물품은 해당 물품에 원산지를 표시하여야 한다.

② 제1항에도 불구하고 원산지표시대상 물품이 다음 각 호의 어느 하나에 해당되는 경우에는 영 제56조 제2항에 따라 해당 물품에 원산지를 표시하지 않고 해당 물품의 최소포장, 용기 등에 수입물품의 원산지를 표시할 수 있다.

– 실질적 변형을 일으키는 제조공정에 투입되는 부품 및 원재료를 수입 후 실수요자에게 직접 공급하는 경우

제82조(수입물품 원산지 표시의 면제)

① 제75조에 따라 물품 또는 포장·용기에 원산지를 표시하여야 하는 수입물품이 다음 각 호의 어느 하나에 해당되는 경우에는 원산지를 표시하지 아니할 수 있다.

– 수입 후 실질적 변형을 일으키는 제조공정에 투입되는 부품 및 원재료로서 실수요자가 직접 수입하는 경우(실수요자를 위하여 수입을 대행하는 경우를 포함한다)

24. 중계무역과 외국 인도 수출의 차이

외국 인도 수출은 1건의 수출계약으로 볼 수 있지만, 중계무역은 수입 1건, 수출 1건의 총 2건의 계약으로 구성된 무역이라고 볼 수 있다.

외국 인도 수출은 1건의 수출계약 금액을 수출 실적 인정 금액으로 보지만, 중계무역은 '수출금액 – 수입금액 = 가득액'을 수출 실적 금액으로 인정한다.

다시 말하면 외국 인도 수출은 원래 해외에 있는 내 물건을 해외에서 판매하는 것이고, 중계무역은 해외에 있는 물건을 사서 해외에 파는 것이라고 볼 수 있다.

25. 선하증권에서 점유권과 소유권 이전

무역은 서로 다른 나라 간의 상품 매매이기 때문에, 보통 Seller와 Buyer가 직접 대금을 주고 물품을 받는 거래가 쉽지 않다. 이러한 사유로 대금을 받아주는 은행과 물품을 운송해주는 포워더가 필요하다.

물품의 인도(Delivery)는 영국의 물품매매법(SGA·Sale Of Goods Act)에 "Voluntary Transfer Of Possession From One To Another"로 정의돼 있다.

무역에서는 실제 물품을 인도하기보다는 선적서류를 인도하는 상징적 인도를 하고 있다. 크게 점유권과 소유권의 이전으로 나눠볼 수 있다.

점유권은 정당한 선하증권의 소유자에게 이전된다고 볼 수 있고, 소유권은 대금이 결제돼야 이전된다고 볼 수 있다.

Seller A가 Buyer B에게 화물을 D/A 60DAY(60일 어음 결제로 보면 된다) 조건으로 판매했다. Buyer B는 어음을 인수하고 결제하기 전에 C에게 대금을 받고 BL을 넘겨주었다. C는 물품을 점유한 상황에서 Buyer B가 부도를 내고 사라졌을 때 Seller A는 C에게 물품의 소유권을 주장할 수 있는가?

A는 물품의 소유권을 주장할 수 있다.

BL로 점유권은 넘어갔지만 대금 결제가 되지 않아 소유권이 이전되지 않았기 때문에 소유권을 가지고 있는 Seller A가 C에게 물품 반환을 주장할 수 있다. BL을 통해 물품 매매를 할 때는 점유권뿐만 아니라 소유권 이전도 확인해야 한다.

26. 해상·항공 수입 적하목록 신고·정정·과태료

1) 해상(인천/부산)

(1) 적하목록 신고 시점

유럽이나 미국 등 장거리의 경우 보통 입항 24시간 전, 중국 등 근거리의 경우 보통 입항 12시간 전

(2) 적하목록 신고 주체

① DIRECT BL일 경우(MBL ONLY) : 도착지 선사
② HOUSE BL(MBL/HBL) : 도착지 선사, 도착지 포워더

(3) 적하목록 정정 시점에 따른 정정 방법

① 취합 완료 전

적하목록 취합 사이트에서 삭제 후 재전송, 정정 항목 상관없이 과태료 발생하지 않음

② 취합 완료 후

원사비스 등 프로그램을 이용해 세관에 정정된 정보 전송 후 서류 제출

③ 적하목록 취합 완료 후 정정 시 과태료 부과 항목

ㄱ. BL 누락으로 인한 적하목록 추가 : 과태료 10만 원

ㄴ. 품명 정정 : 명백한 품명 오류일 때만 과태료 발생

ㄷ. 적하목록 정정 의무기간을 경과하여 정정하는 경우(입항 후 60일 이후) 수량, 중량 정정의 경우에도 과태료 10만 원 부과

※ 적하목록은 취합 완료됐지만 선박 입항 전에는 과태료가 면제. 단, 명백한 품명 오류로 정정하는 경우에는 입항 전에도 과태료 발생.

2) 항공

(1) 적하목록 신고 시점 : 보통 도착 3~4시간 전

(2) 적하목록 신고 주체

① MASTER SINGLE(MAWB ONLY) : 선적지 항공사

② HOUSE AWB(MAWB/HAWB) : 선적지 항공사, 선적지 항공 콘솔사

(3) 적하목록 정정 시점에 따른 정정 방법

① 취합 완료 전 : 도착지에서는 취합 완료 뒤 확인이 가능하기 때문에 취합 완료 전 정정은 어려움

② 취합 완료 후 : 로지스허브·물류정보포털(ECplatform) 이용해 세관에 정정된 정보 전송 후 서류 제출

(4) 적하목록 정정 시 과태료 부과 항목

AWB 누락으로 인한 적하목록 추가 : 항공기에 실린 AWB 발행 건수 기준으로 AWB 추가 건이 10% 이상 차지할 경우 과태료 10만 원 부과(과태료 부과까지 2~3개월 소요)

① 총 AWB 20건 중 추가 건이 1건이라면 과태료 미발생

② 총 AWB 40건 중 추가 건이 5건이라면 과태료 발생

- 도착화물의 수량이나 중량이 눈에 띄게 차이 나는 경우 항공사에서 보류로 잡아 수량이나 중량을 정정하고 보류 해제 후 반입하기 때문에 과태료가 면제
- 화물기 : AWB 수량이 많아 10% 초과하는 경우는 거의 없음. 만약 10% 초과된다면 과태료 부과
- 여객기 : AWB 수량이 화물기보다는 적어, 적하목록 추가 시 과태료 납부 각서를 먼저 항공사에 송부 후 정정 진행 가능

과태료 부과 시 의견진술 안내문과 과태료 금액이 20% 감경된 고지서를 함께 보낸다. 의견진술 기간 내에 이의 없이 납부하면 감경된 금액으로 납부할 수 있다. 의견진술 기간이 지나면 정상 과태료 금액의 고지서가 다시 발부된다.

참고문헌

- 관세청 www.customs.go.kr
- 국가법령정보센터 www.law.go.kr
- 국제상업회의소(ICC) UCP 600(신용장 통일 규칙)
- 국제상업회의소(ICC) 인코텀스 2020
- 농림축산검역본부 www.qia.go.kr
- 쓰리웨이로지스틱스 www.3ways.co.kr
- 아시아나화물 www.asianacargo.com
- 에이스아메리칸화재해상보험주식회사 www.chubb.com
- 한국AEO진흥협회 www.aeo.or.kr
- 한국관세무역개발원 www.custra.com
- 화물자동차 안전운임신고센터 safetruck.go.kr
- Ciel HS www.clhs.co.kr
- YES FTA www.customs.go.kr/ftaportalkor/main.do

색인

관세사 포워더가 쓴

무역·물류 실무

초판 1쇄 인쇄 2020년 10월   5일
초판 1쇄 발행 2020년 10월 15일

저   자 남대정
발행인 이낙용

발행처 도서출판 범한
등록 1995년 10월 12일(제2-2056)
주소 10579 경기도 고양시 덕양구 통일로 374 우남상가 102호
전화 (02) 2278-6195
팩스 (02) 2268-9167
메일 bumhanp@hanmail.net
홈페이지 www.bumhanp.com

정가 22,000원   ISBN 979-11-5596-186-5 [93320]